教育部哲学社会科学研究重大课题攻关项目“泛 TPP 经贸规则下我国融入国际价值链分工战略研究”（16JZD019）成果。

劳动力供给演变与中国出口价值链升级

◎戴翔　刘梦　张为付　著

中国财经出版传媒集团
中国财政经济出版社

图书在版编目（CIP）数据

劳动力供给演变与中国出口价值链升级/戴翔，刘梦，张为付著．—北京：中国财政经济出版社，2017.7

ISBN 978-7-5095-7424-9

Ⅰ.①劳…　Ⅱ.①戴…②刘…③张…　Ⅲ.①劳动力-关系-出口贸易-研究-中国　Ⅳ.①F249.21②F752.62

中国版本图书馆 CIP 数据核字（2017）第 086702 号

责任编辑：卢元孝　　　　责任校对：张　凡
封面设计：孙俪铭

中国财政经济出版社 出版

URL：http：//www.cfeph.cn
E-mail：cfeph@cfeph.cn

社址：北京市海淀区阜成路甲 28 号　邮政编码：100142
营销中心电话：88190406　书店电话：64033436　84041336
北京财经印刷厂印刷　各地新华书店经销
710×1000 毫米　16 开　15.5 印张　200 000 字
2017 年 7 月第 1 版　2017 年 7 月北京第 1 次印刷
定价：48.00 元
ISBN 978-7-5095-7424-9
（图书出现印装问题，本社负责调换）
本社质量投诉电话：010-88190744
打击盗版举报热线：010-88190414　QQ：447268889

前　言

本书是2016年度教育部哲学社会科学研究重大课题攻关项目“泛TPP经贸规则下我国融入国际价值链分工战略研究”（16JZD019）的系列研究成果之一。

改革开放以来，中国主要凭借丰富廉价的劳动要素禀赋优势、优惠的土地政策以及较低的环境规制成本，通过承接产业国际转移和产品价值增值环节的国际梯度转移，在参与全球竞争与合作中，实现了我国制造业的快速发展和制成品出口贸易的快速扩张。目前，已经贴遍全球的“中国制造”的标签就是很好的证明。毋庸置疑，受制于改革开放发展初期的要素禀赋状况，中国承接的国际产业转移和产品价值增值环节的转移，大多是劳动密集型产业或者是高端产品中的低端环节。这具有必然性和合理性。然而，伴随着国内外环境的深刻变化，即，传统的人口红利、土地红利、政策红利等所带来的低成本竞争优势正逐步弱化，以及外部需求的持续低迷、全球贸易保护主义的抬头、其他发展中国家更多地参与全球竞争所带来的外部竞争压力逐渐增大等，中国制造业发展已进入转型升级的重要发展阶段，原有融入全球价值链分工模式已经不适应新阶段发展需要，出口价值链亟待提升。我国“十三五”规划纲要中也指出，要改造提升制造业，推进制造业转型升级，促进我国制造业由大变强。因此，按照转变经济发展方式的要求，加快推进我国制造业转型升级，向全球价值链高端攀升，谋求中国在全球分工体系中的新定位已经当前紧要任务。

更为重要的是，当前国际经贸格局出现重大调整以及全球经济新规则正在形成，对中国尽快提升出口价值链提出紧迫要求。伴随以贸易和投资自由化为主要内容的经济全球化深入发展，全球经贸格局呈现“东升西降”的显著变化，这一变化被许多学者看作是发展中国家成为本轮经济全球化最大受益者的表现和结果，而美国等发达国家则似乎获益有限。也正因如此，以美国等为代表的西方发达国家认为这是全球化失控的表现，是当前全球经济规则下的不公平竞争结果。受其影响，当今经济全球化深入发展的总趋势虽然没有改变，但多边贸易体制的发展却历经坎坷，多哈回合谈判仍然徘徊不前，与此相伴随的是贸易投资保护主义升温和经贸摩擦频发甚至走向政治化倾向。因此，为了改变经济全球化红利的“分配格局”，降低关税，取消非关税措施等传统扩大开放模式，对于美国等发达国家而言已经变得越来越没有吸引力，代之而起的则是要建立所谓高标准的市场经济规则。当前由世贸组织（WTO）主导的经济全球化进展受阻，以及各种超大自由贸易区正如火如荼地发展，就是明证。例如，2016年2月4日，美国、日本、澳大利亚、文莱、加拿大、智利、马来西亚、墨西哥、新西兰、秘鲁、新加坡和越南12个国家在奥克兰正式签署了跨太平洋伙伴关系协定（TPP）协议，该12个国家的经济总量占全球40%，而且后续还会有更多的国家（地区）加入TPP的谈判之中。由于这些成员长期以来是中国进出口贸易和直接投资的重要伙伴，TPP协议倘若进入正式实施阶段，其国际贸易和投资新规则可能会在国际经济活动的方向上深刻影响中国在国际价值链中的位置。由于TPP是高规格的自由贸易谈判，在其自身的高标准下资本流动更加自由，技术标准更加严格。加之劳工与环保标准、原产地规则标准等旨在保护TPP内部市场的技术性壁垒使成员贸易结构及流向发生重大变化，从而对中国产品出口TPP成员造成威胁。“原产地规则”限制成员使用来源于非TPP成员的原材料以及中间产品，而中国有相当一部分出口产品为中间品贸易，这就在一定程度上改变了我国的这种出口模式，降低对中国产品的需求，间接限制中国对TPP出口。从目前TPP谈判的进展来看，TPP最终实施较为严格原产地规则的可能性较大，亚洲相关国家，尤其是越南等纺织服装出口国家对TPP的服装出口将享受更多的优惠，由此可能会挤占中国的出口份额。更确切地说，“圈子化”的优惠协定将会抵消中国传统的低成本竞争优势，原有“低端嵌入”全球价值链发展出口贸易的模式已面临严峻挑战，继续融入全球分工体系必须提升出口价值链。

需要指出的是，在美国2016年11月的总统大选中，共和党候选人特朗普力压民主党候选人希拉里当选第45任美国总统。由于特朗普十分坚定地表示反对TPP，这意味着以美国为主导的TPP的进一步推进已经变得举步维艰，TPP在尚未真正实施之前已经“胎死腹中”。从具体的区域性协议角度来看，尽管TPP已经难以进一步推动和实施，但是类似于TPP中各项贸易投资协议的泛TPP经贸规则却可能在一个较长的时期中仍然存在，而且可能出现于今后的区域贸易投资协定中。因此，泛TPP经贸规则很可能会长期困扰着我国的对外经贸活动。总之，区域乃至全球高标准的经贸规则，催生了中国加快提升出口价值链的现实需求。

正是基于上述背景和现实需求，我们申请了2016年度教育部哲学社会科学研究重大课题攻关项目“泛TPP经贸规则下我国融入国际价值链分工战略研究”，而本书作为该项目的系列研究成果之一，着重探讨了劳动力演变对我国出口价值链升级的影响。毋庸置疑，影响出口价值链攀升的因素众多，从要素禀赋角度看，劳动力供给状况就是重要的决定因素之一。由于我国当前正面临着传统人口红利比较优势式微、人才红利新型比较优势尚未形成的劳动力“断层”困局，因此，如何顺应劳动力供给演变趋势，寻求支持出口价值链攀升的新动力，是事关我国出口贸易乃至经济可持续发展的重要命题。

围绕劳动力供给演变影响出口价值链升级这一核心问题，本书研究内容主要分为六个部分。第一部分归纳了本书的选题背景和研究意义，以及分别从出口价值链攀升、劳动力供给演变以及两者间作用情况三个方面梳理了国内外相关文献；第二部分重点构建了劳动力供给演变对口价值链攀升作用的理论模型，并对相关作用机制进行了数值模拟；第三部分是在前述研究基础之上，通过构建价值链攀升和劳动力供给演变的测度指标，初步对两者间作用关系进行广义可加模型（GAM）的半参数实证检验，并进一步计量分析了劳动力供给演变对我国制造业出口价值链攀升的影响，对回归结果进行了稳健性检验；第四部分从劳动力成本上升角度对出口企业转型升级影响做出进一步探讨，主要是利用2005~2010年中国工业企业数据库的基础数据，在有效控制企业规模等影响因素后，对劳动力成本上升是否影响出口企业转型升级的命题进行了实证检验。由于贸易是“流”，产业是“源”，因此出口价值链升级从产业层面上看，就是产业是否出现了转型升级，包括通过产业在区域间的适度梯度转移而实现的协调发展。因此本书第五部分实证研究了劳动力数量、劳动力技能水平以及劳动力技能配置效率对工业产业转移和转型的影响，即劳动力供给演变是否对作为出口价值链升级的产业转型升级产生了影响。第六部分提出相应政策建议与启示。

针对劳动力供给演变对中国出口价值链攀升的影响，本书分别从理论模型、数值模拟和实证分析三个层面针对中国制造业展开研究。研究结果表明，劳动力供给是制造业生产和发展的要素来源，对价值链攀升至少存在三个方面的作用：第一，从人口数量即传统的所谓人口红利作用角度看。劳动力数量对价值链攀升的作用主要体现在，通过实现规模经济，强化邻近生产环节的比较优势，不断实现各价值链环节的最优生产，逐步推进价值链攀升。随着价值链的不断攀升，劳动力数量对价值链攀升的作用不断衰减，且其作用发挥的重要前提，在于实现最优生产后依然存在剩余劳动力。第二，从劳动力技能即所谓的新人口红利作用角度看。劳动力技能通过对劳动力数量的替代效应，实现对劳动力数量不足的补充。随着价值链的不断攀升，人才红利对价值链攀升的促进作用不断凸显，劳动力技能的制约作用也日渐突出。第三，从资源配置及所谓的技能配置红利作用角度看。劳动力技能配置通过反映劳动力要素投入的实际作用效率，直接决定劳动力数量和劳动力质量的有效投入水平，从而作用于价值链攀升。劳动力配置是促进价值链攀升的新动力之一，特别是优化高技能劳动力的配置，对我国制造业出口价值链攀升有加速促进作用。这对于劳动力作用效率普遍较低的我国制造业生产现状而言，无疑是突破价值链升级“瓶颈”的又一重要着力点。据此，推进我国出口价值链攀升，不仅要充分利用剩余人口红利以及加快推进人才红利的实现，更要强化落实劳动力配置红利的培育。

此外，在实证研究层面，本书还从劳动力成本上升对出口企业转型升级的“倒逼”效应进行了研究，以及劳动力供给演变对中国工业产业的转移和转型进行了研究。就前一个方面而言，结果表明，劳动力成本上升对出口企业转型升级的“倒逼”作用机制总体上是存在的，但其效应在不同行业、不同地区以及不同企业类型间存在差异：(1) 从分行业角度看，对劳动密集型出口企业的“倒逼”作用，要强于对资本和技术密集型出口企业；(2) 从分地区角度看，对东部地区出口企业存在着显著“倒逼”作用，但于中西部地区出口企业的“倒逼”作用机制则尚未充分显现；(3) 从分企业类型角度看，对我国本土出口企业转型升级“倒逼”作用同时体现在全要素生产率水平提升以及新产品销售额比重提高，但是对外资企业的“倒逼”作用则主要体现在后一方面。上述研究结论也具有重要政策含义。例如，依据研究结论可以认为，诸如东部地区的出口企业更多需要依托创新驱动发展时，还可以继续利用和发挥中西部地区的劳动力成本优势，通过产业在国内不同地区间进行梯度转移，通过产业发展密切和提升地区间的协同关系，从而可以打造出口贸易的整体协调优势。

就劳动力演化对我国工业发展的影响存在转移和转型双

重效应研究而言，结果表明，中国工业发展顺应劳动力演化的趋势明显。从数量角度看，人口红利衰减会加速中国工业产业的空间转移，并进一步“倒逼”低技术产业向高技术产业转型；从技能角度看，劳动力技能提高有利于吸引高技术产业转移和推动低技术产业向中高端转型升级；从技能配置效率看，其对产业转移和转型的作用趋势相反，对产业转移而言，技能配置效率提高容易形成对产业的“挤出”，对产业转型而言，会形成对产业转型升级的促进作用。这一研究发现的政策意义在于，在亟待通过产业转移和转型从而拓展发展空间的战略背景下，除了要注重引导劳动力从沿海向内陆沿边地区适度“回流”和着力促进劳动力技能提升以外，必须重视劳动力技能与产业技术的匹配，真正推动“人口红利”向“人才红利”转型。这对于我国工业产业的发展，即夯实出口价值链升级的产业基础具有极为重要的战略意义。

作 者

2017 年 2 月

目　录

第一章　导　　论

第一节 问题提出

改革开放以来，我国出口贸易取得了举世瞩目的成就，成为拉动经济增长的重要引擎。特别是在2001年加入世界贸易组织（WTO）后，我国依托低成本劳动力的比较优势，凭借加工贸易嵌入全球价值链，实现了出口的爆炸型增长，被誉为“出口增长奇迹”。根据世界贸易组织公布的全球货物出口总值数据，2013年中国首次超过美国，成为全球第一大货物出口国；2014年中国出口总额达14.39万亿元，蝉联世界第一，在国际贸易方面的重要性进一步凸显。此外，出口占我国GDP的比重逐步上升，1978年尚不足5%，2006年增长到35.87%的峰值，其中2002~2013年，我国出口贸易依存度的平均水平约为28.54%。可见，作为拉动经济增长的“三驾马车”之一，出口对国民经济的重要性确实是不言而喻的。

制造业出口作为我国出口贸易的首要组成部分，对出口增长有着举足轻重的作用。据统计，改革开放以来，我国制造业出口占比基本超过95%。然而，随着我国经济发展步入“新常态”，经济下行压力加大，结构性矛盾突出，中国制造业发展长期依赖低成本劳动力即传统人口红利所形成的国际竞争优势正逐步丧失，国内附加值较低及价值链低端锁定的出口困局亟待改变。近年来我国出口的变动情况突出反映了这一问题的严重性。

图1-1反映了1998~2013年中国出口贸易总额与制造业出口总额的变动情况。由图1-1可知，除2009年可能受到世界金融危机影响而下滑外，我国出口贸易总额基本呈持续上升态势，但出口增速并不稳定。2003年、2004年前后，出口增速最高突破了35%。但近年来，出口增速有所放缓，2007年后，我国对外贸易转入“出口不足”

状态，2010～2015 年实际出口远低于31.1%的潜在增速[①]。制造业出口额与出口总额也有类似的变动趋势，且近年来日趋一致，深刻反映了制造业在我国出口贸易中的主体地位。经济危机后，国际国内环境发生深刻变化，我国出口贸易的传统比较优势弱化，增长动力不足，在此背景下，加快推进我国制造业出口升级，重新恢复制造业出口增长的强劲动力，其必要性已成学术界和实践部门的共识。

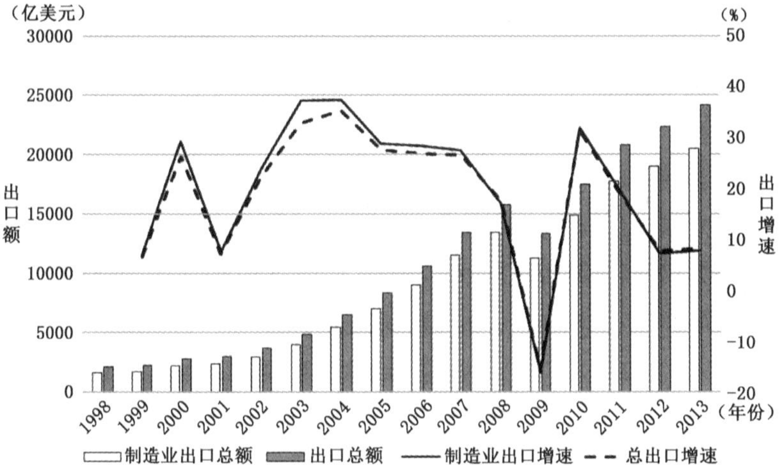

图 1－1 1998～2013 年中国（制造业）出口演变情况

资料来源：《2014 年中国统计年鉴》、UN Comtrade。

更严重的是，我国出口价值链定位往往被统计结果过度夸大，出现所谓的“统计幻象”。举例来说，苹果手机的加工组装环节绝大多数是在中国完成的，组装后的产品将以“电子与通信设备”计入我国高技术产品出口，但 2007～2009 年，苹果手机在中国的年平均价值增值比例仅为 3.37%[②]，这种统计忽略了高额的中间品进口成本。许多学

① 张会清，唐海燕. 中国的出口潜力：总量测算、地区分布与前景展望——基于扩展引力模型的实证研究. 国际贸易问题，2012（1）：12－25.

② 邢予青，Neal Detert. 国际分工与中美贸易逆差：以 Iphone 为例. 金融研究，2011（3）：198－206.

者指出，我国出口产品的技术结构“虚高”，特别是高技术贸易的增长属于“统计假象”，中国出口的实际情况远没有统计结论乐观。

导致上述“统计幻象”的根本原因在于全球价值链分工的深入演进，换言之，出口贸易的发展是融入全球价值链分工体系的结果和表现，因而出口转型升级在很大程度上往往也就意味着出口价值链升级。随着经济全球化的不断发展，社会经济活动不再拘泥于个别企业或国家，分散化、专业化的全球价值链生产成为产业发展的重要形式。全球价值链是2001年格里芬在价值链（M. Porter，1985①）、价值增加链（B. Kogut，1985②）、全球商品链（G. Gereffi，1994③）以及区域生产利润区（Adrian，1998④）等概念的基础上，基于经济关系结合而提出的网络价值模式。各国普遍认识到，积极融入全球价值链、改善价值链环节、实现价值链攀升是促进出口贸易发展乃至转型升级的重要举措。

目前，我国经济下行压力较大，出口贸易发展的内外经济环境错综复杂，既要看到面临着出口价值链亟待攀升的挑战空前，也要看到所蕴涵的重要机遇。一方面，我国出口价值链攀升受阻，突出表现为价值链低端环节在知识绑定、结构垄断、隔离机制等因素的瀑布效应下形成的“价值链低端锁定”。另一方面，由于劳动力等要素成本上升对产业升级的“倒逼”作用，价值链重构成为必然，这为我国跳出“价值链俘获”创造了巨大机遇。

针对我国当前出口贸易遭遇的挑战，学术界主要从供给和需求两个方面进行了分析和解释。从供给角度来看，传统比较优势弱化，新

---

① Porter M. E., The Competitive Advantage [M], New York: Free Press, 1985.

② Kogut, B., Designing Global Strategies: Comparative and Competitive Value - Added Chains [J]. Sloan Management Review, 1985, 26 (4): 15 -28.

③ Gereffi G., Korzeniewicz M., Commodity Chains and Global Capitalism [M]. London: Praeger, 1994.

④ Adrian J., Slywotsky, Profit Zone: How Strategic Business Design Will Lead You to Tomorrow [M]. John Wiley & Sons, 1998.

型比较优势尚未形成，成为限制我国制造业价值链攀升从而出口增长新动力难以形成的重要原因。从需求角度来看，由于长期依赖加工贸易，我国出口产品质量水平不高，产品价值链定位较低，品牌效应不足，可替代性强，难以维持稳定增长的国际需求以及难以适应国际需求的变化。此外，由于经济危机等的冲击，降低进口，鼓励出口，刺激本国产业复苏，引导制造业回流是各国的普遍经济政策，势必会加剧国际贸易竞争，这也是造成我国制造业出口增长受阻的重要原因。

从要素禀赋角度看，劳动力作为最重要的生产要素之一，深刻影响出口贸易的价值链攀升，特别是对于依靠劳动密集型加工贸易实现价值链嵌入的中国而言，劳动力供给演变对出口价值链攀升的影响举足轻重。新中国成立以来，由于人口政策等原因，我国劳动力供给发生了明显变动，劳动力数量、技能等方面的演变可能是解释我国出口减速现状、探究出口价值链攀升途径的关键视角。图 1－2 反映了 1990～2013 年我国 15～64 岁劳动人口占比、大专及以上高等教育劳动力占比以及工资水平。

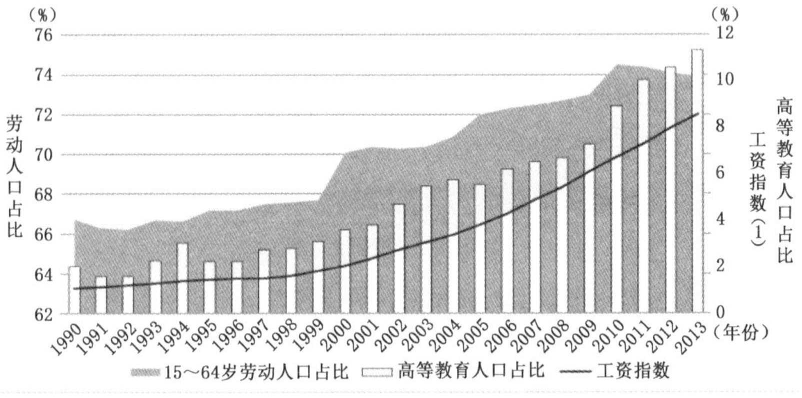

图 1－2 1990～2013 年中国劳动力演变情况

资料来源：《2014 年中国统计年鉴》《新中国 60 年统计资料汇编》。为保证数据统计口径一致，15～64 岁劳动人口占比为 15～64 岁人口占总人口比例；高等教育人口占比为 6 岁及以上大专及以上教育水平人口占 6 岁及以上总人口的比例；工资指数为以 1989 年为基期并标准化为 1，再经物价指数修正的在岗职工各期平均实际工资。

由图 1－2 可知，1990 年以来，我国 15～64 岁劳动力占比基本呈波动增长的趋势，但近几年来增长态势放缓并呈下降趋势；与此同时，工资水平呈指数上升趋势，劳动力成本的不断增长、刘易斯拐点的加速到来，均意味着出口贸易依托低成本劳动力形成的传统比较优势正遭受侵蚀，并“倒逼”制造业构筑新型比较优势以实现出口价值链攀升。此外，提升劳动力技能水平是应对劳动力比较优势衰减的重要途径，我国高等教育人口比例不断增大，但劳动力技能对出口是否发挥了充分作用有待深入研究。随着开放二胎、延迟退休、千人计划和教育体制改革等政策措施的逐步落实，我国未来劳动力供给也将发生巨大变化。2015 年 11 月 19 日国务院印发了《关于积极发挥新消费引领作用，加快培育形成新供给新动力的指导意见》（国发［2015］66 号），提出了“供给侧改革”，指出今后对经济发展的作用力将从重视需求逐步向供需并重转变。这一战略规划同样表明了以包括劳动力在内的生产要素供给为着力点，调整经济结构，推动产业升级将成为促进出口的重要手段。

正是基于上述出发点，本书拟从劳动力要素供给演变视角，以我国主要出口类型制造业为例，探究我国出口价值链攀升的影响因素和跃升途径，为培育和构筑新型劳动力比较优势、实现出口价值链攀升、促进出口的高速和可持续增长，提供切实可行的对策建议。本书以中国劳动力数量、劳动力技能和劳动力配置的实际变动情况为劳动力供给演变的研究重点，重点分析劳动力生产要素的供给变动对制造业价值链攀升的影响，并逆向挖掘如何进一步调控这种供给。而对价值链攀升的研究主要体现在中国出口的产业结构方面。即促进出口由加工程度较浅、附加值较低的价值链低端产品向加工较深、附加值较高的价值链高端产品升级。这对我国进一步深度融入全球经济、提高开放型经济发展水平具有一定的理论和实践指导价值。

第二节 研究意义

一、理论意义

从20世纪末开始，国内外学术界针对出口价值链攀升问题进行了大量研究。我国依托加工贸易成功实现了全球价值链嵌入，但长期以来，我国出口价值链攀升并未得到明显改善。是什么原因导致我国价值链攀升受阻？是产业升级的要素条件不具备？还是已具备的要素条件没有得到充分发挥？发展中经济体应如何培育新型比较优势以实现出口价值链跃升？在制造业出口增速疲软的现实背景下，尽快实现制造业出口价值链跃升是一个亟待解决的理论问题，迫切需要较为完整、清晰的研究来指导出口贸易的发展。本书基于劳动力供给演变的视角，除了深入剖析劳动力数量、劳动力技能对价值链攀升的作用机理外，重点研究了不同劳动力技能水平下技能配置对价值链攀升的作用机制，探究价值链的攀升条件和攀升路径，是对现有关于出口价值链攀升理论研究文献的有益补充。

二、现实意义

长期低端扩张是我国出口价值链攀升受阻的重要现实表现。目前，如何促进出口价值链跃升引发了学术界的大力关注。本书从劳动力供给演变视角，分别从理论机制探讨、数值模拟以及实证检验三个层面上，探究了不同要素禀赋条件下，劳动力供给对价值链攀升作用的差异性，以及劳动力供给的数量、技能和配置等方面对价值链攀升的不同作用方式，揭示价值链攀升的内在动力以及新型比较优势培育的关键所在。这对于改善我国经济“新常态”下传统比较优势式微、出口价值链攀升受阻的发展困境、制定和评估产业政策、人口政策、劳动力政策和贸易政策，进而推动出口价值链跃升有一定的借鉴意义和指导价值。也与当前供给侧结构性改革所强调的从要素供给方面指导和推进产业发展与出口升级的政策方向是一致的，因而具有很强的现实背景和实践价值。

第三节　文 献 述 评

出口价值链攀升的典型事实可以追溯到18世纪末19世纪初第一次工业革命时期，英国纺织业凭借机器化大生产迅速崛起，为了缓解国内劳动力数量短缺和成本上升的压力，纺织企业纷纷将劳动密集型生产环节向爱尔兰、东欧等地大量转移，从而促进了本国纺织业国际分工地位的攀升（Pallord，1981①）。在迈克尔·波特教授于1985年明确提出价值链的概念之前，人们并没有充分意识到国际贸易在划分生产环节和影响分工地位等方面的作用。随着全球经济一体化的日渐完善，学术界对价值链的研究不断深入，广泛涉及价值链定位、价值链重构、附加值测度等领域。近年来，作为增强国际竞争力的重要手段，如何推进出口价值链攀升成为各国争相探究的核心议题之一。

大卫·李嘉图的比较优势理论以及Davis（1995）在此基础上衍生的“产品内分工”（IPS）理论，是出口价值链理论产生和发展的基础。国际贸易使产品内国际化分工成为可能，通过跨国公司或者联合市场，具备不同要素禀赋的国家和地区，可根据自身比较优势实现

① Sidney Pallord, Peaceful Conquest: The Industrialization of Europe: 1760 - 1970 [J], Oxford University Press Inc., 1981.

某一产品的阶段化专业生产，这大大提升了全球生产效率。这种思想进一步演变为产品内价值链生产理论，即基于比较优势确定分工基础，利用规模经济强化分工结构，并通过国际贸易实现工序对接的生产模式，现已成为国际贸易的重要组成部分。

劳动力要素是促进经济增长的核心动力。古典经济学的劳动价值论对劳动赋予了重要意义，以生产商品所必需的相对劳动量作为商品交换的价值衡量，马克思政治经济学进一步指出，具体劳动可转化为抽象劳动，无差别的一般人类劳动生产产品的价值。此外，亚当·斯密分工理论指出，劳动力分工可通过提升技能熟练程度提高单位劳动投入的边际产出，可突破由于市场规模限制、劳动力数量不足等因素导致的经济增长停滞。上述理论从“量”和“质”两个方面强调了劳动力对经济发展的重要意义。在此基础上，以卢卡斯（1988）、罗默（1990）为代表的新经济增长理论重点强调技术进步的作用，指出贸易引致的技术外溢将进一步促进劳动生产效率的提高，并推动出口增长。克鲁格曼（1985）的新贸易理论强调通过优化要素结构提升生产率，对促进出口发展的探究已深入劳动力等生产要素的“配置”方面。

全球价值链对中国等发展中国家而言是一柄“双刃剑”，一方面，通过劳动密集型加工贸易融入全球价值链，是发展中国家参与全球分工的基本形式；另一方面，发展中国家长期从事附加值较低的生产环节，价值链攀升动力不足，容易陷入“价值链低端锁定”和“悲惨增长”的困境。随着我国低成本劳动力优势不断衰减，新型比较优势培育成为推动出口价值链攀升的根本途径。本章遵循理论发展的一般逻辑规律，重点梳理了近年来国内外针对出口价值链攀升、劳动力供给演变及两者间作用关系的相关文献，并进行了简要评述。

一、出口价值链攀升研究

一般而言，价值链攀升通过工艺升级、产品升级、功能升级和跨产业升级四种方式实现（Humphrey，2002①），但国内外针对出口价值链攀升这一概念并没有明确的界定。从一国出口的宏观层面来看，本书将出口价值链攀升划分为两种类型。一类是基于一种产品“微笑曲线”的“功能攀升”，表现为出口由加工组装的价值链低端环节向研发设计和销售服务的价值链高端环节攀升，如图 1－3 所示；另一类是基于不同产品技术等级的“链条攀升”，表现为出口由以劳动密集型产业为主逐步向资本密集型再向技术密集型攀升，如图 1－4 所示。目前，针对出口价值链攀升问题，国内外得出了“作用一致，困境突出，因素不同，策略各异”的研究结论。

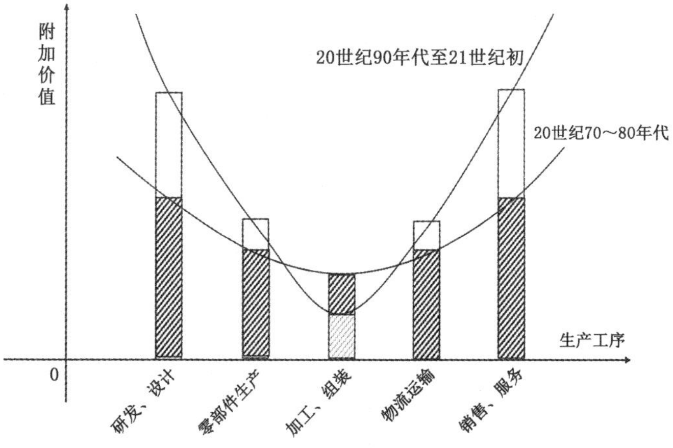

图 1－3　功能攀升

① Humphrey J.，H. Schmitz, How does Insertion in Global Value Chains Affect Upgrade in Industrial Clusters [J], Regional Studies, 2002, 36 (9): 1017－1027.

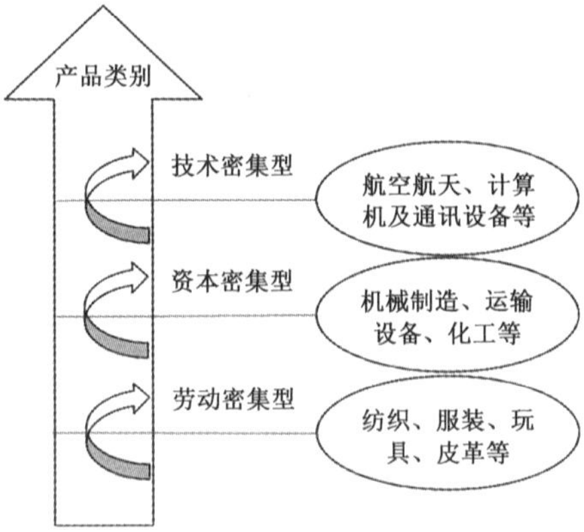

图1-4 链条攀升

注：如图1-3所示，对某一种产品的生产工序而言，从加工组装环节向研发、服务等环节攀升是实现价值链功能攀升的重点，此外，微笑曲线曲率随着时间的推移有增长趋势，生产附加值不断向微笑曲线两端转移，低端与高端价值链之间的差距日渐扩大；如图1-4所示，对整个出口结构而言，实现由纺织服装等低端产业出口向航空航天等高端产业升级是实现价值链链条攀升的主要途径。

（一）价值链攀升对出口的促进作用研究

推进价值链攀升是促进出口发展的核心作用力和基本现实表现。

一方面，出口价值链的功能攀升是产业内技术升级的重要表现，是增强获利能力的关键。Hausmann（2007）指出①，随着经济全球化的逐步深入，一国在国际贸易中的获益情况高度依赖该国在全球价值链不同位置的嵌入能力。随着价值链攀升，贸易利益在高端与低端之间的分配更加不均衡，且随着时间的推移，这种差距呈扩大趋势。从功能攀升的意义上讲，企业的技术创新与出口价值链攀升具有一致性

① Hausmann R., Hwang J., Rodrik D., What You Export Matters [J], Journal of Economic Growth, 2007, 12: 1-25.

（Guan，2009[①]），价值链类似于一条“技术阶梯”（Humphrey，2004[②]），出口价值链攀升有助于提高价值链高端中间品的生产力，是获取更大贸易利益的重要保障（Cabral，2010[③]）。

另一方面，出口价值链的链条攀升是产业间结构升级的重要表现，是提高国际竞争力的核心。贸易引致学习，异质性企业贸易理论指出，出口部门往往具有更高的生产效率（Bernard，2003[④]）。从链条攀升的意义上讲，出口产业的复杂度越高，对经济发展的推动作用越大（Poncet，2013[⑤]），因此，利用学习机制，引领其他产业的转型升级，促进出口结构向技术密集型、知识密集型产业转变，不断提升在全球价值链中的定位，对于构筑出口核心竞争力意义重大。

（二）出口价值链攀升的现状研究

加入世界贸易组织（WTO）以来，我国依靠加工贸易成功嵌入全球价值链，制造业高速发展，出口技术含量不断提升，已部分进入价值链中阶层次（Gualier，2007），出口结构更接近发达国家，远高出同等收入国家的一般水平（Rodrik，2006[⑥]；Schott，2008[⑦]）。2004年，中国超过美国成为全球最大的高科技产品出口国，加工贸易更是占据半壁江山，约为世界加工贸易总量的67%（WTO IDE -

① Guan, J C. et al., Innovation Strategy and Performance during Economic Transition: Evidence in Beijing, China [J], Research Policy, 2009, 38: 802 - 812.

② Humphrey J., Upgrading in Global Value Chains [R], International Labor Office Working Paper, No. 28, 2004.

③ Cabral, Veiga, Determinants of Export Diversification and Sophistication in Sub - Saharan Africa [R], SBE Working Paper, 2010.

④ Bernard A. B., Eaton J., Jensen J. B., Kortum S., Plants and Productivity in international Trade [J], American Economic Review, 2003, 93 (4): 1268 - 1292.

⑤ Poncet S., Waldemar S. F., Export Upgrading and Growth: the Prerequisite of Domestic Embeddedness [J], World Development, 2013, 15: 104 - 118.

⑥ Rodrik D., What's So Special about China's Exports? [J], China & World Economy, 2006, 14 (5): 1 - 9.

⑦ Schott P., The Relative Sophistication of Chinese Exports [J], Economic Policy, 2008, 53 (23): 5 - 49.

JETRO，2011[①]），国外很多舆论均表示了对中国竞争的担忧（Feenstra，2010[②]）。

然而，也有众多学者对此进行了质疑和批驳。指出我国出口发展面临着严峻考验。针对我国出口价值链攀升的发展困境研究，集中体现在“出口增长奇迹”下的“价值链低端锁定”。例如，Johnson（2012）认为[③]，中国出口的高速发展，是凭借劳动力优势，吸引海外产业转移，挤压别国出口实现的数量增长。这种出口模式主要依靠规模扩大的集约边际的发展，在技术水平、品牌质量等方面的扩展边际发展并不显著（钱学锋等，2013[④]）。我国出口价值链定位呈现“同位低值”特征，出口产品的种类和价值链定位与发达国家类似，但在质量上存在明显不足（鞠建东等，2014[⑤]）。出口的国内附加值被严重高估，制造业比较优势并不显著，更没有从出口中获得大量贸易利得（Koopman，2012[⑥]；Stehrer，2013[⑦]；樊秀峰等，2015[⑧]）。Jarreau（2012）研究表明[⑨]，2007 年我国高新技术产品

---

① WTO and IDE – JETRO, Trade Patterns and Global Value Chains in East Asia: From Trade in Goods to Trade in Tasks, Geneva and Tokyo [J], World Trade Organization and Institute of Developing Economies, 2011.

② Feenstra R. Wei S. J., China's Growing Role in World Trade. Cambridge [M], NBER and Chicago: University of Chicago Press, 2010.

③ Johnson R C, Noguera G. Fragmentation and Trade in Value Added Over Four Decades [C]. National Bureau of Economic Research, Inc, 2012.

④ 钱学锋，王胜，陈勇兵. 中国的多产品出口企业及其产品范围：事实与解释. 管理世界，2013（1）：9－27.

⑤ 鞠建东，余心玎. 全球价值链上的中国角色——基于中国行业上游度和海关数据的研究. 南开经济研究，2014（3）：39－52.

⑥ Koopman Robert, Zhi Wang, Shang – Jin Wei, Estimating Domestic Content in Exports When Processing Trade is Pervasive [J], Journal of Development Economics, 2012, 99 (1): 178－189.

⑦ Stehrer R., Accounting Relations in Bilateral Value Added Trade [J], WIIW Working Paper No. 101, 2013.

⑧ 樊秀峰，程文先. 中国制造业出口附加值估算与影响机制分析. 中国工业经济，2015（06）：81－93.

⑨ Jarreau J., Poncet S., Export Sophistication and Economic Growth: Evidence from China [J], Journal of Development Economic, 2012, 97 (2): 281－292.

的出口中有85%是以加工贸易的形式完成的，外国公司的贡献比重高达91%。

在发达国家主导的全球价值链中，由于价值链分工的片段化和相对独立性，我国出口价值链延伸性不足，增值能力较低，外泄效用突出（Bond，2005①），价值链攀升遭遇围堵（Manuel，2011②），我国高度依赖外资的“为出口而进口”进一步增强了低端锁定效应。目前，我国中高技术出口的价值链定位和增值能力均有下降，面临边缘化风险，参与价值链下游生产的趋势增强，对上游的依赖不断扩大（王岚等，2015③）。出口价值链攀升的发展趋势堪忧。

（三）出口价值链攀升的影响因素研究

竞争优势理论指出，要素禀赋结构是决定出口竞争力的核心因素之一（Joseph，2006④）。全球价值链以比较优势理论为基础，要素禀赋的差异会促成不同环节的专业化生产，而专业化生产又将反作用于要素禀赋的演变。国内外针对出口价值链攀升的影响因素研究，主要集中于以下几个方面。

1. 劳动力

劳动力要素通过影响产业的生产效率和技术水平作用于出口价值链攀升（Weldemicael，2012⑤），对第二产业的影响尤为明显（Eswa-

---

① Bond E., Market Linkages with Fragmented Production [J]. The North American Journal of Economics and Finance, 2005, 16 (1): 119 - 135.

② Manuel Marcel, Flores and Marcel, Vaillant, Global Value Chains and Export Sophistication in Latin America [J], Integration and Trade, 2011, 1 (15): 35 - 48.

③ 王岚，李宏艳. 中国制造业融入全球价值链路径研究——嵌入位置和增值能力的视角 [J]. 中国工业经济，2015 (2): 76 - 88.

④ Joseph Howse, Carolan McLarney, The Big Pictures: Source of National Competitiveness in the Global Movie Industry [J], The Journal for Decision Makers, 2006, (3): 19 - 20.

⑤ Weldemicael E., Determinants of Export Sophistication [R], Working Paper of the University of Melbourne, 2012.

ran et al.，2002[①]）。从劳动力数量的角度，Parteka（2011）指出[②]，以人口规模度量的国家规模有助于出口多元化的发展，对出口价值链攀升有显著正向作用；从劳动力技能的角度，N. Haworth（2013）指出[③]，人力资本提升是亚洲国家不断实现出口价值链攀升的关键；从劳动力成本的角度，Dinopoulos（2007）[④]通过构建南北贸易模型，指出劳动力成本上升降低了研发成功的可能性，不利于出口价值链攀升；从劳动力配置的角度，有学者关注到我国劳动力资源在东西部配置的不合理性，是抑制出口价值链攀升的原因之一（Klenow，2009[⑤]；柏培文，2012[⑥]）。

2. 外商直接投资

现有研究指出，外商直接投资对我国出口价值链攀升存在正负两方面的影响。一方面，外商直接投资对我国出口价值链攀升有不可忽视的促进作用，Ma（2006）、Gaulier（2007）指出[⑦]，得益于外资的技术外溢效应，中国出口特别是高技术产业出口的急速扩张基本上是由外商直接投资推动的；另一方面，对外商直接投资的过度依赖会阻碍我国出口价值链的攀升，Kneller（2007）指出[⑧]，外资的技术优势

---

① Eswaran M, Kotwal A. The Role of the Service Sector in the Process of Industrialization [J]. Journal of Development Economics, 2002, 68 (2): 401 -420.

② Parteka A., M. Tamberi, Export Diversification and Development - Empirical Assessment [R], Universita' Politecnica Delle Marche, Working Paper No. 359, 2011.

③ Haworth N. Compressed Development: Global value chains, multinational enterprises and human resource development in 21st century Asia [J]. Journal of World Business, 2013, 48 (2): 251 -259.

④ Dinopoulos E. Segerstrom P., North - South Trade and Economic Growth [R], CEPR Discussion Papers No. 5887, 2007.

⑤ Klenow P, Hsieh C T. Misallocation and Manufacturing TFP in China and India [J]. Quarterly Journal of Economics, 2009, 124 (4): 1403 -1448.

⑥ 柏培文. 中国劳动要素配置扭曲程度的测量 [J]. 中国工业经济，2012（10）：19 -31.

⑦ Gaulier G., F. Lemoine, D. Unal - Kesenci, China's Integration in East Asia: Production Sharing, FDI and High - Technology Trade [J], Economic Change, 2007, 40 (1): 27 -63.

⑧ Kneller R. A., M. Pisu, Industrial Linkages and Export Spillovers from FDI [J], World Economy, 2007, (30): 105 -134.

会挤占内资企业的市场份额，从而抑制本土企业出口价值链的攀升。还有学者划分了外商直接投资的类型，认为水平型投资会替代出口，而垂直型投资对出口价值链攀升有促进作用（Lipsey，2000[①]）。

3. 技术水平

提升技术水平是实现价值链攀升的必由之路（Mohnen，2003[②]；Morosini，2004[③]），Hausmann（2010）指出[④]，价值链攀升是一国不断提升技术水平，提高产业复杂度的过程。技术水平通过空间溢出和价值链溢出影响出口价值链攀升（赵增耀等，2015[⑤]）。但有部分研究表明，近几年国内企业的研发投入对于我国出口价值链升级作用并不显著，我国高技术制造业出口复杂度提升主要来自经济增长而非技术创新（Fernandes，2008[⑥]；郭晶等，2010[⑦]）。

4. 外部环境

随着生产效率的不断改进，服务、制度等外部环境对出口价值链攀升的影响日渐凸显。服务业可以大大提高要素生产率（Allee，2008[⑧]；Gereffi，2013[⑨]），一些发展中国家如全球汽车装配大国墨西

① Lipsey R. E., E. Ramstetter, M. Blomstrom, Outward FDI and Home Country Exports: Japan, the United States, and Sweden [R], NBER Working Paper, No. 7623, 2000.

② Mohnen P., J. Mairesse, R&D and Productivity: A Re - examination in the light of the Innovation Surveys [R], Paper for DRUID Summer Conference, 2003, (6): 12 - 14.

③ Morosini P., industrial Clusters, Knowledge Integration and Performance [J], World Development, 2004, 32 (2): 305 - 326.

④ Hausmann R, Hidalgo C. Country Diversification, Product Ubiquity, and Economic Divergence [J]. Ssrn Electronic Journal, 2010, 69 (35): 78 - 81.

⑤ 赵增耀，章小波，沈能. 区域协同创新效率的多维溢出效应. 中国工业经济，2015 (1): 32 - 44.

⑥ Fernandes A., Firm Productivity in Bangladesh Manufacturing Industries [J]. World Development, 2008, 36 (10): 1725 - 1744.

⑦ 郭晶，杨艳. 经济增长、技术创新与我国高技术制造业出口复杂度研究. 国际贸易问题，2010 (12): 91 - 96.

⑧ Allee, V., Value Network Analysis and value conversion of tangible and intangible assets [J], Journal of Intellectual Capital, 2008, 9 (1): 5 - 24.

⑨ Gereffi, G.; Sturgeon, T., Global Value Chain - Oriented Industrial Policy: The Role of Emerging Economies [M], Global Value Chains in a Changing World, 2013: 329 - 360.

哥，通过提升加工贸易中服务要素的生产附加值，成功实现了出口价值链攀升（C. F. Contreras et al.，2012[①]）。完善的制度环境对于促进技术进步，推动价值链分工地位攀升有重要意义（Tebaldi，2013[②]）。Berkowitz（2006）指出[③]，出口复杂度越高，面临的不确定性越大，越需要完善的制度保障。例如，融资约束的改善会提高出口产品的差异化，从而推动价值链攀升（Munasib，2014[④]）；政府补贴对出口产品质量有抑制作用等（张杰等，2015[⑤]）。

5. 学习和吸收能力

学习和吸收能力是发展中国家实现出口价值链攀升的重要因素（Fosfuri，2008[⑥]；Smith，2008[⑦]）。由于研发成本较高，发展中国家往往不具备创新优势和创新动力，外源性技术转移是提升出口价值链定位的重要途径（Ernst，2008[⑧]；Sara，2009[⑨]）。目前，我国制造业吸收能力较弱，对国外新兴技术的转化不足，是出口价值链攀升的重

---

① Contreras O F, Carrillo J, Alonso J. Local Entrepreneurship within Global Value Chains: A Case Study in the Mexican Automotive Industry [J], World Development, 2012, 40 (5): 1013 - 1023.

② Tebaldi E., B. Elmslie, Does Institution Quality Impact Innovation? Evidence from cross - country Patent Grant Data [J], Applied Economics, 2013, 45 (7): 887 - 900.

③ Berkowitz D., Moenius J., Pistor K., Trade Law and Product Complexity, Review of Economics and Statistics [J], 2006, 88 (2): 363 - 373.

④ Munasib A., D. Roy, Financial Reforms, Product Differentiation and Trade [J], Economics Letters, 2014, 123 (1): 37 - 41.

⑤ 张杰，翟福昕，周晓艳. 政府补贴、市场竞争与出口产品质量. 数量经济技术经济研究，2015 (4): 71 - 87.

⑥ Fosfuri A., Tribo J. A., Exploring the Antecedents of Potential Absorptive Capacity and Its Impact on Innovation Performance [J], Omega, 2008, 36 (2): 173 - 187.

⑦ Smith, M. E., M. Craca, E. Antonacopoulou, Absorptive Capacity: Process Perspective [J], Management Learning, 2008, 39 (5): 483 - 501.

⑧ Ernst D., Innovation Offshoring and Outsourcing: What are the Implication for Industrial Policy [J], International Journal of Technological Learning, Innovation and Development, 2008, 1 (3): 309 - 329.

⑨ Lev Sara, Avi Fiegenbaum, Aviv Shoham, Managing Absorptive Capacity Stocks to Improve Performance: Empirical Evidence from the Turbulent Environment of Israeli Hospitals [J], European Management Journal, 2009, 27 (1): 13 - 25.

要阻碍（陶锋，2011①）。

（四）出口价值链攀升策略研究

国内外学者对于促进出口向价值链高端攀升的发展方向并无争议，但在如何推进价值攀升的问题上存在分歧。针对促进出口价值链攀升的策略研究，学术界主要有以下几种观点。

1. 出口的战略转型与全面升级

相关研究主张通过出口产业的战略转型和全面升级，从整体上扭转我国价值链低端锁定的形势。这类研究强调全面转型的必要性和可行性，一方面，位于研发销售环节的发达国家是全球价值链的治理者，价值链分工对高端环节企业生产率提升的促进作用远大于低端环节（Gereffi，2005②；刘庆林等，2010③）。作为低技术加工贸易大国，若不注意出口的战略转型和全面升级，我国将难以突破比较优势壁垒，从而落入“外包陷阱”，形成对发达国家的单方面“贸易依赖”（Guillaume，2007④；牛卫平，2012⑤）。另一方面，随着我国出口技术水平的不断提高，出口的全面升级已具备一定基础（Lemoine，2008⑥）。因此，重视一般贸易的比重是我国出口价值链攀升的重要指标，我国必须实现出口价值链由“嵌入式”向“构建式”的路径

① 陶锋. 吸收能力、价值链类型与创新绩效——基于国际代工联盟知识溢出的视角. 中国工业经济，2011（1）：140－150.

② Gereffi G，Humphrey J，Sturgeon T. The Governance of Global Value Chains [J]. Review of International Political Economy，2005，12（1）：78－104.

③ 刘庆林，高越，韩军伟. 国际生产分割的生产率效应. 经济研究，2010（2）：32－43.

④ Guillaume Gaulier，Francoise Lemoine，Deniz. China's Integration in east Asia：Production sharing，FDI & High－Tech Trade [J]，Economic Change and Restructuring，2007，6（40）：27－63.

⑤ 牛卫平. 国际外包陷阱产生机理及其跨越研究. 中国工业经济，2012（5）：109－121.

⑥ Lemoine F. & Unal D.，Rise of China and India in International Trade：From Textiles to New Technology [J]，China & World Economy，2008，16（5）：16 － 34.

转型（秦兴俊等，2014①；田文等，2015②）。

2. 出口的逐步转型与阶梯过渡

相关研究提倡在稳定价值链低端加工贸易的前提下，逐步实现向价值链高端的“梯度式”攀升。对这种攀升路径的研究一般强调加工贸易的基础性和全面升级的不可行性。一方面，我国出口包含大量加工贸易特征，盲目转型对出口的冲击效应明显。价值链攀升不意味着“转产”，而是以加工贸易为价值链攀升强有力的支撑（安礼伟等，2014③）。另一方面，我国出口产业并未掌握价值增值的核心技术（Theodore，2011④；邱斌等，2012⑤），并不具备全面升级的可行性。因此，价值链攀升不可能一蹴而就，应以加工贸易为基础，支持高附加值产业贸易的发展，逐步实现价值链的“梯度式”攀升（Gereffi，2011⑥；金碚，2012⑦）。

3. 出口的相机抉择与适时调整

还有学者指出我国需要适应多变的贸易环境，相机调整升级路径，推动价值链攀升。从发展的动态性视角来看，无论是全球经济环境还是我国的价值链定位，都具有发展的不确定性（C. Pietrobelli et

---

① 秦兴俊，王柏杰. 产品内分工、加工贸易与我国对外贸易结构升级. 国际经贸探索，2014（7）：37 - 46.

② 田文，张亚青，佘珉. 全球价值链重构与中国出口贸易的结构调整. 国际贸易问题，2015（3）：3 - 13.

③ 安礼伟，张二震. 全球价值链分工视角下的中国对外贸易——兼析对我国外贸发展的错误认识. 江苏行政学院学报，2014（1）：39 - 45.

④ Theodore H. Moran, Foreign Manufacturing Multinationals and the Transformation of the Chinese Economy: New Measurements, New Perspectives [R]. Peterson Institute for international Economics Working Paper, 2011, (4), Series WP11 - 11.

⑤ 邱斌，叶龙凤，孙少勤. 参与全球生产网络对我国制造业价值链提升影响的实证研究——基于出口复杂度的分析. 中国工业经济，2012（1）：57 - 67.

⑥ Gereffi G. Beyond the Producer - driven/Buyer - driven Dichotomy - the Evolution of Global Value Chains in the Era [J]. IDS Bulletin, 2011, 32 (03): 30 - 40.

⑦ 金碚. 牢牢把握发展实体经济这一坚实基础. 求是，2012（7）：24 - 26.

al.，2010①），这也是学术界对价值链攀升研究存有争议的原因之一（周昕，2013②；戴觅等，2014③）。就经济的开放性视角而言，我国国内价值链并未实现与国际价值链的有效对接，内陆省份与国际价值链的对接程度更显不足（Poncet，2003④；张少军，2013⑤），随着我国经济开发程度的不断深化，出口价值链攀升将不断呈现新的特征。因此，我们不应人为控制出口价值链的攀升方向，而要根据不同情况，相机调整出口价值链的攀升战略。

二、劳动力供给演变研究

经济问题归根结底是人的问题，劳动力是推动出口价值链攀升的核心要素（Wang，2008⑥）。新中国成立以来，我国劳动力供给发生了一系列变动，而全面把握劳动力供给的演变路径是解释我国出口价值链攀升问题的关键。目前，学术界针对我国劳动力供给演变的研究，基本集中在劳动力供给的数量演变、技能演变和配置演变等方面。

（一）劳动力数量演变研究

国内外对劳动力数量演变的研究，主要通过人口年龄结构的变动予以反映，研究指标涉及生育率、死亡率、抚养比、老龄化率等。例

① Pietrobelli C，Rabellotti R，Global Value Chains Meet Innovation Systems：Are There Learning Opportunities for Developing Countries？［J］，World Development，2010，7（7）：1261－1269.

② 周昕. 中国产品内分工的区域化与全球化. 亚太经济，2013：105－111.

③ 戴觅，余淼杰，Madhura Maitra. 中国出口企业生产率之谜：加工贸易的作用. 经济学（季刊），2014（2）：675－698.

④ Poncet，Sandra，Measuring Chinese Domestic and International Integration［J］，China Economic Review，2003，（14）：1－21.

⑤ 张少军，刘志彪. 国内价值链是否对接了全球价值链——基于联立方程模型的经验分析. 国际贸易问题，2013（2）：14－27.

⑥ Wang Z.，S. Wei，What Accounts for the Rising Sophistication of China's Exports［R］？NBER Working Paper No. 13771，2008.

如，Bloom（2005）[①] 利用中国台湾的出生率和死亡率数据，研究指出前者的相对提升与后者的相对下降提升了台湾地区的人均劳动供给。蔡昉（2010）指出[②]，我国 3/4 的企业面临“用工难”的问题，其根源在于我国劳动年龄人口增长率的不断下降。

目前对我国劳动力数量演变的研究重点关注“人口红利”的可持续性。多数学者认为，我国人口红利正不断消失。步入 21 世纪以来，我国“未富先老”的社会特征逐步凸显，生育率持续走低，劳动力资源收缩，人口老龄化趋势加速，低年龄劳动参与率大幅下降，人口红利式微，刘易斯拐点浮现，劳动力无限供给特征消失（高传胜；2015[③]；齐传钧，2010[④]；孟令国等，2013[⑤]）。但也有部分学者认为我国人口红利并未完全消失。例如，马瀛通（2007）等指出[⑥]，我国农村地区拥有大量可供转移的劳动力，人口红利仍具备发掘潜力，对未来经济增长的作用不容小觑。田雪原等（2006）研究指出[⑦]，我国人口红利尚存在 25～30 年的作用期。因此，必须注重对剩余人口红利的挖掘和利用。

（二）劳动力技能演变研究

国内外对劳动力技能演变的研究，主要通过劳动力受教育年限、劳动生产率等指标进行分析。学术界一般认为，劳动力技能对劳动力数量有一定的替代作用（De la Croix，2003[⑧]），技能水平是导致劳动

---

① Bloom D E, Canning D. Global Demographic Change: Dimensions and Economic Significance [J]. PGDA Working Papers, 2005, 34 (2): 17－51.

② 蔡昉. 人口转变、人口红利与刘易斯转折点. 经济研究，2010（4）：4－13.

③ 高传胜. 从国际比较看中国人口结构面临的双重风险. 学术界，2015（1）：38－46.

④ 齐传钧. 人口老龄化对经济增长的影响分析. 中国人口科学，2010（1）：54－65.

⑤ 孟令国，刘薇薇. 中国农村剩余劳动力的数量和年龄结构研究——基于 2002～2011 年的数据. 经济学家，2013（4）：37－42.

⑥ 马瀛通. 人口红利与日俱增是 21 世纪中国跨越式发展的动力. 中国人口科学，2007（1）：2－9.

⑦ 田雪原. 警惕人口城市化中的“拉美陷阱”. 宏观经济研究，2006（2）：12－17.

⑧ De la Croix David, Doepke Matthias, Inequality and Growth: Why Differential Fertility Matters [J], American Economic Review, 2003, 93 (4): 1091－1113.

力在区域、行业间分离或分类的重要因素，效率较高的劳动力更容易向大城市集中（Glaeser，2010①；Matano，2012②）。

目前对我国劳动力技能演变的研究基本支持我国劳动力技能整体提升的观点，但也指出了演变过程中存在的一系列问题。例如，蔡宏波等（2012）指出③，改革开放以来，我国劳动力技能结构不断优化，但低技术生产环节的技能改善显著滞后于整体。尖端技术创新人才依然匮乏，出现低端劳动力市场供过于求而高端市场供不应求的局面（魏浩，2010④）。针对我国劳动力技能演进的动力分析，吴琦等（2015）指出⑤，我国非熟练劳动力和农民工的替代效应作用显著，是我国劳动力技能提升，供给结构改善的重要因素。此外，我国家庭子女数与子女技能素质成反比，计划生育政策也在一定程度上提升了我国劳动力的技能水平（Rosenzweig，2009⑥）。

（三）劳动力配置演变研究

近年来，学术界对劳动力配置问题的关注逐步提升，主要研究涉及劳动力的区域配置以及劳动力与其他生产要素间的配置效率。例如，Timmer（2000）指出⑦，印度、印度尼西亚、中国台湾等亚洲国

---

① Glaeser G. L., Resseger M. G., The Complementarity Between Cities and Skills [J], Journal of Regional Science, 2010, (50): 221 - 244.

② Matano A., Naticchioni P., Wage Distribution and the Spatial Sorting of Works [J], Journal of Economic Geography, 2012, (12): 379 - 408.

③ 蔡宏波，陈昊. 外包与劳动力结构——基于中国工业行业数据的经验分析. 数量经济技术经济研究，2012（12）：53 - 65.

④ 魏浩，程琤. 中国出口商品结构、劳动力市场结构与高端人才战略. 财贸经济，2010（10）：93 - 99.

⑤ 吴琦，肖皓，赖明勇. 农民工市民化的红利效应与中国经济增长的可持续性——基于动态 CGE 的模拟分析. 财经研究，2015（4）：18 - 30.

⑥ Rosenzweig Mark R., Zhang Junsen, Do Population Control Policies Induce More Human Capital Investment? Twins, Birth Weight, and China's "One - Child" Policy [J], Review of Economic Studies, 2009, (76): 1149 - 1174.

⑦ Timmer M. P., A. Szirmai, Productivity Growth in Asian Manufacturing: The Structural Bonus Hypothesis Examined [J], Structural Change and Economic Dynamics, 2000, 11: 371 - 392.

家或地区的要素配置效率较低，劳动力配置的结构红利没有发挥，甚至存在结构负利。Arnaud（2010）①、彭国华（2015）构建了劳动力技能与产品技术的匹配模型，认为两者的匹配效率演变是影响经济发展的重要因素之一。

整体而言，我国劳动力配置结构效应目前处于持续增长阶段，但结构性减速趋势不断提升（辛超等，2015②）。针对我国劳动力配置演变的研究重点关注劳动力在中东西部和不同行业间配置的不均衡性。一方面，我国东部地区劳动力配置与产业结构分布的吻合程度逐步提升，但西部地区的劳动力配置效率较低，由于劳动力流动等原因，我国中西部地区劳动力平均素质高于东部地区，但利用率低于东部地区，劳动力区域错配现象明显（王志华等，2012）。另一方面，我国劳动力供求紧张程度不断强化，劳动力在行业间的配置矛盾日益凸显，劳动力市场的"失业""空岗"现象并存，由于难以得到匹配性良好的专业劳动力，即使在劳动力供大于求的阶段，局部层面上劳动力短缺问题也较严重（王欢等，2014③）。

三、劳动力供给演变对出口价值链攀升的影响研究

新经济地理学指出，劳动力供给演变通过改变资本占有率、劳动生产率、工资收入等因素影响了地区比较优势，不同劳动力优势对价值链的驱动程度，直接决定不同价值链定位的租金分配，是实现出口

① Arnaud Costinot and Jonathan Vogel, Matching and Inequality in the World Economy [J]. Journal of Political Economy, 2010, 118 (4): 747 - 786.

② 辛超，张平，袁富华. 资本与劳动力配置结构效应——中国案例与国际比较. 中国工业经济，2015（2）：5 - 17.

③ 王欢，黄健元，王薇. 人口结构转变、产业及就业结构调整背景下劳动力供求关系分析. 人口与经济，2014（2）：96 - 105.

价值链攀升的内在因素（Kaplinshy，2000[①]；Baldwin，2003[②]）。McMillan（2011）[③] 利用亚非拉国家数据研究指出，发展中国家出口价值链攀升的差异大部分归因于劳动力供给变动对生产率的影响。但由于拥挤效应和竞争效应的相对作用，劳动力供给演变对推动出口价值链攀升，可能出现“离心力”与“向心力”并存的情况（Fujita et al.，1999[④]）。

（一）劳动力数量演变对出口价值链攀升的影响研究

学术界针对劳动力数量演变对出口价值链攀升的研究基本可概括为：劳动力投入量的增加有利于出口价值链攀升，但对价值链高端环节的作用明显减弱；我国农村剩余劳动力向城市流动、女性劳动参与率的增加可以通过改变潜在劳动力数量，间接影响出口价值链攀升。具体而言：

一部分研究重点关注我国人口老龄化趋势造成的劳动力供给数量下降、人口红利式微对出口价值链攀升的影响。这类研究基本认同劳动力数量对我国出口价值链攀升的重要意义。认为较好的年龄结构可以通过保障劳动力投入数量、影响劳动生产率从而促进价值链定位的提升。例如，Choudhry（2010）[⑤] 认为经济体实现工业化的重要动力是较好的人口年龄结构带来的劳动力数量优势；Bryant（2004）[⑥]、任

---

① Kaplinshy R.，Globalisation and Unequalisation：What can be Learned from Value Chain Analysis［J］. Journal of Development Studies，2000，37（2）：117－146.

② Baldwin R，R. Forslid，P. Martin，G. Ottaviano and F. Robert N. Economic Geography and Public Policy［M］. Princeton：Princeton University Press，2003.

③ McMillan，Rodrik，Globalization，Structural Change，and Productivity Growth［R］，NBER Working Paper No. 17143，2011.

④ Fujita M.，Krugman P.，Venables A. The Special Economy：Cities，Regions and International Trade［M］，Cambridge：MIT Press，1999.

⑤ Choudhry M. T.，Elhorst J. P.，Demographic Transition and Economic Growth in China，India and Pakistan［J］，Economic Systems，2010，34（3）：218－236.

⑥ Bryant R C，Faruqee H，Velculescu D，Fertility Declines and Youth Dependency：Implications for the Global Economy［J］，Washington，2004.

栋（2014）[①] 等学者指出，劳动生产率随年龄提升呈“峰型”分布，劳动力年龄结构的演变会影响社会生产率，因此，当劳动力结构中的青年比重较高时，价值链攀升更为迅速，且相对于东部地区而言，我国中西部地区受劳动力数量演变的影响更显著。

但也有学者指出，劳动力数量对出口价值链攀升的作用强度值得商榷。这类研究着重强调劳动力数量在价值链高端环节的作用力大大降低。例如，蔡昉（2011）指出[②]，劳动力数量对资本和技术密集型产业作用不显著，且随着价值链向高端不断攀升，人口红利的衰减越快。Muriel（2009）[③] 考察了不同技术水平产业生产率的影响因素，指出我国老龄化趋势并不会降低价值链高端产业的生产率，反而对其有促进作用。

另一部分研究关注由于劳动力流动、精力和时间投入等造成的劳动力供给数量变动对出口价值链攀升的影响，侧重于探究我国潜在劳动力对出口价值链攀升的作用。例如，盛丹等（2010）指出[④]，劳动力流动通过改变地区劳动力供给结构，对于我国地区出口比较优势有重要作用，维持合理的劳动力流动有利于促进出口升级。Wei（2010）指出[⑤]，计划生育使我国少儿人口抚养比显著下降，在一定时间内提高了潜在劳动力投入，对我国出口价值链攀升和经济增长有促进作用。Chan（2006）[⑥] 则研究了改革开放以来由于大量女性劳动

---

① 任栋，李新运. 劳动力年龄结构与产业转型升级——基于省际面板数据的检验. 人口与经济，2014（5）：95－103.

② 蔡昉. “中等收入陷阱”的理论、经验与针对性. 经济学动态，2011（12）：4－9.

③ Muriel R.，W. Malgorzata, Heterogeneity Matters: Labor Productivity Differentiated by Age and Skills［R］, Paris School of Economics Working Paper, 2009.

④ 盛丹，李坤望，王永进. 劳动力流动会影响我国地区出口比较优势吗？——基于省区工业细分产业数据的实证研究. 世界经济研究，2010（9）：38－44.

⑤ Wei Z.，R. Hao, Demographic Structure and Economic Growth: Evidence from China［J］, Journal of Comparative Economics, 2010,（38）: 472－491.

⑥ Chan J. W－L.，2006, Chinese Women Works Organize in the Export Zones［J］, New Labor Forum, 15（1）: 19－27.

力参与生产，对中国加工贸易以及出口价值链攀升的影响。

（二）劳动力技能演变对出口价值链攀升的影响研究

国内外学者已充分认识到劳动力技能演变对出口价值链攀升的重要意义，虽然有部分实证研究指出，劳动力技能水平对推动我国出口价值链攀升的作用并未充分发挥，但学术界对通过提升劳动力熟练程度、教育年限和技能水平以促进出口价值链攀升的基本方向并无争议。

早在20世纪末期，已有学者指出熟练劳动力对经济增长有正的外部性（Romer，1990①）。根据新古典贸易理论，生产率差异是影响经济体出口结构的主要原因，生产效率的提高主要通过企业不断进行技术改革，而技术改革归根结底是内在化劳动力的技能和知识，特别是研发创新人员的知识（Atkeson，2010②；Cuervo，2010③）。因此，劳动力技能水平是决定出口价值链的攀升方向和攀升程度的关键（Acemoglu，2008④）。

目前，面对我国人口红利式微的劳动力供给变动趋势，Amiti（2008）⑤、蔡昉（2009）等学者指出⑥，以提升劳动力技能水平、深化劳动生产率为核心的“第二次人口红利”和“结构性人口红利”对出口价值链攀升的作用可能是无限的。大量研究表明，我国出口产

① Romer P.，Endogenous Technological Change [J]. Journal of Political Economy，1990，(98)：71 – 102.

② Atkeson A.，Burstein，A. T.，Innovation，Firm Dynamics，and International Trade [J]，Journal of Political Economy，2010，118 (3)：433 – 484.

③ Cuervo Cazurra Alvaro，Annique UN C.，Why Some Firms Never Invest in Formal R&D，Strategic Management Journal，2010，(31)：759 – 779.

④ Acemoglu D.，Guerrieri V.，Capital Deepening and Non – Balanced Economic Growth [J]，Journal of Political Economy，2008，116 (3)：467 – 498.

⑤ Amiti M. and C. Freund，The Anatomy of China's Export Growth [R]，World Bank Policy Re – search Working Paper No. 4628，2008.

⑥ 蔡昉. 未来的人口红利——中国经济增长源泉的开拓. 中国人口科学，2009 (1)：2 – 10.

品的技术动力正逐步向高技能的熟练劳动力转移（黄永明等，2012[1]），高技能劳动力对于提升出口增加值的作用显著（李文秀等，2015[2]），拥有大量高技能劳动力企业的生产率越高，实现出口价值链攀升的可能性越大，也越容易吸引更多的高技能劳动力（于洪霞等，2010[3]），进一步促进了出口价值链的加速攀升。王孝松等（2014）[4] 利用制造业细分行业数据的实证研究表明，从业劳动力教育程度越高，该行业的技术水平提升越快，出口价值链攀升越明显。

（三）劳动力配置演变对出口价值链攀升的影响研究

近年来，从劳动力配置效率的视角探究出口价值链攀升，吸引了大量学者的关注。这类研究着重考察劳动力供给与其他生产要素的配置结构通过改变生产效率从而影响出口价值链攀升的作用机理，认为劳动力资源的合理配置是推进出口价值链攀升的有效手段。例如，郭凯明等（2013）指出[5]，人口政策和劳动力政策对经济的作用情况，取决于劳动力结构与资本结构的匹配程度。

一部分研究强调劳动力的空间匹配对出口价值链攀升的影响。这类研究指出，随着我国不断放宽对劳动力流动的限制，劳动力空间转移深刻影响着地区劳动力数量、技能和工资水平，劳动力在区域间的合理配置是促进出口价值链攀升的重要因素。近年来，由于东西部地区对高技能劳动力的吸引程度不同，我国劳动力空间配置的演变情况与政府主导的产业转移不匹配，劳动力数量和技能分布与产业布局的

---

① 黄永明，张文洁. 中国出口技术复杂度的演进机理——四部门模型及对出口产品的实证检验. 数量经济技术经济研究，2012（3）：49－62.

② 李文秀，姚洋洋. 要素比例、技术差异与出口增加值——基于中美两国双边贸易出口的实证研究. 财贸经济，2015（6）：98－111.

③ 于洪霞，陈玉宇. 外贸出口影响工资水平的机制探析. 管理世界，2010（10）：47－58.

④ 王孝松，翟光宇，林发勤. 中国出口产品技术含量的影响因素探究. 数量经济技术经济研究，2014（11）：21－36.

⑤ 郭凯明，余靖雯，龚六堂. 人口政策、劳动力结构与经济增长. 世界经济，2013（11）：72－92.

空间错配问题严重，严重限制了高技能劳动力对我国出口价值链攀升的促进作用，也是造成我国东西部地区之间出口差距的重要原因（彭国华，2015①）。陈晓华等（2011）指出②，由于劳动力在空间分布的不合理性，我国东部地区吸纳了大量非熟练劳动力，导致出口价格过低，产品升级缓慢，而中西部地区资本生产部门面临熟练劳动力短缺的问题，劳动力区间配置失衡成为我国不同地区的出口价值链攀升的重要阻力。

另一部分研究强调劳动力的行业匹配对出口价值链攀升的影响。这类研究强调劳动力技能应与产业技术水平相匹配，实现不同技能劳动力在行业间的合理配置有助于促进出口价值链攀升。根据 Falk（2002）的研究③，劳动力需求结构与供给结构的变动是造成不同技能水平劳动力在行业间大规模转移的主要原因。Venables（2010）④通过构建劳动力技能与产业技术的正向空间匹配模型，证实了劳动力的行业配置对产业升级的推动作用。一方面，我国剩余劳动力存在非农业化转移，导致工业出口增长大量依赖老产品出口边际，产品更新换代的升级难度较大（项松林等，2014⑤），限制了我国出口价值链攀升；另一方面，由于劳动力技能与产业升级不相适应导致的结构性失业，是大学生就业难问题的症结所在（王志华等，2012⑥），也是导致高技术劳动力对出口价值链攀升作用不显著的重要原因。对此，

---

① 彭国华. 技术能力匹配、劳动力流动与中国地区差距. 经济研究，2015（1）：99－110.

② 陈晓华，范良聪. 要素密集度偏向型出口技术结构升级的收入分配效应——基于我国省级动态面板数据的 GMM 方法. 国际贸易问题，2011（7）：102－115.

③ Falk M., Koebel B. M., Outsourcing, Imports and Labor Demand [J], The Scandinavian Journal of Economics, 2002, (104): 567－586.

④ Venables A. J. Productivity in Cities: Self－Selection and Sorting [R], Department of Economics Discussion Paper Series, 2010.

⑤ 项松林，赵曙东，魏浩. 农业劳动力转移与发展中国家出口结构：理论与中国经验研究. 世界经济，2014（3）：80－103.

⑥ 王志华，董存田. 我国制造业结构与劳动力素质结构吻合度分析——兼论“民工荒”、“技工荒”与大学生就业难问题. 人口与经济，2012（5）：1－7.

有学者将教育体制引入出口外包模型，指出可以通过改善教育引导高技能劳动力进入高技术产业，优化劳动力的行业间配置，从而促进出口价值链攀升（Blanchard，2008①）。

四、简要评论

综上所述，学术界针对劳动力演变、出口价值链攀升及两者间作用关系进行了大量研究，指出劳动力供给演变对出口价值链攀升有重要作用，并针对我国面临的劳动力比较优势式微、出口价值链攀升受阻等现实问题提出了相应对策。上述文献为劳动力演变下出口价值链攀升问题的深入探究奠定了坚实的理论基础，但仍存在进一步拓展的必要和空间：

（1）现有研究一般从价值链整体的视角探究出口价值链攀升所需的要素供给，对不同价值链环节的差异关注不足，忽视了促进价值链攀升所需的要素投入可能由于价值链定位的不同而有所差异。因此，研究研究大多基于静态的要素禀赋挖掘，基于劳动力供给演变和价值链攀升的动态视角研究不足。

（2）现有研究普遍关注到我国人口红利式微、劳动力技能结构优化及劳动力配置失衡造成劳动力供给演变对出口价值链攀升的影响，但相关研究往往针对其中某一方面进行重点探究，割裂了劳动力供给演变的整体作用，忽视了劳动力供给与产业需求的匹配效率。可能是导致劳动力演变对出口价值链攀升实证结论不一致的主要原因。

（3）现有研究针对要素投入对价值链攀升作用的理论研究普遍基于要素投入完全有效的前提假定，较少关注由于生产环境不符、与其他要素配置不力所导致的要素生产边际不能实现理论最优值的问

① Blanchard, Emily and Gerald Willmann, Trade, Education and the Shrinking Middle Class, Working Paper, 2008.

题。更鲜有从劳动力供给的视角分析出口价值链攀升所需的劳动力配置问题，而这恰恰可能成为推进出口价值链攀升的新型比较优势的重要来源。因此本书的研究具有更迫切的现实意义。

第四节　研究思路及结构安排

一、研究内容和结构安排

本书的主要研究内容与结构安排如下：

第一部分：导论。包括本书选题的研究背景、研究意义、研究内容、研究方法、研究思路以及研究的创新之处。归纳了全书的整体背景和思路框架。

第二部分：文献综述。重点对本书研究的核心理论基础进行了归纳总结。分别从出口价值链攀升、劳动力供给演变以及两者间作用情况三个方面梳理国内外相关文献，结合劳动力供给演变下出口价值链攀升的现有研究经验，导出本书研究的出发点和归宿点，即从劳动力要素供给演变视角探究我国出口价值链攀升的影响因素和跃升途径，据此提出培育和构筑新型比较优势可能性和可行性。

第三部分：理论研究。构建出口价值链攀升的理论模型，从生产要素演变与价值链攀升的动态视角探究价值链攀升的形成条件、内在机制和影响因素。重点研究劳动力数量演变、技能演变、配置演变对价值链攀升的理论作用机制。在理论模型基础上，利用 MATLAB，从劳动力数量、高技能劳动力占比和劳动力配置三个方面，对理论研究的主要结论进行数值模拟，更直观地展现劳动力供给演变对价值链攀升的影响，同时为理论研究的逻辑推演及相关命题提供一定的佐证。

第四部分：实证分析。结合理论分析，本部分首先重点交代了测度价值链攀升和劳动力供给演变的指标构建。并基于对我国制造业出口价值链攀升和劳动力供给演变的相关指标测度和典型事实描述，初步对两者间作用关系进行广义可加模型（GAM）的半参数实证检验，为后面进行劳动力供给演变对我国出口价值链攀升的实证研究夯实基础。在指标测度的基础之上，充分考虑其他重要影响因素，计量分析劳动力供给演变对我国制造业出口价值链攀升的影响，并通过改变价值链定位、劳动力配置的测度指标和计量方法，对回归结果进行了稳健性检验，结合理论研究，对我国制造业出口价值链的攀升情况进行了合理的阐述和分析。

第五部分：研究结论与启示。基于全书研究，尝试提出具有针对性的、具体可操作的、相对科学合理的劳动力和出口贸易等相关政策建议，如促进出口价值链攀升的新型比较优势培育、劳动力等要素的培育方向等。这对我国解决我国劳动力供给演变下出口价值链攀升受阻、推动出口贸易转型有一定的现实意义。

二、研究方法

本书的主要研究方法包括：

第一，理论研究。本书重视劳动力演变对价值链攀升作用的理论模型构建，将动态演化思想引入静态模型，充分考虑出口价值链攀升与劳动力供给演变的连续性，全面讨论了不同生产情景下价值链攀升路径的差异，相关理论基础涉及超边际、生产最优化等。并利用MATLAB 工具，分别从劳动力数量、高技能劳动力占比和劳动力配置三个方面，对理论研究的主要结论进行数值模拟。

第二，实证研究。本书根据实际需要，采用了面板数据的半参数回归和随机前沿模型等计量方法，并通过引入不同的指标测度和实证方法，对回归结果进行了稳健性检。研究工具涉及 Stata、Matlab、R 等。

三、技术路线

本书的技术路线如图1-5所示。

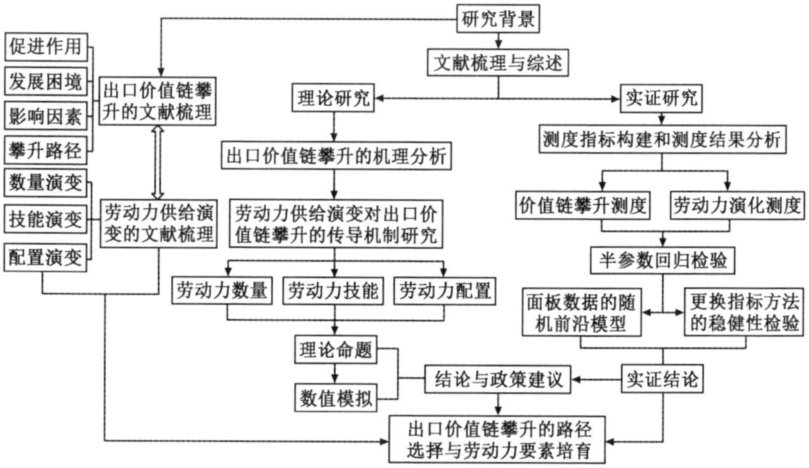

图1-5 本书的技术路线

第五节 创新之处

本书研究重点突出了如下创新之处：

第一，研究视角的创新。现有研究对于我国出口价值链攀升路径中遭遇“价值链低端锁定”已具共识，也从包括劳动力供给的各个视角提出了推动价值链攀升的众多建议，但相关研究大多集中在促进人口红利向人才红利的转型方面。缺乏对生产要素间协同作用的重视，较少关注劳动力技能配置对价值链攀升的可能作用红利。鉴于此，本书从劳动力供给演变的动态视角出发，重点探究了劳动力技能配置对我国制造业出口价值链攀升的影响，试图回答我国出口价值链为什么难以攀升、要如何攀升的问题。为我国当前传统劳动力比较优势式微下，新型比较优势培育提供切实可行的政策建议。这可能是一个较为新颖的研究视角。

第二，研究方法的创新。本书力图对现有理论模型与测度指标进行修正和创新，以良好演绎劳动力供给演变对出口价值链攀升的作用。通过理论模型和数值模拟，本书从数理视角量化了劳动力演变，特别是劳动力技能配置演变对价值链攀升的具体作用方式。并针对其作用原理构建了劳动力技能配置的测度指标。这是对以逻辑分析为基础的现有相关研究的进一步全面、深入和细化。此外，在实证研究中，本书注重数据的细节处理以及不同分析软件方法的借鉴和应用。

第三，学术观点的创新。本书期望进一步证实和检验以下两个观点：一方面，发展中国家的出口升级是一个不断进行要素积累，逐渐推进比较优势升级，从而实现价值链攀升的过程。不同价值链环节的要素需求不同，随着价值链的攀升，对劳动力要素的需求逐步由数量向质量转型，与此同时，资源稀缺性日渐凸显，协调生产要素配置，提高资源的有效投入，将逐步成为促进价值链攀升的重要动力。另一方面，劳动力供给演变对价值链攀升作用除了广受关注的劳动力数量和劳动力技能外，劳动力配置通过衡量劳动力要素的实际有效投入，直接限制劳动力对价值链攀升的作用效率。而后者尚未受到学术界的足够重视，可能成为劳动力新型比较优势培育的重要来源。

劳动力供给
演变与中国出口
价值链升级
Chapter 2

第二章　理论模型及数值模拟

劳动力供给演变对出口价值链攀升有重要作用，但这种作用究竟是怎样运作的，或者说，劳动力数量、技能及配置效率的供给演变对价值链攀升的作用机制具体如何，是一个必须明确的理论问题。由文献梳理可知，国内研究一般从价值链整体或某一环节入手，对价值链攀升的动态性关注不足，理论分析也以逻辑描述为主，对推动出口价值链攀升的要素运作挖掘不够深入。鉴于此，本章基于我国发展中国家的基本现实，构建系统一般均衡模型，力图从数量、技能和配置三个方面分别探究劳动力要素供给对出口价值链攀升的作用机理及演化路径。

第一节　理论基础

由前面对现有研究的文献梳理可知，价值链攀升既是一个贸易概念，也是一个生产概念。从贸易概念的角度来讲，结合杨小凯（2000）[①] 超边际思想，各国通过价值链分工和进出口贸易交换，实现自身效用最大化，因此，价值链定位将直接影响一国的出口水平。从生产的概念来讲，价值链分工的重要前提是各国劳动力等生产要素条件差异形成的比较优势。跨国公司通过对比生产的利润水平，决定各价值链环节的生产所在地（Antras，2005[②]）。因此，构建贸易均衡与生产均衡，特别是构建价值链定位与生产函数之间的函数关系，以生产函数为纽带，是剖析劳动力演化对价值链攀升作用的核心所在，也是本书创新探索的重点之一。

作为经济理论中最经典和最常用的生产函数之一，Cobb－Douglas 生产函数可以较好地反映劳动和资本对最优产量的作用情况，基

① 杨小凯. 新兴古典经济学和超边际分析. 中国人民大学出版社，2000.

② Antras P.，Incomplete Contracts and the Product Cycle［J］. American Economic Review，2005，95（4）：1054－1073.

本形式如下：

$$Y = AL^{\alpha}K^{\beta} \tag{2.1}$$

就劳动力要素而言，至少表现三个方面的作用方式，即劳动力数量、劳动力技能和劳动力配置，它们通过作用于生产函数，共同影响一国的价值链分工地位。这些因素之间的替代、协同以及限制等种种关系，集中体现为劳动力的有效投入。

针对有效劳动力投入的相关研究指出，劳动力技能对劳动力数量有一定的替代性（冯晓等，2012①），通过引入两者间替代函数，劳动力数量可进一步修正为 $L = l^{\gamma_1}k^{\gamma_2}$，其中，$l$ 表示劳动力数量，k 表示劳动力技能水平，γ_1、γ_2 分别表示两者的替代弹性。这容易得出劳动力数量和劳动力技能对产出有正向作用，并利于价值链攀升的结论。此外，在现实生产中，除劳动和资本投资贡献外，还存在由综合要素生产率带来的产出的增长，一般称之为“索洛剩余”，对式（2.1）取对数，得：

$$\ln Y = \ln A + \alpha\gamma_1 \ln l + \alpha\gamma_2 \ln k + \beta \ln K \tag{2.2}$$

分离得到的索洛剩余，即参数 A，一般用技术水平予以笼统解释。实际上，该参数包含大量影响生产的要素信息，例如，金海年等（2014）② 学者剥离了其中的制度红利成分，张幼文等（2016）③ 剥离了其中的要素匹配成分等。借鉴张幼文等（2016）对要素错配会限制贸易发展的研究思路，将其聚焦到劳动力要素方面，可以猜想，根据劳动力技能水平的不同，合理配置其他生产要素资源，有助于不同技能劳动力生产力的充分发挥和资源的节约利用，对产出有正向积极作用，可能是索洛剩余的又一组成部分，对价值链攀升有促进作用。而这正是后面需要深入探究的研究重点和重要创新之处。

---

① 冯晓，朱彦元，杨茜．基于人力资本分布方差的中国国民经济生产函数研究．经济学（季刊），2012（02）：559－594.

② 金海年．制度红利．中国经济出版社，2014.

③ 张幼文．要素收益与贸易强国道路．人民出版社，2016.

由此可见，劳动力数量、劳动力技能和劳动力配置通过作用于生产函数，共同影响价值链攀升。本章模型以上述理论研究为基础，结合我国作为发展中国家、位于产品生产价值链低端的现实条件，针对劳动力供给演变对出口价值链攀升的作用机理及演变路径，构建贸易市场和产品市场的均衡条件。通过贸易均衡探究在世界开放经济体制下，经济体出口是由何种因素决定的，而生产均衡则重点探究影响出口的劳动力因素如何具体作用于价值链攀升。本章主要从劳动力数量、劳动力技能和劳动力配置效率三个方面进行对出口价值链攀升的数理分析。

第二节　模型构建

为了分析问题之便且又不失一般性，假设世界上存在两个经济体 S 和 N，其中，S 表示发展中国家，在生产价值链低端环节处有比较优势，N 表示除 S 国外的其他剩余国家。相对于 N 而言，可设 S 国拥有相对广阔的市场，出口可以被国际市场完全吸收，S 国根据自身条件选择最优生产策略，不受国际市场需求总量的限制①。假设世界上仅存在两种产品 A 和 B，均为可贸易产品，其中，A 产品拥有更高的技术复杂度，可以进行产品内价值链划分，由于存在价值链对接以及技术、资产等专用性，中间品及最终品均具有一定的异质性，对应不完全竞争的消费市场，且不同阶段产品的需求弹性不同；B 产品为无差异产品，整体生产，面临完全竞争市场，即在一定的市场价格下，两国生产的边际成本相等，为单位产品的无差别一般劳动投入。本章的

① 即便对于美国或中国等出口大国而言，虽然可能对某种产品存在一定程度的垄断进而影响产品定价，一般情况下，其出口量也不可能满足世界其他各国的全部需求。该假设忽略由于国际市场需求不足对最优生产函数的影响，主要是为了减少限制条件便于简化分析。

研究忽略国际贸易间存在的贸易壁垒及运输成本。

假设生产要素仅为劳动力，各国均存在两种类型的劳动力，X_h 表示高技能劳动力，X_l 表示低技能劳动力。设劳动力不能在国际间自由流动，但可以在国内不同产业间流动。高技能劳动力可按一定生产技能比例转化为低技能劳动投入，但低技能劳动力不能发生相应逆转。此外，两国的单位高技能劳动力之间、单位低技能劳动力之间均存在一定的差异性。

一、贸易均衡

一国在国际价值链分工中究竟如何生产，又是如何进行进出口贸易的？对发展中国家而言，价值链分工会对其出口总额有怎样的影响？劳动力要素禀赋导致的比较优势是如何体现在价值链分工当中的？又是如何决定价值链定位的？这些问题是探究劳动力供给演化对价值链攀升作用的基础，是由各国贸易的均衡条件决定的。

结合超边际理论，构建 S 国在全球价值链分工体系中出口的决定因素模型。由前面假定可知，相对于其他全部国家而言，S 国贸易量可被世界市场完全吸收，也就是说，对任意产品均可进口需要进口的量，并出口需要出口的量。除价格由国际消费市场决定以外，S 国的生产贸易情况完全由本国要素条件决定。

根据前面假设，S 国生产产品 A 价值链分工体系中的低端环节。设 A 产品的价值链长度为 1，t 为两国间产品内分工的价值链划分点，$t \in [0,1]$，S 国生产 A 产品 $[0,t)$ 的部分 A_t，与此对接的 $[t,1]$ 部分 A_{t+} 由 N 国生产。t 越小表示划分点越靠近价值链的低端。设 A 产品位于价值链 $[0,t)$ 部分 A_t 的价格为 P_{A_t}，表示 S 国对 A 的产品附加值。当 $t=1$ 时，是产品 A 全部在 S 国生产的极端情况，此时价格 P_{A_1} 表示产品的整体价格。生产条件如表 2－1 所示。

表 2-1　　S、N 两国生产产品 A、B 的生产条件

	A_{t+}			A_t			B		
	劳动力投入		价格	劳动力投入		价格	劳动力投入	劳动力投入	价格
	h	l		h	l		h	l	
N	$X_{h,A+}$	$X_{l,A+}$	$P_{A_1}-P_{A_t}$	$X_{h,N}$	$X_{l,N}$	P_{A_t}	$P_B/w_{h,N}$	$P_B/w_{l,N}$	P_B
S	—	—	$P_{A_1}-P_{A_t}$	$X_{h,S}$	$X_{l,S}$	P_{A_t}	$P_B/w_{h,S}$	$P_B/w_{l,S}$	P_B

注：A_{t+} 与 A_t 的劳动力投入表示同时需要 h 数量的高技能劳动力和 l 数量的低技能劳动力，B 的劳动力投入表示需要 h 数量的高技能劳动力或者 l 数量的低技能劳动力。前面分析已知，高技能劳动投入可根据工资比例转化为相应数量的低技能劳动力进行生产，低技能劳动力则不能相应逆转；N 国可以生产 A 产品的全部环节，各阶段产品价格由市场均衡条件决定。

针对价值链的运行模式，Baldwin（2013）① 划分了“蛇型”和“蜘蛛型”两种情况，考虑到实际经济生产中以“蛇型”模式居多，“蜘蛛型”模式往往作为“蛇型”价值链的嵌入成分体现作用力，因此，我们以“蛇型”价值链为基础进行简化分析。在“蛇型”模式下，价值链的各生产阶段具有传递性，即环节的生产必须先进口价值链上游产品，进一步加工后再整体出口到价值链的下一个环节，以此类推。也就是说，位于价值链低端的国家 S，会根据自身要素条件，从 N 国进口适当数量位于价值链高端的中间产品，对中间产品进行相应加工后，再将部分最终产品 A 出口到国外。为简化模型，忽略产品在各国国内生产过程中的传递问题，假设价值链前后环节等量对接，由上述生产传递规律构建分工结构如图 2-1 所示。

结合表 2-1 和图 2-1，根据超边际理论设置经济体 S 的效用函数及约束条件如下：

① Baldwin, R., A. J. Venables, Spiders and snakes: Offshoring and Agglomeration in the Global Economy [J]. Journal of International Economics, 2013, 90 (2): 245-254.

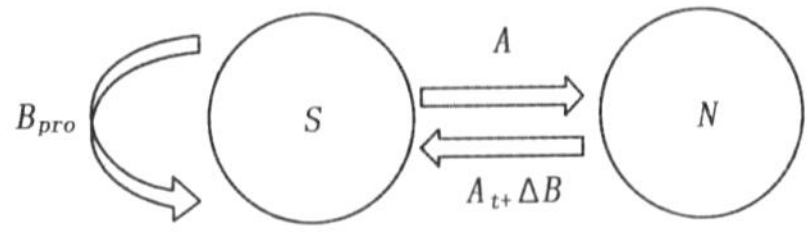

图 2－1　分工结构

$$U_S = \max(AB)^{\frac{1}{2}}$$

$$s.t.\ B_{pro} = \frac{\Delta L}{P_B/w_{l,S}};\Delta L_l = (1-\alpha)L - X_{l,S};\Delta L_h = \alpha L - X_{h,S};$$

(2.3)

$$w_{l,S}\Delta L = w_{h,S}\Delta L_h + w_{l,S}\Delta L_l;A_{\exp}P_{A_1} = \Delta BP_B + A_{t+}(P_{A_1} - P_{A_t});$$

$$A_{t+} = A_t;\Delta L_l \geqslant 0;\Delta L_h \geqslant 0;A = A_t - A_{\exp};B = \Delta B + B_{pro}$$

效用函数由两种商品的消费量决定，下标 *pro* 表示“自给自足”部分，exp 表示用于出口的部分。α 表示 S 国劳动力中高技能劳动力占比，L 表示 S 国总劳动人口数量，ΔL_h、ΔL_l 分别表示除生产产品外 S 国高技能、低技能劳动力的剩余量。

由式（2.3），解得：

$$\Delta B = \frac{1}{2P_B}[(P_A - P_{A_t})A_t + w_{h,S}X_h + w_{l,S}X_l - \alpha w_{h,S}L - (1-\alpha)w_{l,S}L]$$

(2.4)

可得 S 国的出口总额为：

$$Exp = \frac{1}{2P_B}\{(2P_B - P_A + P_{A_t})A_t + w_{h,S}(X_h - \alpha L) + w_{l,S}[X_l - (1-\alpha)L]\}$$

(2.5)

由式（2.5）可知，价值链分工对发展中国家出口的影响主要是通过 S 国所承担 A 产品 $[0,t)$ 阶段的产量、各产品的销售价格以及 S 国劳动力要素在生产 A 产品后的剩余情况决定的。且容易得知，进一步融入价值链分工，深化专业化生产，将促进发展中国家出口的增长。而进一步探究 S 国 A 产品 $[0,t)$ 阶段的产量、利润等情况是考察劳动力演化对出口价值链攀升作用的核心。

二、生产均衡

前面研究指出，在全球价值链条件下，决定一国出口情况的关键在于 S 国 A 产品 $[0,t]$ 阶段的产量、价格和利润。而价值链分工是由不同价值链环节对劳动力投入的不同需求决定的，劳动力供给演变对价值链攀升的影响通过产品 A 生产均衡条件实现。因此，将价值链定位引入生产函数，构建生产函数随价值链攀升的演变模型，是量化劳动力供给对价值链攀升作用机制的核心命题。

由前面推论可知，在全球价值链生产条件下，产品 A 的各生产环节具有异质性，均为不完全竞争市场，引入需求弹性不变的 CES 需求函数 $Y = \lambda P^{\beta}$，其中，β 表示需求价格弹性。表示市场竞争程度的勒纳指数如下：

$$Lerner = \frac{P - MC}{P} = 1 - \left(1 + \frac{1}{\beta}\right) = -\frac{1}{\beta} \in [0,1] \tag{2.6}$$

得到 $\beta \in (-\infty, -1]$，β 越大，勒纳指数趋近于 1，市场越接近完全垄断；β 越小，勒纳指数趋近于 0，市场越接近完全竞争。随着 S 国生产的 $[0,t]$ 阶段产品 A 价值链的不断攀升，价值链划分点 t 不断提高，而由于技术壁垒等因素的作用，越位于价值链高端，市场的垄断程度也越会不断扩大。由此可知，β 是 t 的增函数。

非完全竞争市场条件下，产品价格函数为：

$$P = \frac{MR}{1 + 1/e_d} = \frac{MR}{1 + 1/\beta} \tag{2.7}$$

此外，根据需求函数可得：

$$P = \left(\frac{Y}{\lambda}\right)^{\frac{1}{\beta}} \tag{2.8}$$

得到收益函数为：

$$R = PY = \lambda^{-\frac{1}{\beta}} Y^{1+\frac{1}{\beta}} \tag{2.9}$$

对产出求导，得边际收益函数为：

$$MR = \frac{\partial R}{\partial Y} = \lambda^{-\frac{1}{\beta}}\left(1 + \frac{1}{\beta}\right)Y^{\frac{1}{\beta}} \tag{2.10}$$

由前面可知，劳动力为产品生产的唯一要素来源，为衡量高低技能劳动力对产出的作用，引入 *Cobb - Douglas* 生产函数如下：

$$Y = (r_h X_h)^z (r_l X_l)^{1-z} \tag{2.11}$$

其中，X_h、X_l 表示高技能与低技能劳动力的投入数量；r_h、r_l 为劳动力配置效率，z 表示有效高技能劳动力投入的产出弹性。

r_h、r_l 用以反映高低技能劳动力的有效投入。该系数由劳动力与其他生产要素间的配置情况决定。前面分析指出，单位劳动力投入是否能充分发挥其应有的效用，会受到其他生产要素条件的限制，特别是对于发展中国家的高技能劳动力而言，同资本、技术、制度等其他生产要素间的协同作用，将更多地表现“木桶效应”。相较于发达国家，发展中国家往往表现出劳动力与资本等生产要素之间的匹配不力和较差的协调性，致使发展中国家劳动力难以发挥与发达国家同等技能水平劳动力一样的生产边际。为简化模型，不妨将 N 国高低技能劳动力的有效投入系数均标准化为 1，以 $r_{h,S}$、$r_{l,S}$ 表示 S 国 A 产品生产中高低技能劳动力的有效投入系数，且 $0 \leqslant r_{h,S} \leqslant r_{l,S} \leqslant 1$ 。这一方面反映了 S 国高低技能劳动力的有效投入系数均小于 N 国，另一方面反映了高技能劳动力比低技能劳动力受要素匹配作用的弹性更大。

z 作为高技能劳动力生产的弹性系数，反映有效高技能劳动力投入的产出弹性，$z \in [0,1]$，z 越大，表示有效高技能劳动力的产出弹性越大，高技能劳动力的作用越重要。文献梳理指出，现有研究大多公认，越位于价值链高端环节的生产对高技能劳动力的依赖越明显。据此，可以创造性地认为 z 是价值链划分点 t 的增函数，表示随价值链的不断攀升，高技能劳动力对产出的弹性越大。由此，可将价值链定位与生产函数及劳动力供给结合在一起。

根据收益函数，S 国生产的 $[0,t]$ 阶段产品 A 的利润函数为 $\pi = R - C$，得：

$$\pi = \lambda^{-\frac{1}{\beta}}(r_h X_h)^{z\left(1+\frac{1}{\beta}\right)}(r_l X_l)^{(1-z)\left(1+\frac{1}{\beta}\right)} - w_{h,S}X_h - w_{l,S}X_l \tag{2.12}$$

根据利润最大化条件，对式（2.12）分别求 X_h、X_l 的导数，并令其为0，得：

$$\frac{\partial \pi}{\partial X_h} = \lambda^{-\frac{1}{\beta}}(r_l X_l)^{(1-z)\left(1+\frac{1}{\beta}\right)} z\left(1+\frac{1}{\beta}\right)(r_h X_h)^{z\left(1+\frac{1}{\beta}\right)-1} r_h - w_{h,S} = 0 \tag{2.13}$$

$$\frac{\partial \pi}{\partial X_l} = \lambda^{-\frac{1}{\beta}}(r_h X_h)^{z\left(1+\frac{1}{\beta}\right)}(1-z)\left(1+\frac{1}{\beta}\right)(r_l X_l)^{(1-z)\left(1+\frac{1}{\beta}\right)-1} r_l - w_{l,S} = 0 \tag{2.14}$$

式（2.13）和式（2.14）相比，化简得：

$$\frac{X_l}{X_h} = \frac{w_h}{w_l}\frac{1-z}{z} \tag{2.15}$$

将式（2.15）分别代入式（2.13）和式（2.14），得高低技能劳动力最优投入量函数：

$$X_h = \left[\frac{w_h}{z\left(1+\frac{1}{\beta}\right)r_h}\right]^{\beta}\frac{\lambda}{r_h}\left(\frac{z}{1-z}\frac{r_h}{r_l}\frac{w_l}{w_h}\right)^{(1+\beta)(1-z)} \tag{2.16}$$

$$X_l = \left[\frac{w_h}{z\left(1+\frac{1}{\beta}\right)r_h}\right]^{\beta}\frac{\lambda}{r_h}\left(\frac{z}{1-z}\frac{r_h}{r_l}\frac{w_l}{w_h}\right)^{(1+\beta)(1-z)}\left(\frac{1-z}{z}\frac{w_h}{w_l}\right) \tag{2.17}$$

对于不含约束条件的 N 国而言，将以上述最优条件进行 $[0,t]$ 阶段产品 A 的生产，由前可知，$r_h = r_l = 1$，N 国生产 A 产品相应阶段的最优劳动力投入为：

$$X_{h,N}^{*} = \left[\frac{w_{h,N}}{z\left(1+\frac{1}{\beta}\right)}\right]^{\beta}\lambda\left(\frac{z}{1-z}\frac{w_{l,N}}{w_{h,N}}\right)^{(1+\beta)(1-z)} \tag{2.18}$$

$$X_{l,N}^{*} = \left[\frac{w_{h,N}}{z\left(1+\frac{1}{\beta}\right)}\right]^{\beta}\lambda\left(\frac{z}{1-z}\frac{w_{l,N}}{w_{h,N}}\right)^{(1+\beta)(1-z)}\left(\frac{1-z}{z}\frac{w_{h,N}}{w_{l,N}}\right) \tag{2.19}$$

结合贸易均衡条件中 $\Delta L_l \geqslant 0$ 和 $\Delta L_h \geqslant 0$ 的约束，由于受到本国自身劳动力要素禀赋条件限制，S 国生产的 A 产品 $[0,t]$ 阶段的最优产量可能存在角点解。下面对不同情境进行分类讨论：

（1）当 $\frac{X_{h,S}^*}{X_{l,S}^*} \geqslant \frac{\alpha}{1-\alpha}$ 时，S 国高技能劳动力与低技能劳动力的实际要素禀赋之比低于最优产量下高低技能劳动力投入比，S 国生产的 A 产品 $[0,t]$ 阶段产出仅可能受到高技能劳动力要素禀赋的限制。前面已经说明，高技能劳动力不能由低技能劳动力逆向转化，据此：

①当 $\alpha L - X_{h,S}^* \geqslant 0$ 时，表明 S 国的劳动力要素禀赋足够满足最优产量生产，此时，将投入（$X_{h,S}^*, X_{l,S}^*$）的高技能和低技能劳动力要素用以生产 A 产品的 $[0,t]$ 阶段。

②当 $\alpha L - X_{h,S}^* < 0$ 时，表明 S 国的劳动力要素禀赋不能满足最优产量生产，关键约束为 S 国高技能劳动力数量，此时，以 $X_{h,S} = \alpha L$ 作为高技能劳动力要素的投入量，并按相关的比例配置相应数量的低技能劳动力生产 A 产品的 $[0,t]$ 阶段。

（2）当 $\frac{X_{h,S}^*}{X_{l,S}^*} < \frac{\alpha}{1-\alpha}$ 时，S 国的实际高技能劳动力与低技能劳动力之比高于最优产量下高低技能劳动力投入比，S 国生产的 A 产品 $[0,t]$ 阶段产出仅可能受到低技能劳动力要素禀赋的限制。前面已经说明，高技能劳动力可按工资比例转化为低技能劳动力，据此：

①当 $w_l[(1-\alpha)L - X_{l,S}^*] + w_h(\alpha L - X_{h,S}^*) \geqslant 0$ 时，表明 S 国的劳动力要素禀赋足够满足最优产量生产，此时，将投入（$X_{h,S}^*, X_{l,S}^*$）的高技能和低技能劳动力要素用以生产 A 产品的 $[0,t]$ 阶段。

②当 $w_l[(1-\alpha)L - X_{l,S}^*] + w_h(\alpha L - X_{h,S}^*) < 0$ 时，表明 S 国的劳动力要素禀赋不能满足最优产量生产，关键约束条件为低技能劳动力数量，此时，部分高技能劳动力将按相关比例转化为相应数量的低技能劳动力用以生产 A 产品的 $[0,t]$ 阶段，全部劳动力将完全用以生产 A 产品的 $[0,t]$ 阶段，高技能劳动力投入量为 $L\left(1+\frac{X_l}{X_h}\right)^{-1}$。

综上所述，上述情况可整理成表 2－2。

表 2-2　S 国生产 A 产品 [0, t] 阶段的最优投入情况

情景	约束条件		$X_{h,S}$	$X_{l,S}$
(1)	$\frac{X_{h,S}^*}{X_{l,S}^*} \geq \frac{\alpha}{1-\alpha}$	$\alpha L - X_{h,S}^* \geq 0$	$X_{h,S}^*$	$X_{l,S}^*$
(2)		$\alpha L - X_{h,S}^* < 0$	αL	$\left(\frac{X_l}{X_h}\right)\alpha L$
(3)	$\frac{X_{h,S}^*}{X_{l,S}^*} < \frac{\alpha}{1-\alpha}$	$w_l[(1-\alpha)L - X_{l,S}^*] + w_h(\alpha L - X_{h,S}^*) \geq 0$	$X_{h,S}^*$	$X_{l,S}^*$
(4)		$w_l[(1-\alpha)L - X_{l,S}^*] + w_h(\alpha L - X_{h,S}^*) < 0$	$L\left(1+\frac{X_l}{X_h}\right)^{-1}$	$L\left(1+\frac{X_h}{X_l}\right)^{-1}$

注：$\frac{X_l}{X_h} = \frac{w_h}{w_l}\frac{1-z}{z}$。

三、劳动力对出口价值链的作用

分别对上述四种生产情景下劳动力演化对出口价值链攀升的作用进行分析。

针对表 2-2 中可实现最优生产的情景（1）、情景（3）而言，Antras（2005）关于生产地决定模型的研究指出，产品 A 价值链划分的原则为该阶段在两国生产的利润比，价值链环节在利润较高的国家生产。借鉴该研究结论，由于在不完全竞争市场均衡条件下，$\pi = Y(P-MC) = Y(P-MR)$，将式（2.8）、式（2.10）代入利润函数，化简为：

$$\pi = -\frac{1}{\beta}\lambda^{-\frac{1}{\beta}}Y^{1+\frac{1}{\beta}} \tag{2.20}$$

价值链边界条件为：$\frac{\pi_S}{\pi_N} = \left(\frac{Y_S}{Y_N}\right)^{1+\frac{1}{\beta}} \geq 1$。设 $F = \left(\frac{Y_S}{Y_N}\right)^{1+\frac{1}{\beta}}$，引入生产函数式（2.11），得：

$$F = \left[\frac{(r_h X_{h,S})^z (r_l X_{l,S})^{1-z}}{(X_{h,N}^*)^z (X_{l,N}^*)^{1-z}}\right]^{1+\frac{1}{\beta}} \tag{2.21}$$

由前面分析可知，β 是 t 的增函数，z 是 t 的增函数，由于 $t \in [0, 1]$，$z \in [0,1]$，$\beta \in (-\infty, -1]$，为简化模型，不妨设 $\beta = -\frac{1}{t}$，$z = t$。化简得：

$$F = \left(\frac{\frac{w_{h,S}}{w_{h,N}}}{r_h}\right)^{(t-1)} \left(\frac{\frac{w_{l,S}}{w_{l,N}}}{r_l}\right)^{\left(2-t-\frac{1}{t}\right)} \tag{2.22}$$

设 $\omega_h = \frac{w_{h,S}}{w_{h,N}} \in (0,1]$，$\omega_l = \frac{w_{l,S}}{w_{l,N}} \in (0,1]$，分别表示高技能与低技能劳动力在 S 国和 N 国的工资比值。在正常情况下，低技能劳动力的工资差距相对较小，即：$\omega_h \geqslant \omega_l$。由于 $F > 0$，可对式（2.22）两边求对数，得：

$$\ln F = (t-1)\ln\frac{\omega_h}{r_h} + \left(2 - t - \frac{1}{t}\right)\ln\left(\frac{\omega_l}{r_l}\right) \tag{2.23}$$

对式（2.23）左右两边求 t 的导数，得：

$$\frac{\Delta F}{F} = \frac{1}{t^2}\ln\left(\frac{\omega_l}{r_l}\right) + \ln\left(\frac{\omega_h}{r_h}\frac{r_l}{\omega_l}\right) \tag{2.24}$$

由前面可知，$\omega_h, \omega_l, r_h, r_l \in (0,1]$，$\omega_h \leqslant \omega_l$ 且 $r_{h,S} \leqslant r_{l,S}$。设 $k_l = \frac{\omega_l}{r_l}, k_h = \frac{\omega_h}{r_h}$。据此，产品 A 的价值链划分条件如表 2－3 所示。

表 2－3　　产品 A 价值链划分条件

取值条件		t^* 取值	$F(t)$ $t \in (0,1]$	生产情况
$\ln k_l \ln\left(\frac{k_h}{k_l}\right) \geqslant 0$	$\ln\left(\frac{k_h}{k_l}\right) \leqslant 0$ $\ln k_l \leqslant 0$	无解	单调减函数	全部由 S 国生产
	$\ln\left(\frac{k_h}{k_l}\right) \geqslant 0$ $\ln k_l \geqslant 0$		单调增函数	全部由 N 国生产
$\ln k_l \ln\left(\frac{k_h}{k_l}\right) < 0$	$\ln k_l < 0$ $\ln k_h < 0$	$t = \left(\frac{\ln k_l}{\ln k_l - \ln k_h}\right)^{\frac{1}{2}}$ $t \in [1, +\infty)$	单调减函数	全部由 S 国生产
	$\ln k_l > 0$ $\ln k_h > 0$		单调增函数	全部由 N 国生产

续表

取值条件		t^* 取值	$F(t)\ t \in (0,1]$	生产情况
$\ln k_l \ln\left(\frac{k_h}{k_l}\right) < 0$	$\ln k_l > 0\ \ln k_h < 0$	$t = \left(\frac{\ln k_l}{\ln k_l - \ln k_h}\right)^{\frac{1}{2}}$ $t \in [0,1)$	$(0,t^*)$ 单调递增	$(0,T)$ 由 N 国生产
			$[t^*,1]$ 单调递减	$[T,1]$ 由 S 国生产
	$\ln k_l < 0\ \ln k_h > 0$		$(0,t^*)$ 单调递减	$(0,T)$ 由 S 国生产
			$[t^*,1]$ 单调递增	$[T,1]$ 由 N 国生产

注：T 为当 $F(t) = 1$ 时 t 的取值 $T = \frac{\ln k_l}{\ln k_l - \ln k_h}$。

可见，在 $\ln k_l \ln\left(\frac{k_h}{k_l}\right) < 0$ 的条件下存在价值链分工，但仅在 $\ln k_l > 0$ 且 $\ln k_h < 0$ 的条件下符合实际情况。

针对表 2-3 中不能实现最优生产的情景（2）、情景（4）而言，最优生产为角点解。价值链定位由该国的要素禀赋边界决定。具体而言，对于情景（2），$X_{h,S}^*$ 的值为高技能劳动力总量 αL；对于情景（4），$X_{h,S}^*$ 的值为 $L\left(1 + \frac{X_l}{X_h}\right)^{-1}$。

综上所述，从劳动力数量、高技能劳动力占比、高低技能劳动力配置三个方面，对不同初始禀赋情景下价值链攀升的作用分析归纳如下：

1. 从劳动力数量演化的角度分析

在情景（1）、情景（4）条件下，劳动力数量对价值链攀升作用的决定方程为式（2.25）；情景（2）的决定方程为式（2.26）；情景（3）的决定方程为式（2.27）。

$$X_{S,h} + X_{S,l} = \left[\frac{w_{S,h}}{t(1-t)r_{S,h}}\right]^{-\frac{1}{t}} \frac{\lambda}{r_h}\left(\frac{t}{1-t}\frac{r_h}{r_l}\frac{w_{S,l}}{w_{S,h}}\right)^{\left(2-t-\frac{1}{t}\right)}\left(1 + \frac{1-t}{t}\frac{w_{S,h}}{w_{S,l}}\right) \tag{2.25}$$

$$X_{S,h} + X_{S,l} = \alpha L\left(1 + \frac{1-t}{t}\frac{w_{S,h}}{w_{S,l}}\right) \tag{2.26}$$

$$X_{S,h}+X_{S,l}=\left[\frac{w_{S,h}}{t(1-t)r_{S,h}}\right]^{-\frac{1}{t}}\frac{\lambda}{r_h}\left(\frac{t}{1-t}\frac{r_h}{r_l}\frac{w_{S,l}}{w_{S,h}}\right)^{\left(2-t-\frac{1}{t}\right)}\left(1+\frac{1-t}{t}\right)+\left(1-\frac{w_{S,l}}{w_{S,h}}\right)(1-\alpha)L \tag{2.27}$$

对式（2.25）、式（2.26）、式（2.27）右侧求导可知，在可实现价值链分工的限制条件之内，劳动力数量情景（1）、情景（3）、情景（4）条件下是价值链定位的增函数，在情景（2）条件下是价值链定位的减函数。此外，劳动力数量对价值链攀升的正向作用在情景（1）、情景（3）、情景（4）条件下的二阶导数符号不确定。在情景（2）下二阶符号为负，表现出对价值链攀升的减速抑制作用。

2. 从高技能劳动力占比演化的角度分析

在情景（1）、情景（2）、情景（4）条件下，劳动力数量对价值链攀升作用的决定方程为式（2.28）：情景（3）决定方程为式（2.29）；

$$\frac{X_{S,h}}{X_{S,h}+X_{S,l}}=\left(1+\frac{w_{S,h}}{w_{S,l}}\frac{1-t}{t}\right)^{-1} \tag{2.28}$$

$$\frac{X_{S,h}}{X_{S,h}+X_{S,l}}=\frac{\left[\frac{w_{S,h}}{t(1-t)r_{S,h}}\right]^{-\frac{1}{t}}\frac{\lambda}{r_h}\left(\frac{t}{1-t}\frac{r_h}{r_l}\frac{w_{S,l}}{w_{S,h}}\right)^{\left(2-t-\frac{1}{t}\right)}\left(1+\frac{1-t}{t}\right)-\frac{w_{S,l}}{w_{S,h}}(1-\alpha)L}{\left[\frac{w_{S,h}}{t(1-t)r_{S,h}}\right]^{-\frac{1}{t}}\frac{\lambda}{r_h}\left(\frac{t}{1-t}\frac{r_h}{r_l}\frac{w_{S,l}}{w_{S,h}}\right)^{\left(2-t-\frac{1}{t}\right)}\left(1+\frac{1-t}{t}\right)} \tag{2.29}$$

对式（2.28）、式（2.29）右侧求导可知，在可实现价值链分工的限制条件之内，高技能劳动力占比在所有生产情景下均为价值链定位的增函数，在情景（1）、情景（2）、情景（4）条件下，二阶导数为负，促进作用存在微弱减速趋势，但在情景（3）条件下，高技能劳动力占比对价值链攀升的促进作用是加速实现的。

3. 从高低技能劳动力配置演化的角度分析

在情景（1）、情景（3）条件下，劳动力数量对价值链攀升作用的决定方程为式（2.30）：情景（2）的决定方程为式（2.31）；情景

（4）的决定方程为式（2.32）

$$\left(\frac{\frac{w_{h,S}}{w_{h,N}}}{r_h}\right)^{t-1}\left(\frac{\frac{w_{l,S}}{w_{l,N}}}{r_l}\right)^{2-t-\frac{1}{t}} = 1 \qquad (2.30)$$

$$\left[\frac{w_{S,h}}{t(1-t)r_{S,h}}\right]^{-\frac{1}{t}}\frac{\lambda}{r_h}\left(\frac{t}{1-t}\frac{r_h}{r_l}\frac{w_{S,l}}{w_{S,h}}\right)^{\left(2-t-\frac{1}{t}\right)} = \alpha L \qquad (2.31)$$

$$\left[\frac{w_{S,h}}{t(1-t)r_{S,h}}\right]^{-\frac{1}{t}}\frac{\lambda}{r_h}\left(\frac{t}{1-t}\frac{r_h}{r_l}\frac{w_{S,l}}{w_{S,h}}\right)^{\left(2-t-\frac{1}{t}\right)} = L\left(1+\frac{1-t}{t}\frac{w_{S,h}}{w_{S,l}}\right)^{-1} \qquad (2.32)$$

对式（2.30）、式（2.31）、式（2.32）方程右侧求导可知，在可实现价值链分工的限制条件之内，高低技能劳动力配置在情景（1）、情景（3）条件下，是价值链定位的增函数，其二阶导数对高技能劳动力配置为正，对低技能劳动力配置为负，即在可实现最优生产的条件下，高技能劳动力配置对价值链攀升的促进作用是加速实现的，低技能劳动力配置对价值链攀升的促进作用是减速实现的。在情景（2）、情景（4）条件下，高低技能劳动力配置是价值链定位的减函数，且二阶导数为负，对价值链攀升的抑制作用减速实现。

四、命题假说

本章通过构建劳动力演变对价值链攀升的传导机制模型，探究了劳动力数量、技能和配置的供给演变对出口价值链攀升的作用机理，可归纳如下命题：

命题2－1：劳动力供给演变对发展中国家价值链攀升的作用受到要素禀赋的影响，集中体现在最优化生产是否可实现。高技能劳动力占比是限制最优生产最重要条件。在最优生产的条件下，劳动力数量和高技能劳动力占比是促进价值链攀升的直接作用因素，劳动力配置优化通过提高劳动力的有效投入对价值链攀升有重要促进作用。

命题2-2：在最优化生产条件下，劳动力数量对价值链攀升有正向促进作用，随着价值链不断攀升，这种正向作用存在加速实现和减速实现并存的特点。劳动力技能对价值链攀升的促进作用，当高技能劳动力占比较低时，有微弱减速促进趋势，而当高技能劳动力占比较高时，则呈现对价值链攀升的加速促进作用。此外，优化高低技能劳动力配置对价值链攀升有显著正向影响，随着价值链不断攀升，这种促进作用对高技能劳动力配置而言是加速实现的，对低技能劳动力配置而言是减速实现的，也就是说，高技能劳动力的作用更为明显，也更具可持续性。

随着我国人口红利不断消失，劳动力成本上升，加之全球经济不断深化，消费水平和生产专业性日益提高，剩余劳动力不足，扩大产量对促进出口的效果不断减弱，价值链攀升的作用日益凸显。因此，充分利用剩余人口红利，在提高劳动力技能水平的同时，不断强化劳动力的最优配置，可能是我国促进价值链攀升、进而提高出口水平的关键所在。

第三节 数值模拟

理论分析部分重点探究了劳动力供给演变对发展中国家出口价值链的攀升路径的影响。本章利用 MATLAB 工具，分别从劳动力数量、高技能劳动力占比和劳动力配置三个方面，结合前面“劳动力对出口价值链的作用”中对不同初始禀赋情景下价值链攀升的归纳总结，对理论研究的主要结论进行数值模拟，以便更直观地展现劳动力供给演变对价值链攀升的影响，同时为上述逻辑推演及相关命题提供一定的佐证。

一、劳动力数量演化的作用

劳动力数量是衡量人口红利的重要指标。由前面分析可知，劳动力数量在实现最优生产时对价值链攀升存在正向作用，而在以高技能劳动力为主要限制条件时对价值链攀升有负向作用。

为探究中国等发展中国家人口红利对产业价值链攀升的影响，本章重点分析不同情景下 S 国 A 产业劳动力总量对其价值链攀升的作用，探究（$X_{S,h}+X_{S,l}$）对价值链定位 t 的影响。结合前面分析，在表 2－2、表 2－3 对生产条件的划分基础上，结合各变量取值范围，选取适当数据进行赋值，例如，$0 \leqslant r_{h,S} \leqslant r_{l,S} \leqslant 1$ 即高技能劳动力配置系数在 0 到 1 之间，且高技能劳动力配置系数较小；$w_{l,S} < w_{h,S}$，即高技能劳动力工资较高等。可以证明，在满足表 2－2、表 2－3 中生产条件的前提下，改变赋值情况对结果无系统性影响。

表 2－4 是禀赋条件不同的四种情景下，劳动力数量演化对价值链攀升作用机制的一种典型赋值情况。

根据表 2－4，绘制 S 国不同生产情景下劳动力数量演化对价值链攀升作用的模拟曲线如图 2－2 所示。其中，纵轴表示产业 A 的劳动力总量，即高技能与低技能劳动力之和（$X_{S,h}+X_{S,l}$）；横轴表示价值链定位，根据前面假定，该范围为 $[0,1]$，S 国生产 A 产品的 $[0,T]$ 阶段，N 国生产 $(T,1]$ 的高级阶段。需要说明的是，由于边界点处可能存在异常值，因此，部分图像的边界并未严格按照 $[0,1]$ 计算，但这并不影响我们对模拟结果的分析。

表 2－4　　劳动力数量演化对价值链攀升作用的赋值情况

<table>
<tr><td rowspan="4">情景（1）</td><td>模拟方程</td><td colspan="7">$X_{S,h}+X_{S,l}=\left[\frac{w_{S,h}}{t(1-t)r_{S,h}}\right]^{-\frac{1}{t}}\frac{\lambda}{r_h}\left(\frac{t}{1-t}\frac{r_h}{r_l}\frac{w_{S,l}}{w_{S,h}}\right)^{\left(2-t-\frac{1}{t}\right)}\left(1+\frac{1-t}{t}\frac{w_{S,h}}{w_{S,l}}\right)$</td></tr>
<tr><td rowspan="3">赋值情况</td><td>α</td><td>λ</td><td>L</td><td>$w_{l,S}$</td><td>$w_{h,S}$</td><td>r_l</td><td>r_h</td></tr>
<tr><td>0.3</td><td>1</td><td>0.1</td><td>1</td><td>2</td><td>0.7</td><td>0.5</td></tr>
<tr><td colspan="2">$X_{S,h}+X_{S,l}$</td><td colspan="5">0.01，0.02，0.03，0.04，0.05</td></tr>
<tr><td rowspan="4">情景（2）</td><td>模拟方程</td><td colspan="7">$X_{S,h}+X_{S,l}=\alpha L\left(1+\frac{1-t}{t}\frac{w_{S,h}}{w_{S,l}}\right)$</td></tr>
<tr><td rowspan="3">赋值情况</td><td>α</td><td>λ</td><td>L</td><td>$w_{l,S}$</td><td>$w_{h,S}$</td><td>r_l</td><td>r_h</td></tr>
<tr><td>0.3</td><td>1</td><td>0.01</td><td>1</td><td>2</td><td>0.7</td><td>0.5</td></tr>
<tr><td colspan="2">$X_{S,h}+X_{S,l}$</td><td colspan="5">0.005，0.006，0.007，0.008，0.009</td></tr>
<tr><td rowspan="4">情景（3）</td><td>模拟方程</td><td colspan="7">$X_{S,h}+X_{S,l}=\left[\frac{w_{S,h}}{t(1-t)r_{S,h}}\right]^{-\frac{1}{t}}\frac{\lambda}{r_h}\left(\frac{t}{1-t}\frac{r_h}{r_l}\frac{w_{S,l}}{w_{S,h}}\right)^{\left(2-t-\frac{1}{t}\right)}\left(1+\frac{1-t}{t}\right)+\left(1-\frac{w_{S,l}}{w_{S,h}}\right)(1-\alpha)L$</td></tr>
<tr><td rowspan="3">赋值情况</td><td>α</td><td>λ</td><td>L</td><td>$w_{l,S}$</td><td>$w_{h,S}$</td><td>r_l</td><td>r_h</td></tr>
<tr><td>0.7</td><td>1</td><td>0.1</td><td>1</td><td>2</td><td>0.7</td><td>0.5</td></tr>
<tr><td colspan="2">$X_{S,h}+X_{S,l}$</td><td colspan="5">0.05，0.06，0.07，0.08，0.09</td></tr>
<tr><td rowspan="4">情景（4）</td><td>模拟方程</td><td colspan="7">$X_{S,h}+X_{S,l}=\left[\frac{w_{S,h}}{t(1-t)r_{S,h}}\right]^{-\frac{1}{t}}\frac{\lambda}{r_h}\left(\frac{t}{1-t}\frac{r_h}{r_l}\frac{w_{S,l}}{w_{S,h}}\right)^{\left(2-t-\frac{1}{t}\right)}\left(1+\frac{1-t}{t}\frac{w_{S,h}}{w_{S,l}}\right)$</td></tr>
<tr><td rowspan="3">赋值情况</td><td>α</td><td>λ</td><td>L</td><td>$w_{l,S}$</td><td>$w_{h,S}$</td><td>r_l</td><td>r_h</td></tr>
<tr><td>0.7</td><td>1</td><td>—</td><td>1</td><td>2</td><td>0.7</td><td>0.5</td></tr>
<tr><td colspan="2">$X_{S,h}+X_{S,l,L}$</td><td colspan="5">0.01，0.02，0.03，0.04，0.05</td></tr>
</table>

注：数据来源：根据表 2－2、表 2－3 各生产情景的约束条件自行赋值。

模拟结果为理论推导结果，仅用于趋势变动的直观分析，非实际作用情况。

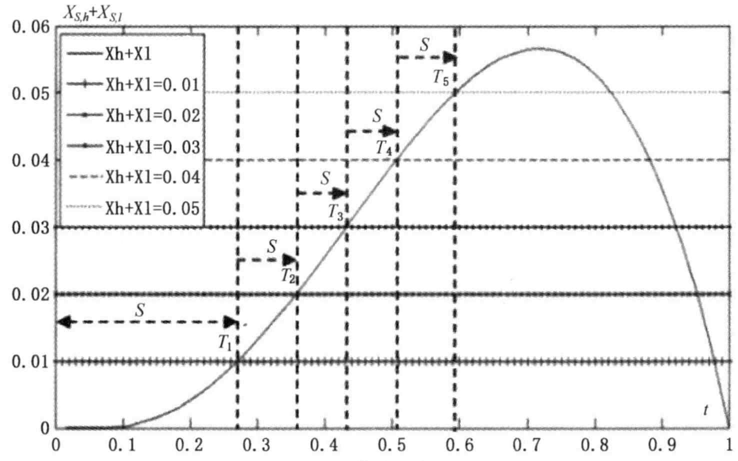
$X_{S,h}+X_{S,l}$
Xh+Xl
Xh+Xl=0.01
Xh+Xl=0.02
Xh+Xl=0.03
Xh+Xl=0.04
Xh+Xl=0.05
S
T_1
T_2
T_3
T_4
T_5
t

情景（1）

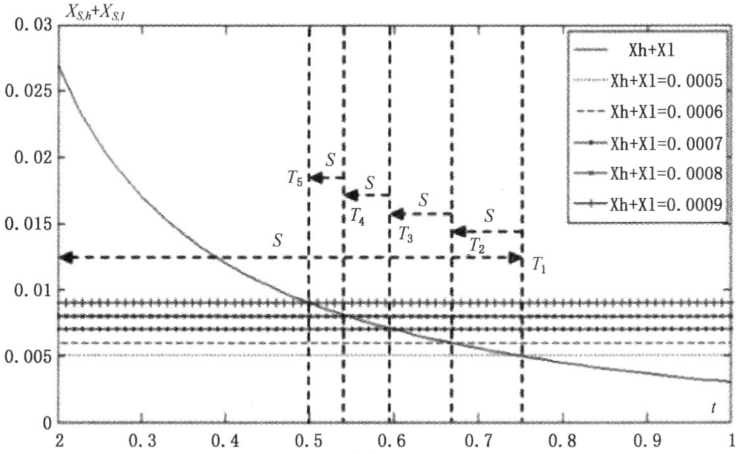
$X_{S,h}+X_{S,l}$
Xh+Xl
Xh+Xl=0.0005
Xh+Xl=0.0006
Xh+Xl=0.0007
Xh+Xl=0.0008
Xh+Xl=0.0009
S
T_1
T_2
T_3
T_4
T_5
t

情景（2）

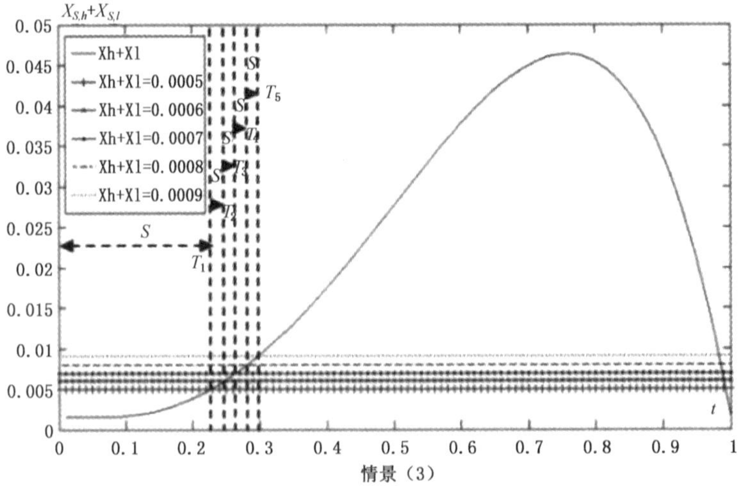

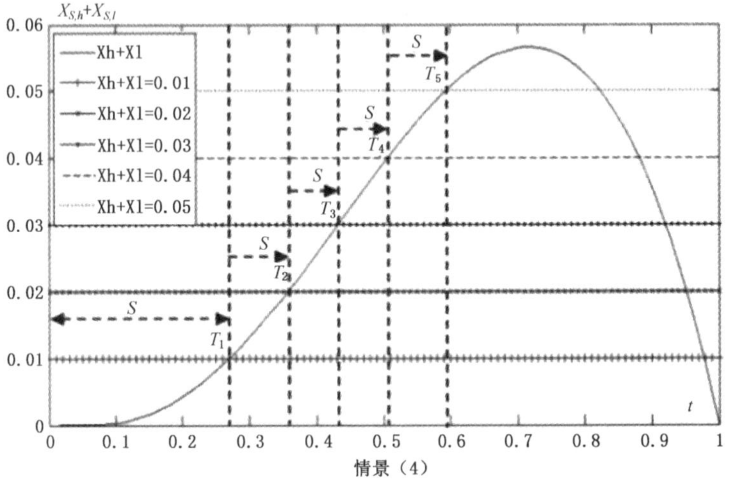

图2－2　各情景下劳动力数量演变对价值链攀升的作用

由图2－2可知，在不同情景下，S国劳动力数量演变对A产业价值链攀升的作用存在显著差异。在一国要素禀赋可实现A产业最优生产的情景（1）下，劳动力总量的增长有助于推动价值链攀升，且这种作用方式是存在先减速后加速的作用趋势。这是因为，当S国的价值链环节较低、主要依靠低技能劳动力生产时，劳动力总量增长更多地表现为低技能劳动力供给的增加，而低技能劳动力对价值链攀升的推动作用是减速实现的；当S国的价值链环节提升不断攀升、劳动力总量增长更多地表现为高技能劳动力供给的增加时，高技能劳动力对价值链攀升的加速促进作用就体现出来了。对于情景（2）而言，高技能劳动力是产业生产的主要限制条件，因此，劳动力总量的增长意味着生产中更多的低技能劳动力投入，这对价值链攀升存在减速的负向作用。在情景（3）中，劳动力总量的增加会减缓高技能劳动力向低技能劳动力转化时造成的高技能劳动力浪费，因此劳动力总量增长对价值链攀升有推动作用。对于以总劳动禀赋为主要限制条件的情景（4）而言，劳动力总量即该国的人口总量，其作用形式与情景（1）相似，不再赘述。

二、高技能劳动力占比演化的作用

高技能劳动力占比是衡量人才红利的重要指标。由理论分析可知，无论在何种生产情景下，高技能劳动力占比对价值链攀升均有正向促进作用，人才红利是促进价值链攀升的重要可持续动力。

为探究中国等发展中国家人才红利对价值链攀升的影响，本章重点分析不同情景下S国A产业高技能劳动力占比对其价值链攀升的作用，探究$\frac{X_{S,h}}{X_{S,h}+X_{S,l}}$对价值链定位$t$的影响，即对式（2.28）、式（2.29）进行数值模拟。不同情景的赋值情况如表2－2所示，相关说明与表2－1相同。与此同时，根据表2－5，绘制不同生产情景下，高技能劳动力占比演化对价值链攀升的模拟作用路径如图 2－3 所示。

表 2－5　高技能劳动力占比演化对价值链攀升作用的赋值情况

<table>
<tr><td rowspan="4">情景（1）</td><td>模拟方程</td><td colspan="7">$\frac{X_{S,h}}{X_{S,h}+X_{S,l}}=\left(1+\frac{w_{S,h}}{w_{S,l}}\frac{1-t}{t}\right)^{-1}$</td></tr>
<tr><td rowspan="3">赋值情况</td><td>α</td><td>λ</td><td>L</td><td>$w_{l,S}$</td><td>$w_{h,S}$</td><td>r_l</td><td>r_h</td></tr>
<tr><td>0.3</td><td>1</td><td>0.1</td><td>1</td><td>2</td><td>0.7</td><td>0.5</td></tr>
<tr><td colspan="2">$\frac{X_{S,h}}{X_{S,h}+X_{S,l}}$</td><td colspan="5">0.1，0.2，0.3，0.4，0.5</td></tr>
<tr><td rowspan="4">情景（2）</td><td>模拟方程</td><td colspan="7">$\frac{X_{S,h}}{X_{S,h}+X_{S,l}}=\left(1+\frac{w_{S,h}}{w_{S,l}}\frac{1-t}{t}\right)^{-1}$</td></tr>
<tr><td rowspan="3">赋值情况</td><td>α</td><td>λ</td><td>L</td><td>$w_{l,S}$</td><td>$w_{h,S}$</td><td>r_l</td><td>r_h</td></tr>
<tr><td>0.3</td><td>1</td><td>0.01</td><td>1</td><td>2</td><td>0.7</td><td>0.5</td></tr>
<tr><td colspan="2">$\frac{X_{S,h}}{X_{S,h}+X_{S,l}}$</td><td colspan="5">0.1，0.2，0.3，0.4，0.5</td></tr>
<tr><td rowspan="4">情景（3）</td><td>模拟方程</td><td colspan="7">$\frac{X_{S,h}}{X_{S,h}+X_{S,l}}=\frac{\left[\frac{w_{S,h}}{t(1-t)r_{S,h}}\right]^{-\frac{1}{t}}\frac{\lambda}{r_h}\left(\frac{t}{1-t}\frac{r_h}{r_l}\frac{w_{S,l}}{w_{S,h}}\right)^{\left(2-t-\frac{1}{t}\right)}\left(1+\frac{1-t}{t}\right)-\frac{w_{S,l}}{w_{S,h}}(1-\alpha)L}{\left[\frac{w_{S,h}}{t(1-t)r_{S,h}}\right]^{-\frac{1}{t}}\frac{\lambda}{r_h}\left(\frac{t}{1-t}\frac{r_h}{r_l}\frac{w_{S,l}}{w_{S,h}}\right)^{\left(2-t-\frac{1}{t}\right)}\left(1+\frac{1-t}{t}\right)}$</td></tr>
<tr><td rowspan="3">赋值情况</td><td>α</td><td>λ</td><td>L</td><td>$w_{l,S}$</td><td>$w_{h,S}$</td><td>r_l</td><td>r_h</td></tr>
<tr><td>0.7</td><td>1</td><td>0.01</td><td>1</td><td>2</td><td>0.7</td><td>0.5</td></tr>
<tr><td colspan="2">$\frac{X_{S,h}}{X_{S,h}+X_{S,l}}$</td><td colspan="5">0.5，0.6，0.7，0.8，0.9</td></tr>
<tr><td rowspan="4">情景（4）</td><td>模拟方程</td><td colspan="7">$\frac{X_{S,h}}{X_{S,h}+X_{S,l}}=\left(1+\frac{w_{S,h}}{w_{S,l}}\frac{1-t}{t}\right)^{-1}$</td></tr>
<tr><td rowspan="3">赋值情况</td><td>α</td><td>λ</td><td>L</td><td>$w_{l,S}$</td><td>$w_{h,S}$</td><td>r_l</td><td>r_h</td></tr>
<tr><td>—</td><td>1</td><td>0.01</td><td>1</td><td>2</td><td>0.7</td><td>0.5</td></tr>
<tr><td colspan="2">$\frac{X_{S,h}}{X_{S,h}+X_{S,l}},\alpha$</td><td colspan="5">0.5，0.6，0.7，0.8，0.9</td></tr>
</table>

注：同表 2－4。

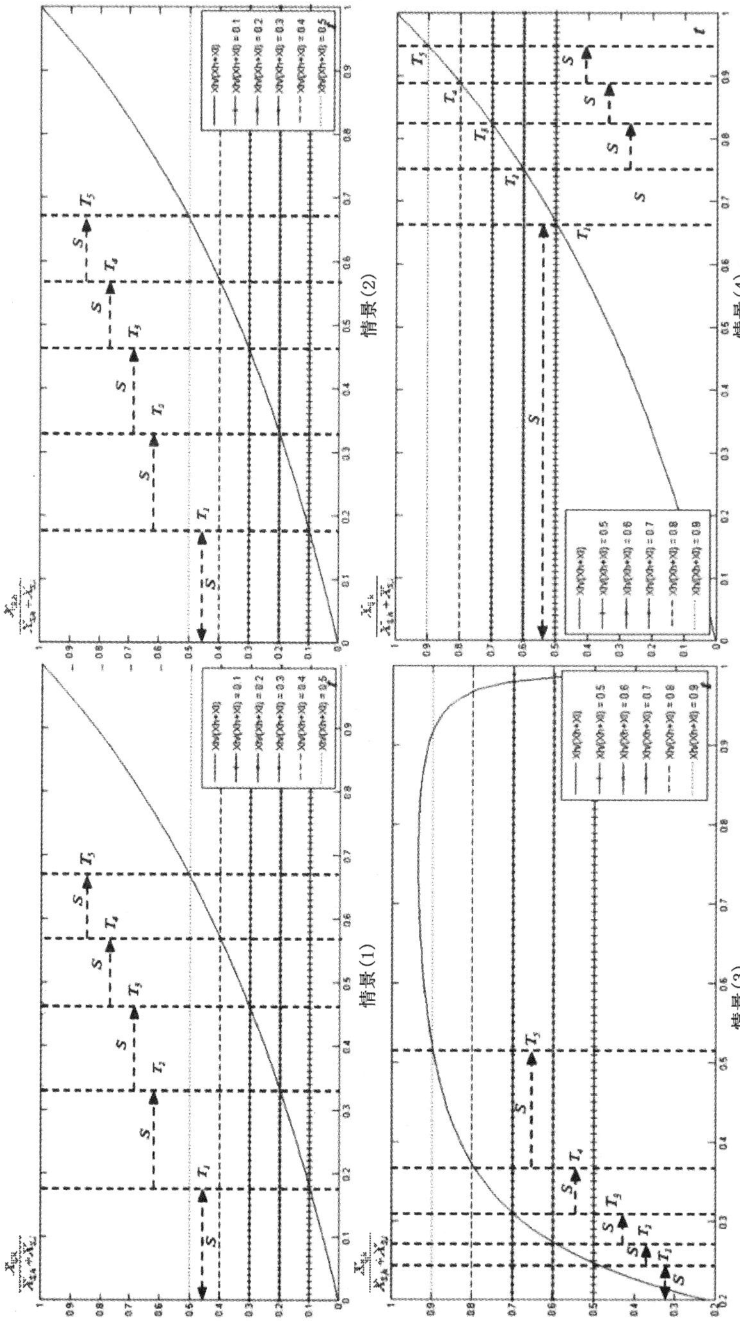

图 2-3　各情景下高技能劳动力占比演变对价值链攀升的作用示意

由图 2 - 3 可知，无论在何种情景下，高技能劳动力占比对价值链攀升的作用趋势均为正。由此可见，充分发挥人才红利是促进我国制造业价值链攀升的重要途径。在情景（1）、情景（2）和情景（4）条件下，高低技能劳动力均是按照最优投入比投入生产的，高技能劳动力占比对价值链攀升的作用函数是一致的，只是受到不同的要素禀赋约束，绝对水平存在差异。由于价值链攀升对高技能劳动力的需求是指数上升的，因此，等比例提高高技能劳动力占比对价值链攀升的促进作用存在相对微弱的减速趋势。而对于存在高技能向低技能劳动力转化的情景（3）而言，高技能劳动力占比越高，可供转化的劳动力资源越丰富，而高技能劳动力可成倍转化为低技能劳动力，因此，高技能劳动力占比对价值链攀升的促进作用是加速实现的；或者说在人口红利消失的现实背景下，人才红利具有重要的替代作用，是促进价值链攀升的可持续动力。

三、劳动力配置演化的作用

劳动力配置是衡量劳动力有效投入水平的重要指标，对价值链攀升具体表现高、低技能劳动力配置两方面作用。由理论分析可知，在实现最优生产的条件下，高低技能劳动力配置水平的提高，均有利于促进价值链攀升；而在不能实现最优生产的条件下，劳动力配置对价值链攀升存在负向影响。且高技能劳动力配置的作用相较于低技能更为明显。

与前面劳动力数量和劳动力技能的研究逻辑一致。本章针对不同生产情景下，高技能劳动力配置和低技能劳动力配置演化影响价值链攀升的赋值情况，对式（2.30）、式（2.31）、式（2.32）进行数值模拟。参数的具体赋值情况如表 2 - 6 所示。

表 2－6　劳动力配置演化对价值链攀升作用的赋值情况

情景（1）	模拟方程		$F=\left(\frac{w_{h,S}/w_{h,N}}{r_h}\right)^{t-1}\left(\frac{w_{l,S}/w_{l,N}}{r_l}\right)^{2-t-\frac{1}{t}}$ ；$F=1$							
	赋值情况	高技能劳动力配置效率演化	α	λ	$w_{h,S}$	$w_{l,S}$	$w_{h,N}$	$w_{l,N}$	r_l	L
			0.3	1	2	1	3	1.6	0.7	0.4
			r_h	0.20，0.30，0.40，0.50，0.60						
		低技能劳动力配置效率演化	α	λ	$w_{h,S}$	$w_{l,S}$	$w_{h,N}$	$w_{l,N}$	r_h	L
			0.3	1	2	1	3	1.6	0.5	0.4
			r_l	0.50，0.60，0.70，0.80，0.90						
情景（2）	模拟方程		$G=\left[\frac{w_{S,h}}{t(1-t)r_{S,h}}\right]^{-\frac{1}{t}}\frac{\lambda}{r_h}\left(\frac{t}{1-t}\frac{r_h}{r_l}\frac{w_{S,l}}{w_{S,h}}\right)^{\left(2-t-\frac{1}{t}\right)}$ ；$G=\alpha L$							
	赋值情况	高技能劳动力配置效率演化	α	λ	$w_{h,S}$	$w_{l,S}$	$w_{h,N}$	$w_{l,N}$	r_l	L
			0.3	1	2	1	3	1.6	0.7	0.04
			r_h	0.20，0.30，0.40，0.50，0.60						
		低技能劳动力配置效率演化	α	λ	$w_{h,S}$	$w_{l,S}$	$w_{h,N}$	$w_{l,N}$	r_h	L
			0.3	1	2	1	3	1.6	0.5	0.04
			r_l	0.50，0.60，0.70，0.80，0.90						
情景（3）	模拟方程		$F=\left(\frac{w_{h,S}/w_{h,N}}{r_h}\right)^{t-1}\left(\frac{w_{l,S}/w_{l,N}}{r_l}\right)^{2-t-\frac{1}{t}}$ ；$F=1$							
	赋值情况	高技能劳动力配置效率演化	α	λ	$w_{h,S}$	$w_{l,S}$	$w_{h,N}$	$w_{l,N}$	r_l	L
			0.7	1	2	1	3	1.6	0.7	0.5
			r_h	0.20，0.30，0.40，0.50，0.60						
		低技能劳动力配置效率演化	α	λ	$w_{h,S}$	$w_{l,S}$	$w_{h,N}$	$w_{l,N}$	r_h	L
			0.8	1	2	1	3	1.6	0.5	0.5
			r_l	0.50，0.60，0.70，0.80，0.90						

续表

<table>
<tr><td rowspan="7">情景（4）</td><td colspan="2">模拟方程</td><td colspan="8">$g=\left[\frac{w_{S,h}}{t(1-t)\,r_{S,h}}\right]^{-\frac{1}{t}}\frac{\lambda}{r_h}\left(\frac{t}{1-t}\frac{r_h}{r_l}\frac{w_{S,l}}{w_{S,h}}\right)^{\left(2-t-\frac{1}{t}\right)}$；$g=L\left(1+\frac{1-t}{t}\frac{w_{S,h}}{w_{S,l}}\right)^{-1}$</td></tr>
<tr><td rowspan="6">赋值情况</td><td rowspan="3">高技能劳动力配置效率演化</td><td>α</td><td>λ</td><td>$w_{h,S}$</td><td>$w_{l,S}$</td><td>$w_{h,N}$</td><td>$w_{l,N}$</td><td>r_l</td><td>L</td></tr>
<tr><td>0.7</td><td>1</td><td>2</td><td>1</td><td>3</td><td>1.6</td><td>0.7</td><td>0.05</td></tr>
<tr><td>r_h</td><td colspan="7">0.20，0.30，0.40，0.50，0.60</td></tr>
<tr><td rowspan="3">低技能劳动力配置效率演化</td><td>α</td><td>λ</td><td>$w_{h,S}$</td><td>$w_{l,S}$</td><td>$w_{h,N}$</td><td>$w_{l,N}$</td><td>r_h</td><td>L</td></tr>
<tr><td>0.7</td><td>1</td><td>2</td><td>1</td><td>3</td><td>1.6</td><td>0.5</td><td>0.05</td></tr>
<tr><td>r_l</td><td colspan="7">0.60，0.65，0.70，0.75，0.80</td></tr>
</table>

注：同表 2－4。

（一）高技能劳动力配置演变对价值链攀升的作用

图 2－4 反映不同生产情景下高技能劳动力配置演变对价值链攀升的影响。

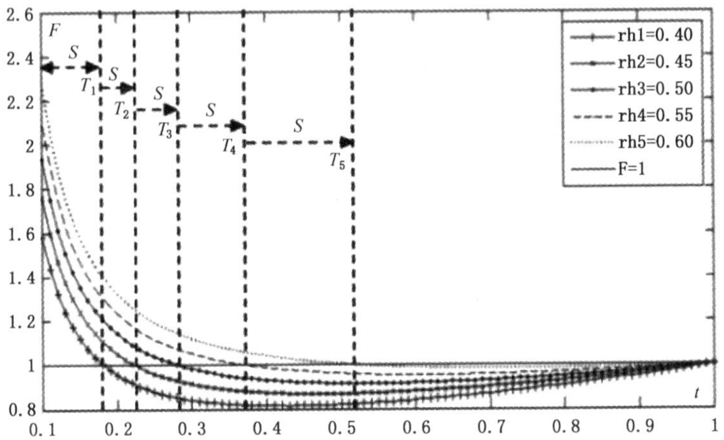

情景（1）

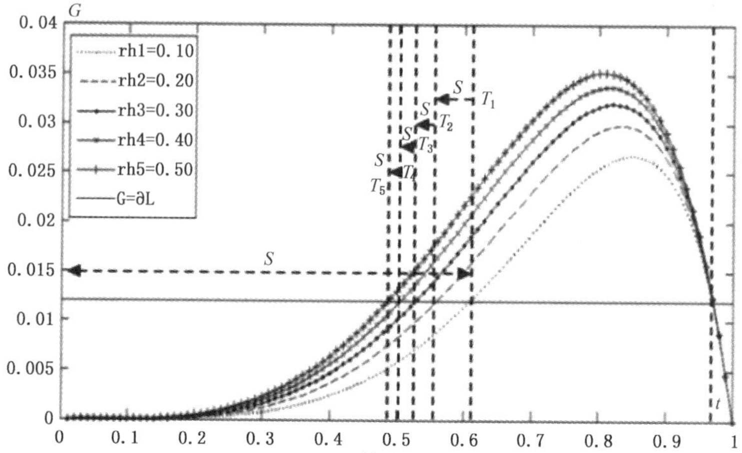
G
rh1=0.10
rh2=0.20
rh3=0.30
rh4=0.40
rh5=0.50
G=∂L
S
T1
T2
T3
T4
T5
t
0.04
0.035
0.03
0.025
0.02
0.015
0.01
0.005
0
0.1
0.2
0.3
0.4
0.5
0.6
0.7
0.8
0.9
1

情景（2）

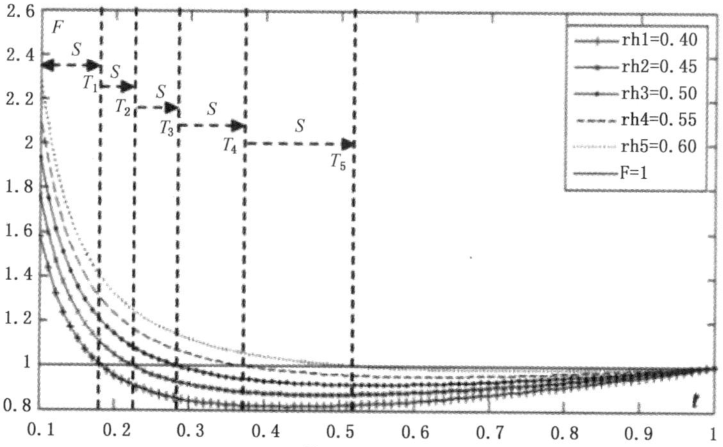
F
rh1=0.40
rh2=0.45
rh3=0.50
rh4=0.55
rh5=0.60
F=1
S
T1
T2
T3
T4
T5
t
2.6
2.4
2.2
2
1.8
1.6
1.4
1.2
1
0.8
0.1
0.2
0.3
0.4
0.5
0.6
0.7
0.8
0.9
1

情景（3）

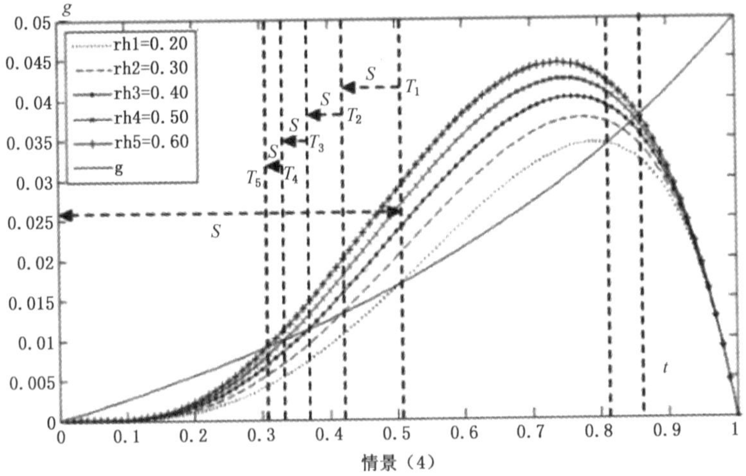

图 2－4　各情景下高技能劳动力配置演变对价值链攀升的作用

由图 2－4 可知，对于可实现最优化生产的情景（1）、情景（3）而言，高技能劳动力配置效率的提高将促进价值链加速攀升。也就是说，随着价值链攀升，高技能劳动力配置效率的作用将加速凸显。对于不能实现最优生产的情景（2）、情景（4）而言，高技能劳动力配置效率的提高对价值链攀升存在负向作用，这多少有些令人出乎意外，但细究其根源，其主要原因是 S 国较高的高技能劳动力配置效率会造成 N 国高技能劳动力配置效率比较优势的程度减弱，提高 S 国最优化生产时的产量，并相应提高对高技能劳动力数量的需求。在情景（2）下，这恰好是限制 S 国生产的重要因素；而在情景（4）下，部分高技能劳动力被用于低技能劳动力转化，造成高技能劳动力投入不足。因此，在非最优化生产条件下，高技能劳动力禀赋的限制作用被进一步强化了。现有的高技能劳动力被尽可能地用于低端价值链环节的扩大化生产，以追求更高的利润水平。但由于提高高技能劳动力配置效率本身会提高单位劳动生产力，价值链定位呈减速下降趋势。

（二）低技能劳动力配置效率演变对价值链攀升的作用

图 2－5 反映不同生产情景下低技能劳动力配置演变对价值链攀升的影响。

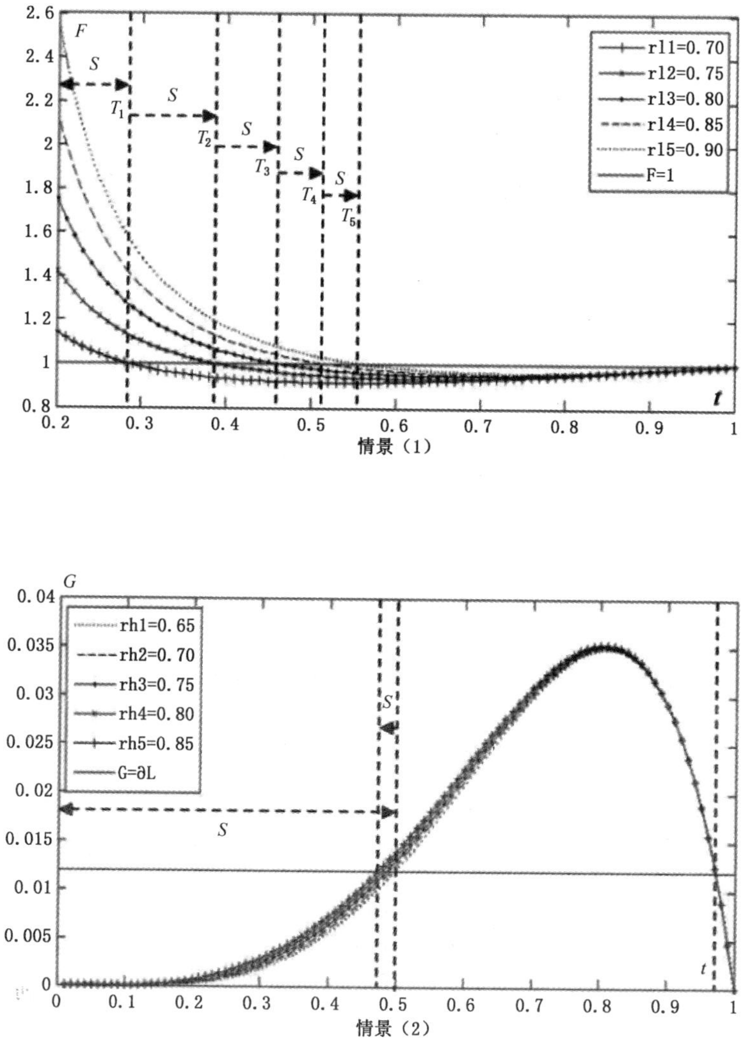

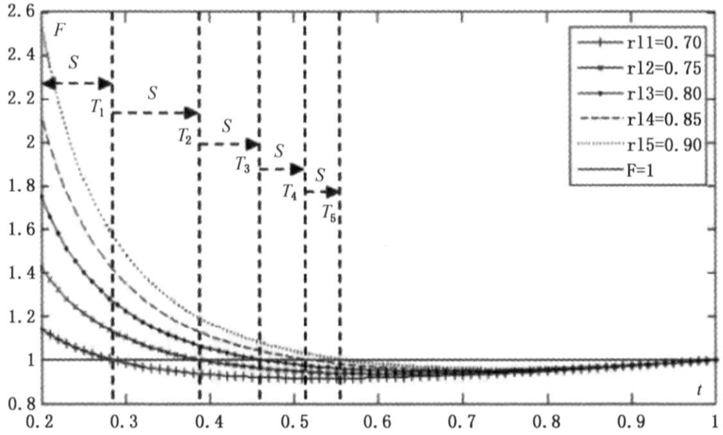

情景（3）

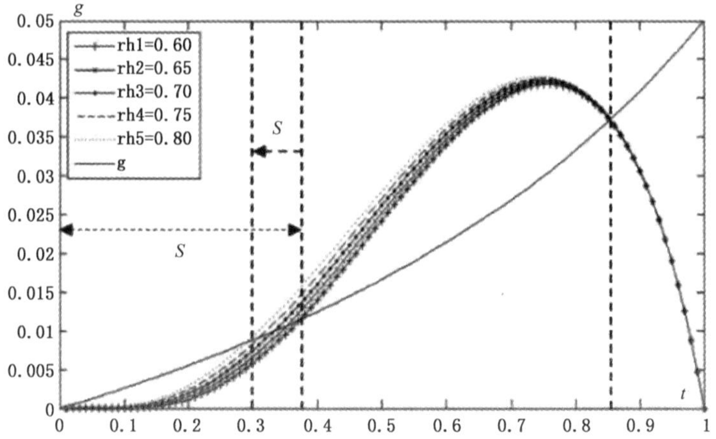

情景（4）

图 2－5　各情景下低技能劳动力配置效率演变对价值链攀升的作用

由图 2－5 可知，与高技能劳动力配置相似，低技能劳动力配置对价值链攀升的作用在是否能实现最优生产的不同前提下作用相反。当可实现最优生产时，低技能劳动力配置的提高有助于促进价值链攀升，不能最优生产时对价值链攀升存在相反作用。主要原因与高技能劳动力类似，不再赘述。与高技能劳动力作用不同的是，低技能劳动力配置对最优生产条件下价值链攀升存在减速促进作用，而当未实现最优生产时，低技能劳动力配置的作用效果不如高技能劳动力配置的作用明显。究其原因，随着价值链的不断攀升，对高技能劳动力的需求越来越大，低技能劳动力对价值链攀升的相对作用不断减弱，因此对最优生产下价值链攀升的促进作用逐渐降低；与此同时，在未达成最优生产前提下，基于相同的原理，随着价值链的不断攀升，提高低技能劳动力配置对扩大最优产量和劳动力投入的作用下降，对扩大价值链低端产量的作用有限，因此，在情景（2）、情景（4）条件下，低技能劳动力配置的提高对价值链定位下降的影响程度不如高技能劳动力配置作用显著。

（三）高低技能劳动力配置对价值链攀升的作用对比

通过图 2 －4、图 2 －5 的对比分析可知，在可实现最优生产的前提下，劳动力配置对 S 国价值链攀升有正向作用，当不同的是，高技能劳动力配置对价值链促进作用逐步提升，而低技能劳动力配置作用不断下降。当不能实现最优生产时，劳动力配置对价值链定位呈负向影响，且随配置提高作用程度下降。相较而言，由于高技能劳动力的更高生产力，高技能劳动力配置的作用边际更大，影响更显著。

四、小结

本章从劳动力数量、高技能劳动力占比和劳动力配置三个方面探究了劳动力演变对价值链攀升作用的理论研究和数值模拟，并重点区分了高技能与低技能劳动力配置对价值链攀升的不同影响。在基本验证主要命题假设的基础上，进一步挖掘了劳动力供给演变对价值链攀升的作用形式和形成原因，现归纳如下：

劳动力数量对价值链攀升的促进作用主要通过高技能劳动力的数量实现。突出表现在当主要限制因素是高技能劳动力数量时，提高劳动力总量对价值链定位存在负向影响。同理，当劳动力数量对价值链攀升存在正向促进作用时，这种作用究竟是加速实现还是减速实现并不确定。关键在于，在当前生产环境下，劳动力总量的增加，对提高高低技能劳动力供给的相对作用程度。若不相应提升劳动力质量，人口红利对价值链攀升的促进作用将不断消失甚至形成人口负债。

高技能劳动力占比的独特意义体现在，无论何种情景，高技能劳动力占比对价值链攀升均有正向促进作用。更为重要的是，当高技能劳动力占比较高、存在高技能向低技能转化的情景时，高技能劳动力占比对价值链攀升存在加速促进的作用。从这个意义上来说，高技能劳动力带来的人才红利是人口红利的替代要素。不断提升高技能劳动力占比，是发展中国家实现价值链攀升的持续性动力。

劳动力配置是除人口红利和人才红利外，影响价值链攀升的又一核心要素。低技能和高技能劳动力配置的演变对价值链攀升的作用不同，在不同情景下也有不同的作用方式。在可实现最优生产的情景下，高技能劳动力配置的提高将加速促进价值链攀升，而低技能劳动力配置对价值链攀升的促进作用是减速实现的；当存在最优生产约束时，高低技能劳动力配置的提高对价值链攀升一致存在减速抑制的作用。相对而言，高技能劳动力配置的影响程度较低技能劳动力更为明显。

劳动力供给
演变与中国出口
价值链升级
Chapter 3

第三章　劳动力供给演变与出口价值链升级：实证分析

前面理论研究和数值模拟两部分，从理论上分析了劳动力供给演变，包括劳动力数量、高技能劳动力占比和劳动力配置三个方面，在不同要素禀赋条件下，对出口价值链攀升的可能作用机制。然而，前述分析主要停留在理论逻辑上的推演，缺乏有说服力的实证支撑。在对重要变量的定义和测度进行说明和统计基础上，本章进一步实证分析劳动力供给演变对我国出口价值链攀升影响。基于对我国制造业出口的相关指标测度和典型事实描述，根据中国制造业的实际要素禀赋，本章确定理论生产情景，并初步对两者间作用关系进行广义可加模型（GAM）的半参数实证检验。

第一节　出口价值链攀升的测度与分析

为探究我国出口价值链的攀升状况，必须首先确定出口的价值链定位。

目前学术界对价值链定位的测度主要分为两派：一派是经济定位，最具代表性的是 Koopman 等（2010）[①] 构建的一国在产业 i 上的价值链定位指标，通过利用产品的国内附加值占比（DVAR）衡量出口的增加值来源；另一派是物理定位，是对国内生产环节的具体价值链位置进行测度，以 Fally（2012）[②]，Antras 等（2012[③]，2013[④]）构建的产业出口上游度指标为主要代表。

① Koopman Robert, Powers William, Wang Zhi, Wei Shang – Jin, Give Credit Where Credit Is Due: Tracing Value Added in Global Production Chains, NBER Working paper No. 16426, 2010.

② Fally T. On the Fragmentation of Production in the US, University of Colorado, 2012, 1 – 49.

③ Antràs P, Chor D., Organizing the Global Value Chain [J]. Social Science Electronic Publishing, 2012, 81 (6): 2127 – 2204.

④ Antràs, P., Chor, D., Organizing the Global Value Chain [J]. Econometrica, 2013, 81 (6): 2127 – 2204.

对于经济定位指标的测度，Koopman 等（2010）在对全球生产链的国内附加值和国外附加值分解的基础上，提出衡量价值链定位的 GVC 地位指数如下：

$$GVC_{i,r} = \ln\left(1 + \frac{IV_{i,r}}{E_{i,r}}\right) - \ln\left(1 + \frac{FV_{i,r}}{E_{i,r}}\right) \tag{3.1}$$

其中，$IV_{i,r}$ 表示出口增加值，衡量 i 国 r 产业的出口中包含多少本国价值增加值，经另一国加工后又出口给第三国；$FV_{i,r}$ 表示 i 国 r 产业出口最终产品中包含的国外附加值，即本国出口最终产品中包含的国外进口中间品价值。$E_{i,r}$ 表示 i 国 r 产业以增加值统计的出口额。该指数越大，表明该国越容易向其他国家提供中间品参与价值链生产，也越靠近价值链上游环节，进而表明该国在全球价值链环节上的地位越高。

出口增加值和国外附加值可由以下投入产出模型测度：

$$\begin{bmatrix} X_1 \\ \vdots \\ X_i \end{bmatrix} = \begin{bmatrix} A_{11} & \cdots & A_{1i} \\ \vdots & \ddots & \vdots \\ A_{i1} & \cdots & A_{ii} \end{bmatrix} \begin{bmatrix} X_1 \\ \vdots \\ X_i \end{bmatrix} + \begin{bmatrix} Y_1 \\ \vdots \\ Y_i \end{bmatrix} \tag{3.2}$$

其中，X_i（$ir \times 1$ 阶矩阵）是各国总产出向量，$A_{i,i}$（$ir \times ir$ 阶矩阵）为投入产出系数矩阵，Y_i 为各个国家自己生产并用于本国消费的最终产品（$ir \times 1$ 阶矩阵）。

由此，可得完全消耗系数矩阵，即里昂惕夫逆矩阵 $B_{i,i}$（$ir \times ir$ 阶矩阵），用以反映生产一单位最终需求所需的中间投入：

$$X_i = (I - A_i)^{-1} Y_i = B_{i,i} Y_i$$

$$B_{i,i} = \begin{bmatrix} I - A_{11} & \cdots & -A_{1i} \\ \vdots & \ddots & \vdots \\ -A_{i1} & \cdots & I - A_{ii} \end{bmatrix}^{-1} \tag{3.3}$$

由完全消耗系数矩阵 $B_{i,i}$ 可得各国各产业的附加值系数 V_i 为：

$$V_i = (1, 1, \cdots, 1)(I - A_{1i} - A_{2i} - \cdots - A_{ii}) \tag{3.4}$$

由此，得出直接增加值系数矩阵 V（$i \times ir$ 阶矩阵）：

$$V = \begin{bmatrix} V_1 & \cdots & 0 \\ \vdots & \ddots & \vdots \\ 0 & \cdots & V_i \end{bmatrix} \tag{3.5}$$

设各国各产业出口的对角矩阵 $\hat{E}$（$ir \times ir$ 阶矩阵）为：

$$\hat{E} = \begin{bmatrix} \hat{E}_1 & \cdots & 0 \\ \vdots & \ddots & \vdots \\ 0 & \cdots & \hat{E}_i \end{bmatrix} = \begin{bmatrix} diag(E_1) & \cdots & 0 \\ \vdots & \ddots & \vdots \\ 0 & \cdots & diag(E_i) \end{bmatrix} \tag{3.6}$$

其中，E_i（$r \times 1$ 阶矩阵）表示 i 国各产业的出口向量，$\hat{E}_i$（$r \times r$ 阶矩阵）表示 i 国各产业出的对角矩阵。

可得出各国的最终出口增加值矩阵 VBE（$i \times ir$ 阶矩阵）为：

$$VB\hat{E} = \begin{bmatrix} V_1 B_{11} \hat{E}_1 & \cdots & V_1 B_{1i} \hat{E}_i \\ \vdots & \ddots & \vdots \\ V_i B_{i1} \hat{E}_1 & \cdots & V_i B_{ii} \hat{E}_i \end{bmatrix} \tag{3.7}$$

最终出口增加值矩阵 $VB\hat{E}$ 对角线元素为本国吸收的增加值，非对角线元素为其他国家吸收的增加值。横向非对角线元素之和表示 i 国各产业出口的间接出口增加值，是由 i 国将中间产品出口给 s 国，s 国再加工后出口实现的。纵向非对角元素为 i 国进口增加值，即国内最终消费的外国增加值。

$$IV_i = \sum_{s \neq i} V_i B_{is} \hat{E}_s \tag{3.8}$$

$$FV_i = \sum_{s \neq i} V_s B_{si} \hat{E}_i \tag{3.9}$$

将式（3.8）、式（3.9）代入式（3.1），可计算价值链定位 GVC 指数。该指标越大，表示产业的间接价值增加值 IV 占总出口的比例就越高于国外价值增长 FV 的比例，从而对于制造业行业而言往往意味着处于价值链的上游，反之则反是。

物理定位的突出优点在于精确价值链位置，因此，本书重点采用产业出口上游度指标衡量价值链攀升，并以式（3.1）计算得到的GVC指数作为辅助变量用以验证结论的稳健性。

针对价值链物理定位的测度，Antras（2012）① 率先提出了产业上游度的测度公式：

$$Ua_i = \frac{D_i}{Y_i} + 2\frac{\sum_{j=1}^{N}\delta_{ij}D_j}{Y_i} + 3\frac{\sum_{k=1}^{N}\sum_{j=1}^{N}\delta_{ik}\delta_{kj}D_j}{Y_i} + 4\frac{\sum_{l=1}^{N}\sum_{k=1}^{N}\sum_{j=1}^{N}\delta_{il}\delta_{lk}\delta_{kj}D_j}{Y_i} + \cdots \quad (3.10)$$

该指标的核心思想是通过测度某产业生产环节与该产业进入最终消费环节之间的距离，测度产业的价值链定位。假定产业上游度各阶段之间的相对距离为1，表示对于产业 i，总产出 Y_i 被用于最终需求 D_j 的分配情况，δ_{ij} 为中间投入产出系数，表示生产一单位产业 j 所需的 i 产业投入，在 $Y_i > 0$、$D_i \geq 0$、$\delta_{ij} \in [0,1]$ 的实际条件下，$Ua_i \geq 1$，某产业被用于中间投入的比例和程度越高，Ua_i 越大，表示该产业距离最终消费越远，位于价值链上游区域。

与此相等价的是Fally（2012）提出的产业上游度指标：

$$Uf_i = 1 + \sum_{j=1}^{N}\frac{\delta_{ij}Y_j}{Y_i}Uf_j \quad (3.11)$$

该指标的核心思想是通过衡量某产业与其被使用的、位于下一生产阶段的其他产业之间的距离，测度产业的价值链定位。式（3.11）表明，其他位于产业 i 更高上游环节的其他产业使用产业 i 的比例越大，Uf_i 越大，i 产业位于越靠近价值链上游的位置。

为方便处理，现有研究一般采用投入产出系数矩阵进行相关计算，以式（3.11）为例，在全球价值链的开放条件下，里昂惕夫投

① Antràs P., Chor D., Fally T., Hillberry R. Measuring the Upstreamness of Production and Trade Flows [J]. American Economic Review, 2012, 102 (3), 412-416.

入产出系数矩阵 A 第 m 行 n 列的元素 a_{mn} 可表示为：

$$a_{mn}=\frac{\delta_{mn}Y_n+X_{mn}-M_{mn}}{Y_m} \tag{3.12}$$

其中，δ_{mn} 表示生产一单位产值的 n 产业所需的 m 产业总投入，为国内生产和从国外进口的总和；Y_n 为 n 产业最终需求向量，X_{mn} 表示本国 m 产业出口并用于国外 n 产业生产的投入值，M_{mn} 表示本国 n 产业生产所需的国外产业 m 的进口值。各元素用于反映两产业之间的投入产出情况。

Antras（2012）① 曾针对难以准确获取 X_{mn}、M_{mn} 数据的问题，假设 i 产业被国内 j 产业的利用率等于 i 产业出口中被国外 j 产业利用的比率，并使用传统总值出口对产业上游度进行了测算。但在全球价值链的开放视角下，众多学者指出，Antras（2012）的处理方式在存在存货、出口量高于产量时，会出现上游度测算出口负值的可能（苏庆义，2015②），而传统出口数额也不能准确反映产业在国际贸易中的实际地位（Johnson，2012③）。鉴于此，本书放松 Antras（2012）的假设，利用出口增加值直接对式（3.12）进行测算。利用世界各产业投入产出矩阵，可将产业上游度矩阵表示为：

$$U_{ij}=\begin{bmatrix} U_{11} & \cdots & U_{1N} \\ \vdots & \ddots & \vdots \\ U_{N1} & \cdots & U_{NN} \end{bmatrix}=\begin{bmatrix} V_1 & \cdots & 0 \\ \vdots & V_i & \vdots \\ 0 & \cdots & V_N \end{bmatrix}\begin{bmatrix} B_{11} & \cdots & B_{1G} \\ \vdots & B_{ij} & \vdots \\ B_{G1} & \cdots & B_{NN} \end{bmatrix}\begin{bmatrix} Y_{11} & \cdots & Y_{1N} \\ \vdots & Y_{ij} & \vdots \\ Y_{N1} & \cdots & Y_{NN} \end{bmatrix} \tag{3.13}$$

其中，$B=[I-[A_{ij}]]^{-1}$ 为里昂惕夫逆矩阵，I 表示单位矩阵，

---

① Antràs P., Chor D., Fally T., Hillberry R. Measuring the Upstreamness of Production and Trade Flows [J]. American Economic Review, 2012, 102 (3), 412 –416.

② 苏庆义，高凌云. 全球价值链分工位置及其演进规律［J］. 统计研究，2015，32（12）：38 –45.

③ Johnson R C, Noguera G., Accounting for Intermediates: Production and Trade in Value Added [J], Journal of International Economics, 2012, 86 (2): 224 –236.

$[A_{ij}]$ 表示一国 i 产业用于世界其他国家生产 j 产业的中间投入产出系数矩阵，V 矩阵表示该国各产业增加值矩阵，Y 矩阵表示该国 i 产业被用于 j 产业最终需求矩阵，则产业基于增加值的上游度向量为：

$$UI = \sum_{i=1, i \neq j}^{N} U_{ij} \tag{3.14}$$

向量中各元素表示对应产业的上游度指数，该指标越大，表明产业距离最终需求越远，位于价值链上游。

基于前述研究，本书重点测算了 1995 ~ 2011 年中国制造业产业的出口上游度指数。原始数据来源于 WIOD 数据库提供的世界投入产出表（WIOT）。它衡量了 1995 ~ 2011 年全球 27 个欧盟国家、13 个非欧盟国家及世界其他国家共 41 个主要经济体之间的非竞争型投入产出和双边贸易情况，涵盖了按生产行为分类（CPA）的 35 个主要产业，是目前能获取的最新权威数据①。本书重点考察中国制造业在全球价值链中的位置，选取编号为 3 ~ 15 的 13 个制造产业②，分别测度了全球价值链中我国各制造业产业的 GVC 指数和出口上游度指数，其统计性描述见表 3 - 1；对制造业出口上游度进行出口量加权平均，绘制我国制造业 1995 ~ 2011 年价值链攀升的整体趋势如图 3 - 1 所示。

① 该数据库具有一定的滞后性，2010 年及 2011 年数据于 2013 年 11 月发布，是目前所能获取的最新数据，但考虑到各国之间的投入产出关系短期内相对稳定，时间滞后问题不会影响本书主要研究结论。

② WIOD 数据库中制造业共分 14 个大类（3 ~ 16），按编号顺序分别是：食品、饮料和烟草制造业；纺织、纺织品；皮革及鞋类制品；木材及相关制品；纸制品及印刷业；焦炭、炼油及核燃料；化学制品；橡胶和塑料制品；其他非金属矿物制品；基本金属和金属制品；机械设备；电气和光学设备；交通设备；其他制造业与再生产品。由于我国国内数据统计中对 16 号“其他制造业与再生产品”的统计数据存在缺失和口径不一的问题，难以进行后续实证研究，故剔除，选取了 3 ~ 15 号共 13 个制造业进行分析。

表 3－1　　　　中国制造业各产业上游度统计性描述

	样本总量	均值	方差	中值	最大值	最小值
出口上游度	221	3.0147	0.4443	2.8577	4.3268	1.8087
GVC 指数	221	0.0428	0.0281	0.0427	0.5971	－0.1721

注：数据来源经笔者整理，数据源 WIOD－WIOT，数据保留四位小数。

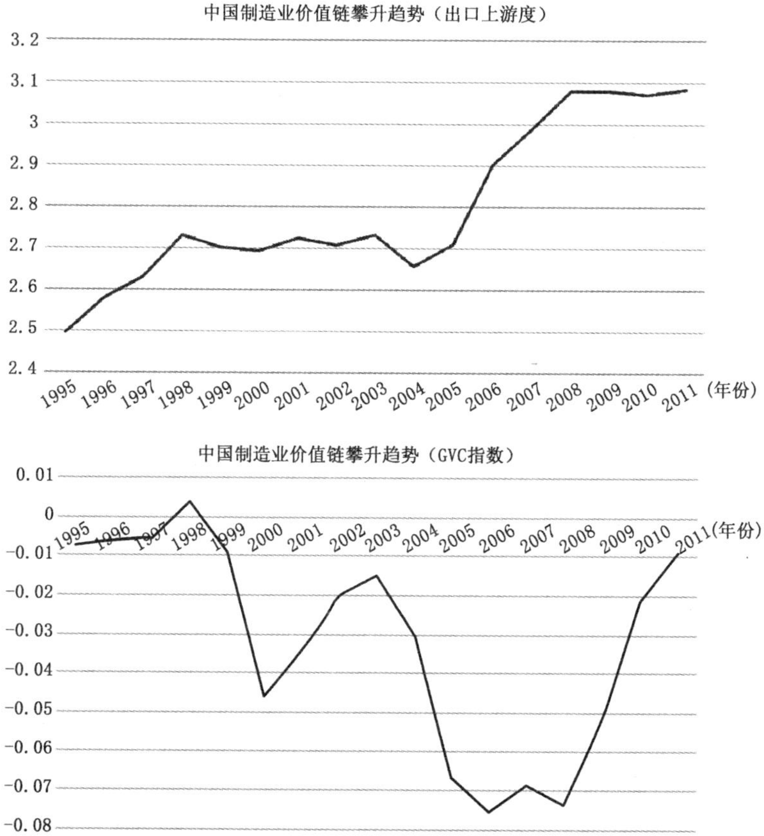

图 3－1　中国制造业整体价值链演化情况

注：数据来源经笔者整理，数据源 WIOD－WIOT，数据保留四位小数。

表 3－1 和图 3－1 反映了我国制造业价值链攀升的如下现状：

对于出口上游度指数而言，由表 3－1 可知，中国制造业的价值链定位呈“厚尾”分布，绝大多数产业的价值链定位较低。经测算可知，从整体来看，技术复杂度较高的产业，也相对拥有较高的上游度，但这种趋势主要表现在中低技术产业，对于较高技术产业而言，存在明显的原料供应和加工组装特征。例如，我国位于上游环节的产业主要是纸制品及印刷业、焦炭、炼油及核燃料、化学制品等产业，纸制品等产业体现了原料供应特征；而对于技术复杂度较高的电气和光学设备等产业而言，上游度相对较低，则反映了加工组装特征。此外，由图3-1可知，我国制造业价值链定位处于不断攀升的状态，攀升状态集中于1995~1998年以及2004~2008年的时间段，1999~2003年以及2009~2011年价值链定位处于相对平稳阶段，特别是自2008年金融危机以来，我国制造业的价值链攀升动力不足，有陷入较长停滞期的风险。

对于GVC指数而言，均值与中值较为接近，经测算可知，从整体来看，技术复杂度较高的产业，国内附加值占比相对较小，GVC指数也较低，而低技术产业的国内附加值占比较大，这体现了我国制造业的劳动密集型特征，对于技术等级较低的产业而言，中国凭借廉价劳动力实现绝大部分的价值增加值。例如，我国制造业中GVC指数较高的产业是食品、饮料和烟草制造业以及纸制品及印刷业，而光学设备等高技术产业的GVC指数最小，这与上游度指数的测算结果基本一致。此外，由图3-1可知，我国GVC指数呈“V”型变动趋势，2004年之前，GVC指数呈下降趋势，这一点与上游度的测算结果存在差异；而2004年之后，整体呈增长趋势，但在2010年之后增速有所放缓，与上游度的变动趋势一致。这可能是由于20世纪90年代末期我国进出口水平整体较低，尚未完全融入全球价值链生产而导致的，而一国贸易开放程度的高低会直接影响到GVC指数的有效水平。鉴于此，后面以上游度指标为主要被解释变量。

第二节　劳动力供给演变的测度与分析

针对我国劳动力供给演变的测度和分析，顺承前面的一致思想，分别对制造业劳动力数量、高技能劳动力占比以及劳动力配置进行说明、统计和分析。

一、制造业劳动力数量的测度与分析

制造业劳动力总量是衡量制造业总劳动规模的指标，以中国制造业各年份各产业的从业人员总量衡量，可以反映制造业人口红利。表3－2是对1995～2011年我国制造业13个产业共计221个样本量的统计性描述，相关数据指标取自WIOD－SEA数据库，该数据为从事行业的全部从业人员数，包括正式雇佣及临时雇佣的总量。图3－2是对各产业从业人员求和计算的中国制造业整体劳动人口演化趋势图。

表3－2　　中国制造业各产业劳动人口数量统计性描述

样本总量	均值	方差	中值	最大值	最小值
221	0.8686	0.2100	0.8202	2.2987	0.0715

注：数据来源经笔者整理，数据源WIOD－SEA，数据保留四位小数；单位：千万人。

由表3－2可知，我国制造业各产业从业人员数之间存在明显差距，最大值是最小值的30多倍，但绝大多数产业的从业人员在1000万人之下，且经测算可知，从业人员总量最大的产业集中在食品饮料和烟草制造业、纺织和纺织品等较低技术等级的产业上，尤以纺织和纺织品产业的从业人数最多。从业人数最少的是焦炭、炼油及核燃料

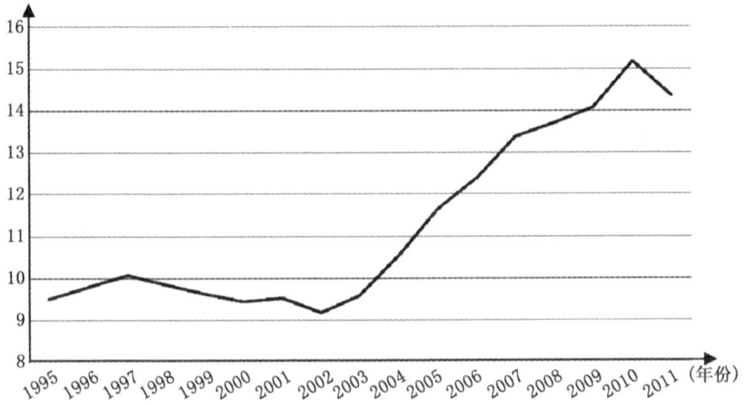

图 3－2　中国制造业整体劳动人口数量演化情况

注：数据来源经笔者整理，数据源 WIOD－SEA，数据保留四位小数；单位：千万人。

制造业，属于资源产品深加工产业，这个数量与我国从事资源开采的人数相比不足 10%①，反映了我国能源加工技术水平较低，资源浪费严重等问题。

由图 3－2 可知，我国制造业从业人员总量庞大，特别是从 2002 年开始，可能由于加入世贸组织（WTO），我国丰富的劳动人口和较低的劳动成本为制造业提供了明显优势，制造业飞速发展，从业人员大幅上升，即使在 2008 年金融危机时，从业人员总量也只表现出增速下滑，2009 年的经济刺激计划又再次使制造业从业人数实现快速增长，并持续到 2010 年。而在 2002 年之前，中国制造业总劳动人口基本呈缓慢下滑趋势。此外，从 2011 年开始，总从业人数出现明显下降，这可能与我国人口老龄化加剧，劳动力总量下降，劳动成本上升，制造业传统比较优势式微的整体趋势密切相关。

① 将我国焦炭、炼油及核燃料制造业从业人数与采掘业从业人数相比，除 2011 年刚达到 10% 的水平外，其他年份均不足 10%。

二、制造业高技能劳动力占比的测度与分析

随着我国人口红利不断式微，目前，学术界已经开始探究高技能劳动力带来的“人才红利”对我国制造业的推动作用，并以此为我国制造业新型比较优势的要素来源。高技能劳动力占比是衡量整理劳动力结构和质量水平的重要指标之一，是众多学者衡量人才红利采用的测度指标。本书中国制造业高技能劳动力占比指标来源于 WIOD - SEA 数据库，由于现有统计并未给出确切的高技能劳动力占比数据，在本书的实际分析中，是以高技能劳动力的工作时间占比作为替代指标的。该指标的优点在于，可避免由于工作时间强度对统计结果的影响。相关数据的描述性统计见表 3 - 3。图 3 - 3 是经各产业出口总额加权平均后计算的我国制造业整体高技能劳动力占比的演化趋势。

表 3 - 3　中国制造业各产业高技能劳动力占比统计性描述

样本总量	均值	方差	中值	最大值	最小值
221	3. 2798	5. 1323	2. 6842	8. 9947	0. 4289

注：数据来源经笔者整理，数据源 WIOD - SEA，数据保留四位小数；单位:% 。

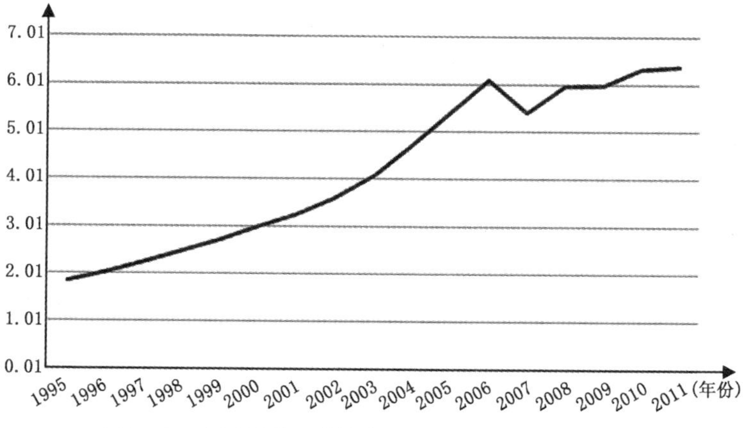

图 3 - 3　中国制造业整体高技能劳动力占比演化情况

注：数据来源经笔者整理，数据源 WIOD - SEA，数据保留四位小数；单位:% 。

需要说明的是，WIOD－SEA数据库对高技能劳动力工作时间占比的统计数据仅给到2009年，为保证研究的时间一致性，本书对2010年和2011年的数据进行了经典多数据Verhulst模型的灰色预测。该模型为非线性预测模型，是在原始时间序列的基础上，对数列进行二次累减，并建立和求解相应微分方程，最后根据最小二乘原理求得灰参数，从而计算出为期两年的预测值[①]。经测算，预测误差不超过10%，可在一定程度上反映高技能劳动力占比的变动趋势。相应结果为Matlab 2013软件输出结果，全部数据保留小数点后四位。

由表3－3可知，我国制造业各产业高技能劳动力占比差别明显，整体而言，高技能劳动力占比较低。经测算，对于纺织、纺织品以及皮革及鞋类制品等产业而言，高技能劳动力占比几乎不足1%。大量而廉价的普通劳动力，是这些技术含量较低的手工制造业维持传统生产的基本要素。我国拥有较高比例高技能劳动力的产业主要是焦炭、炼油及核燃料制造业、化学制品、电气和光学设备、交通设备等产业，技术等级相对较高，但是平均高技能劳动力占比也仅仅达到7%～8%的水平。

由图3－3可知，我国高技能劳动力占比的演化途径整体呈上升趋势，2006年之前，这种增长几乎是指数式加速攀升的，但2006年之后，增长趋势开始放缓并出现波动，增长动力明显下降。但事实上，该时期我国高技能劳动力的供给并未下滑，这可能反映出我国制造业出现低端锁定态势，对高技能劳动力需求的增长动力下降。经测算，总体来看，我国高技能劳动力占比水平与印度尼西亚等国较为接近，而与发达国家百分之几十甚至更高的占比还有相当大的距离。这些可能成为我国价值链攀升的重要阻力。

---

① 针对灰色预测模型的具体研究参见刘思峰、杨英杰、吴利丰等，《灰色系统理论及其应用（第七版）》，科学出版社2014年版。

三、制造业劳动力配置演化的测度与分析

劳动力配置问题是近年来在新贸易理论强调通过优化要素结构提升生产率的基础上得以重视和研究的新视角之一。生产函数表明，产品生产是生产要素之间协同作用的结果，生产要素之间并非完全独立和可替代的，生产要素或是生产环境的质量发生变动，都有可能影响要素之间协同作用的发挥，从而产生要素配置的问题。就以劳动力为例，同样的高技能劳动力，配置到拥有充足资金、完善设备等资源的工作条件下，与配置到资金匮乏、设备落后的工作条件下，生产效率是存在差异的。与之类似，所有的生产要素都存在或多或少的效率程度问题，由于人类劳动是创造产品价值的核心动力，且拥有空间较大的主观能动性，要素配置在劳动力方面表现得更为明显。但遗憾的是，这一问题被现有大多数研究所忽略。

在理论模型部分，本书阐述了劳动力配置的基本概念和含义，并论证了其对价值链攀升的重要作用。突出表现为劳动的有效投入水平，即理论模型中式（3.8）的劳动力配置效率指数 r_h、r_l，用以反映高低技能劳动力的有效投入。目前，学术界对劳动力配置的测度尚无定论，根据前面分析，劳动力配置具体表现为两个方面，即高技能劳动力配置和低技能劳动力配置，两者对价值链攀升有类似但不完全相同的作用。本书分别从劳动力配置的形成因素和发挥作用程度的视角，构建高低技能劳动力配置的测度指标。

从劳动力配置的形成因素的角度考虑，不同技能水平的劳动力对应不同数量的资本，才能发挥其应有的生产力水平。高低技能劳动力资本配置指数如下：

$$Mh_{i,m} = \left| \frac{H \cdot Lab_{i,m} \cdot Rah_{i,m}}{Cap_{i,m}} - \sum_{m} \frac{EXP_{i,m}}{\sum_{m} EXP_{i,m}} \frac{H \cdot Lab_{i,m} \cdot Rah_{i,m}}{Cap_{i,m}} \right| \tag{3.15}$$

$$Ml_{i,m} = \left| \frac{L \cdot Lab_{i,m} \cdot Ral_{i,m}}{Cap_{i,m}} - \sum_m \frac{EXP_{i,m}}{\sum_m EXP_{i,m}} \frac{L \cdot Lab_{i,m} \cdot Ral_{i,m}}{Cap_{i,m}} \right| \tag{3.16}$$

式（3.15）、式（3.16）分别表示单位资本下 m 国 i 产业高技能和低技能劳动力的配置情况，根据其计算方法定义为劳动力资本配置指数。其中，$Lab_{i,m}$ 表示 m 国 i 产业的总劳动人口数量，$Rah_{i,m}$、$Ral_{i,m}$ 表示 m 国 i 产业的高技能、低技能劳动力占比。$Cap_{i,m}$ 为 m 国 i 产业的固定资本总额，H、L 分别表示高、低技能劳动力的平均技能水平，$\sum_m \frac{EXP_{i,m}}{\sum_m EXP_{i,m}} \frac{H \cdot Lab_{i,m} \cdot Rah_{i,m}}{Cap_{i,m}}$、$\sum_m \frac{EXP_{i,m}}{\sum_m EXP_{i,m}} \frac{L \cdot Lab_{i,m} \cdot Ral_{i,m}}{Cap_{i,m}}$ 表示经出口占比加权平均后世界平均劳动力资本配置水平。该指标通过单位资本配置的劳动力技能水平与世界平均水平的离差，反映该国单位资本条件下不同技能劳动力的配置情况。指标越接近0，劳动力技能配置水平越好，该指标越大，劳动力配置越失衡。

从劳动力发挥作用程度的角度考虑，重点考察我国高低技能劳动力的边际生产率与标准水平的差距。构建高低技能劳动力配置效率指数如下：

$$MEh_{i,m} = \frac{(GVAL_{i,m} \cdot RLCh_{i,m})/(Lab_{i,m} \cdot Rah_{i,m})}{\sum_m \frac{EXP_{i,m}}{\sum_m EXP_{i,m}} (GVAL_{i,m} \cdot RLCh_{i,m})/(Lab_{i,m} \cdot Rah_{i,m})} \tag{3.17}$$

$$MEl_{i,m} = \frac{(GVAL_{i,m} \cdot RLCl_{i,m})/(Lab_{i,m} \cdot Ral_{i,m})}{\sum_m \frac{EXP_{i,m}}{\sum_m EXP_{i,m}} (GVAL_{i,m} \cdot RLCl_{i,m})/(Lab_{i,m} \cdot Ral_{i,m})} \tag{3.18}$$

式（3.17）表示 m 国 i 产业高技能劳动力配置效率指标，其中，$GVAL_{i,m}$ 表示 m 国 i 产业劳动力投入对国内生产附加值的贡献总额，

$RLCh_{i,m}$ 表示 m 国 i 产业高技能劳动力对总劳动力国内生产附加值的贡献比例，$Lab_{i,m}$ 表示 m 国 i 产业的总劳动人口数量，$Rah_{i,m}$ 表示 m 国 i 产业的高技能劳动力占比。$EXP_{i,m}$ 为 m 国 i 产业出口总额，$\sum_{m}\frac{EXP_{i,m}}{\sum_{m}EXP_{i,m}}(GVAL_{i,m}\cdot RLCh_{i,m})/(Lab_{i,m}\cdot Rah_{i,m})$ 表示出口占比加权平均后高技能劳动力配置效率的世界平均水平。式（3.18）表示 m 国 i 产业低技能劳动力配置效率指标，相关说明与式（3.17）类似。该指标是通过单位劳动力对国内生产附加值贡献与世界平均水平之比，反映该国劳动力配置效率的。当该指数大于 1 时，表明该国的劳动力生产效率高于世界平均水平，应提高劳动力的技术环境配置，以发挥其更大的生产力；当该指数小于 1 时，表明劳动力尚未发挥出世界平均生产力水平，与生产环境的匹配相对较弱；当该指数为 1 时，视为最优劳动力配置。

需要说明的是，WIOD - SEA 数据库对劳动力技能水平进行了高、中、低三个等级的划分，其划分依据对不同国家而言存在一定差异。就我国而言，高等劳动力是指大专及以上学历的劳动力，中等劳动力是指高中和中专等技术学校学历的劳动力，低等劳动力是指无学历以及中小学学历的劳动力。本书以大专学历为分界，将大专学历之上的劳动力定义为高技能劳动力，将中等和低等劳动力统称为低技能劳动力。

据此，本书分别测算了我国制造业各产业高技能和低技能劳动力的配置效率，描述性统计如表 3 -4 所示，同样根据各产业出口总量加权平均计算得到制造业整体的劳动力配置效率，其演化趋势如图 3 -4 所示。数据源自 WIOD - SEA 数据库，部分缺失数据经前后两期平均得到；2010 年、2011 年的缺失数据同样经灰色预测得到，与高技能劳动力占比数据的处理一致，不再赘述。

表 3-4 中国制造业各产业劳动力配置效率统计性描述

	样本总量	均值	方差	中值	最大值	最小值
高技能劳动力资本配置	221	0.1535	0.0204	0.1058	0.7618	0.0009
低技能劳动力资本配置	221	4.8023	1.5327	3.0626	25.3521	0.0697
高技能劳动力配置效率	221	6.4986	11.2908	5.6908	18.1258	1.9582
低技能劳动力配置效率	221	7.4616	12.7714	6.9662	19.0219	2.3136

注：数据来源经笔者整理，数据源 WIOD-SEA，数据保留四位小数；劳动力资本配置单位：1；劳动力配置效率单位:%。

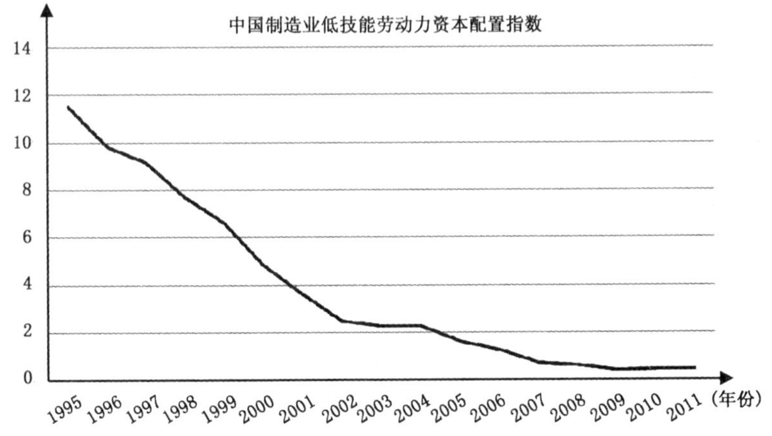

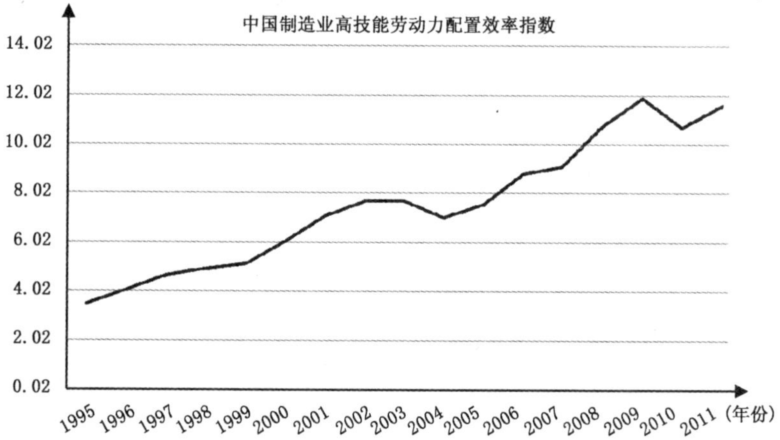

图 3－4　中国制造业整体劳动力配置演化情况

注：数据来源经笔者整理，数据源 WIOD－SEA，数据保留四位小数；单位：%。

由表 3－4 可知，从劳动力资本配置指数来看，我国高技能劳动力资本配置基本接近世界平均水平，而低技能劳动力则表现出相对明显的差异，结合中间计算结果，中国低技能劳动力资本配置指数一般高于世界平均水平，我国制造业低技能劳动力资本配置与世界平均水平的差异主要表现为低技能劳动力过量而资本不足的状况。就我国自身而言，我国制造业高技能劳动力的配置效率整体低于低技能劳动力，但分布略为集中。经测算，高技能劳动力资本配置最接近世界平均水平的是纺织制造业，低技能劳动力资本配置最接近世界平均水平的是电气和光学设备制造业，整体而言，低技术产业的高低技能劳动力资本配置水平基本达到平均水平，但高技术产业的劳动力配置水平明显较低。此外，由图 3－4 可知，我国高技能劳动力资本配置在 2002 年左右呈现较大波峰之后，整体呈波动下降趋势，劳动力资本配置不断优化，这一点在低技能劳动力方面更为明显，低技能劳动力资本配置水平不断与世界平均值趋同，表现出良好的演化趋势。

从劳动力配置效率指数来看，我国劳动力配置效率水平整体较低，不仅从未出现劳动力配置效率超过平均水平的情况，配置效率甚至远未达到世界平均值，仅为 10% 左右。这突出反映了作为人口大国，中国实际上并未表现出真正意义上的劳动力优势。劳动力资源浪费严重，与现有生产条件的匹配不力，劳动生产效率并未发挥出应有作用。经测算，高低技能劳动力配置效率最低的产业均为木材及相关制品业和橡胶塑料制品业，最高的为基本金属和金属制品业以及电气和光学设备制造业。整体而言，技术等级较高产业的劳动力配置效率也相应较高。此外，由图 3－4 可知，制造业高低技能劳动力配置效率演化途径基本一致，整体呈波动上升趋势，仅在 1999 年、2004 年、2008 年和 2010 年出现小幅下滑。综上所述，我国制造业劳动力配置具有整体水平较差但演化趋势相对良好的特点。

第三节 劳动力供给对出口价值链攀升作用的半参数检验

前面具体测度和分析了 1995～2011 年我国出口价值链定位和劳动力供给演变的相关情况。为初步验证前面理论假说在我国制造业中的适用性，考虑到参数估计必须对解释和被解释变量间的作用关系进行先决假设，在解释变量不足时，容易产生由于模型设定偏误而造成的误差，而非参数估计可能存在“维度诅咒”和解释性较差等问题，本书采用半参数估计下广义可加模型（GAM）。

一、检验方法

基于前述测度，重点对产业上游度、劳动人口总量、高技能劳动力占比和劳动力配置效率等关键变量之间的关系进行拟合。借鉴 Parteka（2010）的研究①，分别设定劳动力数量 Lab 、高技能劳动力占比 Rah 、劳动力资本配置 Mh、Ml 和劳动力配置效率 MEh、MEl 对产业上游度 UI 的 GAM 估计方程如下：

$$UI_{it} = \alpha_i + g(Lab_{it}) + \varepsilon_{it} \; ; \; UI_{it} = \alpha_i + g(Rah_{it}) + \varepsilon_{it} \quad (3.19)$$

$$UI_{it} = \alpha_i + g(Mh_{it}) + \varepsilon_{it} \; ; \; UI_{it} = \alpha_i + g(Ml_{it}) + \varepsilon_{it}$$

$$UI_{it} = \alpha_i + g(MEh_{it}) + \varepsilon_{it} \; ; \; UI_{it} = \alpha_i + g(MEl_{it}) + \varepsilon_{it}$$

其中，α_i 为产业个体差异的虚拟变量，ε_{it} 为误差项，i 为产业，t 为时间。假定模型随机部分（即反应变量）的核密度函数服从高斯核，方程服从分布簇：

$$f_x(x_i, x_0, h) = \frac{1}{\sqrt{2\pi}} \exp\left[- \frac{(x_i - x_0)^2}{2h^2} \right] \quad (3.20)$$

$f_x(x_i, x_0, h)$ 表示 x_i 在 x_0 处的概率密度，其中，h 为光滑参数，规定了 x_i 在 x_0 附近的邻域大小，即“带宽”。带宽越大，核密度估计越光滑。

二、检验结果

为初步探究劳动力供给演变对价值链攀升的作用，并实证我国劳

① Parteka, A., Employment and Export Specialization along the Development Path: Some Robust Evidence [J]. Review of World Economics, 2010, 145 (4), pp. 615 - 640.

动力要素禀赋处于理论分析中的何种情景。本书利用 R 软件，分别绘制了 1995～2011 年我国制造业劳动力数量、高技能劳动力占比和劳动力配置效率对产业上游度的核回归图。相关回归采用约束性最大似然法（REML）进行非参数平滑，回归带宽设定为最优带宽，核参数设定为高斯核函数（Gaussian）。回归结果如图 3－5 所示。

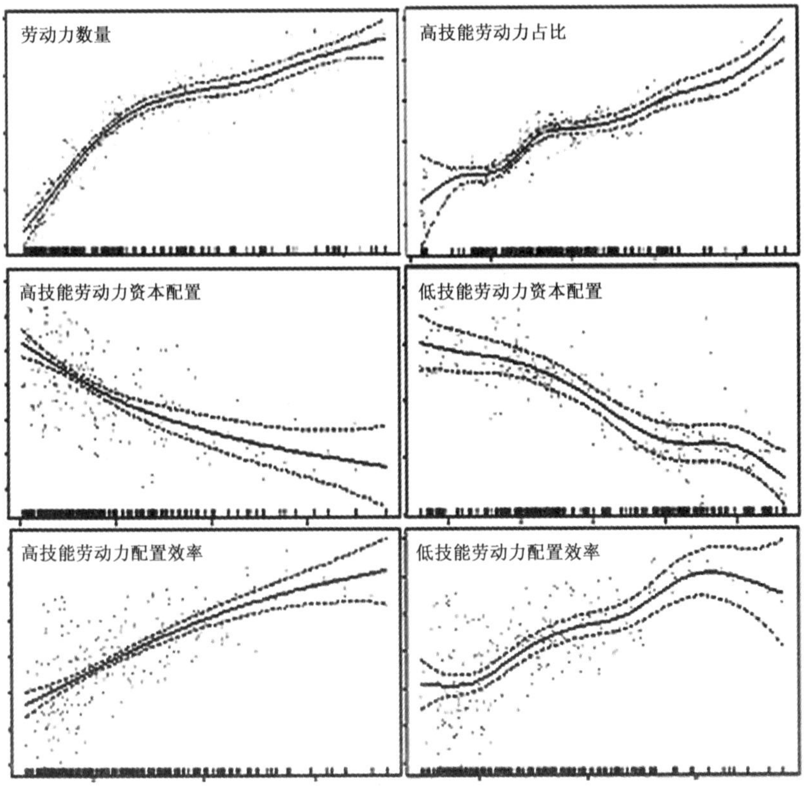

图 3－5 中国制造业劳动力供给对出口上游度的高斯核回归图

注：横坐标为劳动力供给，纵坐标为产业上游度；数据来源经笔者整理。

由图 3－5 可知，制造业劳动力数量价值链攀升的作用类似对数函数，呈现促进作用增速不断放缓的趋势；高技能劳动力占比对价值链攀升呈现明显的正向促进作用，但整体而言，这种作用存在波动；劳动力资本配置指数与价值链攀升存在负向作用，劳动力配置效率对价值链攀升存在正向促进作用。

由劳动力数量和高技能劳动力占比的变化情况可知，劳动力数量是促进我国制造业价值链攀升的重要动力，但随着价值链的不断攀升，人口红利确实存在式微趋势，与此相比，高技能劳动力占比所表现的人才红利，对价值链攀升具有可持续性更高的促进作用。此外，衡量单位资本劳动力配置与世界平均水平偏离程度的劳动力资本配置指数的负向作用表明，降低劳动力配置的偏离程度是促进价值链攀升的重要途径。与此类似的是，高低技能劳动力配置效率对价值链攀升都具有正向促进作用。此外，对于劳动力资本配置和劳动力配置效率而言，高技能劳动力的作用更为强劲。结合前面的分析，综上可知，我国制造业生产是在可实现最优生产的条件下进行的。这与我们的基本认知一致，因为我国人口众多，劳动力禀赋丰富，且实际贸易中存在大量不同的产业，我国完全有足够的生产要素实现某一产业的最优生产；再考虑到我国高技能劳动力占比较低的实际情况，我国制造业生产应符合情景 1。而前述半参数实证结果也基本验证了前面的命题假说和数值模拟的结论。

第四节　进一步的计量检验

一、计量方程设定

在前面较为精确测度我国制造业出口价值链定位和劳动力演化路径的基础上，充分考虑其他重要影响因素，计量分析劳动力供给演变对我国制造业出口价值链攀升的影响，并结合理论研究，对我国制造业出口价值链的攀升情况进行合理的阐述、分析和建议。

理论研究指出，劳动力数量、高技能劳动力占比和高低技能劳动力配置是决定价值链定位的关键因素，得到了不同要素禀赋条件下，劳动力演变对价值链定位的决定方程，对各决定方程进行数值模拟，并得到了相应结论。然而，模型针对劳动力演变影响价值链攀升的推导是基于对生产函数在给定投入下最大化产出计算的，在现实条件下，各厂商的生产往往不可能达到此最优边际。鉴于此，Kumbhakar和 Lovell（2000）[①] 在整合前人研究的基础上，系统地将随机前沿模型引入实证研究领域，用以处理实际生产无法达到理论最大产出前沿的问题。

随机前沿模型的主要思想如下：假设厂商的生产函数为：$y_i = f(x_i, \beta)$，产出 y_i 是价值链定位 τ 的函数。由于存在生产效率不足以及可能的随机冲击问题，上述生产函数方程可改写为：

$$y(\tau)_i = f(x_i, \beta)\xi_i e^{v_i} \tag{3.21}$$

其中，ξ_i 为实际生产与理论最优生产前沿的趋近系数，表示厂商 i 的实际生产效率水平，满足 $\xi_i \in (0,1]$，当 $\xi_i = 1$ 时，表示厂商位于最优生产效率前沿；$e^{v_i} > 0$ 表示随机冲击。将生产函数设定为 Cobb - Douglas 函数形式，即：$y_i = f(x_i, \beta) = e^{\beta_0} x_{k_1}^{\beta_1} \cdots x_{k_i}^{\beta_k}$，对式（3.21）取对数，可将其改写为：

$$\ln y(\tau)_i = \beta_0 + \sum_{k=1}^{K} \beta_k \ln x_k - u_i + v_i 。$$

其中，$u_i = -\ln \xi_i \geqslant 0$ 表示无效率项，反映厂商距离效率前沿的距离，$u_i \sim N^+(0, \sigma_u^2)$ 服从原点左侧断尾的半正态分布；v_i 为异质性偏误，$v_i \sim N(0, \sigma_v^2)$ 服从正态分布。为得到有效的一致估计，需假设 u_i 与 x_i 不相关，虽然这个假设对于截面数据往往难以成立，但在面板数据条件下可以得到较好解决。取决于无效率项是否随时间改变，可将面板随机前沿模型分为两类：

---

① Kumbhakar S., K. Lovell, Stochastic Frontier Analysis [M]. New York: Cambridge University Press, 2000.

$$\ln y(\tau)_{it} = \beta_{0i} + \sum_{k=1}^{K}\beta_k \ln x_{kit} + v_{it} - u_i \tag{3.22}$$

$$\ln y(t)_{it} = \beta_{0i} + \sum_{k=1}^{K}\beta_k \ln x_{kit} + v_{it} - u_i + \eta(t - T_i) \tag{3.23}$$

对于式（3.22），无效率项 u_i 不随时间变动，个体效应（$-u_i$）为负。若 u_i 与 x_i 相关，则为固定效应模型；若 u_i 与 x_i 不相关，则为随机效应模型。对于式（3.23），无效率项 u_i 随时间递减，称为时变衰减模型。

除前面研究指出的核心解释变量：劳动力数量（记为 *Lag*）、高技能劳动力占比（记为 *Rah*）、劳动力配置（高低技能劳动力资本配置指数记为 *Mh*、*Ml*；高低技能劳动力配置效率指数记为 *Meh*、*Mel*）等核心解释变量以外，制造业出口价值链攀升还受到许多其他因素的影响。借鉴已有文献的研究成果，本书纳入了研发水平（记为 *RD*）、外商直接投资（记为 *FDI*）、产业资产结构（记为 *SA*）等重要因素作为解释变量，重点基于面板数据的随机前沿模型，探究劳动力演变对出口价值链攀升的作用情况。设定计量回归方程如下：

$$\begin{aligned}\ln UI_{i,t} = {} & \beta_0 + \beta_1 \ln Lag_{i,t} + \beta_2 \ln Rah_{i,t} + \beta_3 \ln M(e)h_{i,t} \\ & + \beta_4 \ln M(e)l_{i,t} + \beta_5 \ln RD_{i,t} + \beta_6 \ln FDI_{i,t} \\ & + \beta_7 \ln SA_{i,t} + \mu_i + \gamma_t + \varepsilon_{i,t}\end{aligned} \tag{3.24}$$

$$\begin{aligned}\ln UI_{i,t} = {} & \beta_0' + \beta_1' \ln Lag_{i,t} + \beta_2' \ln Rah_{i,t} + \beta_3' \ln M(e)h_{i,t} \\ & + \beta_4' \ln M(e)l_{i,t} + \beta_5' \ln RD_{i,t} + \beta_6' \ln FDI_{i,t} \\ & + \beta_7' \ln SA_{i,t} + \eta T_i + \mu_i' + \gamma_t' + \varepsilon_{i,t}'\end{aligned} \tag{3.25}$$

其中，γ_t、γ_t' 为时间固定效应变量；μ_i、μ_i' 为产业固定效应变量；$\varepsilon_{i,t}$、$\varepsilon_{i,t}'$ 为误差项；T_i 为时间维度。式（3.24）为技术效率不变模型，式（3.25）为时变衰减模型。

此外，为保证回归结果和研究结论的稳健性，本书通过将出口上游度指数替换为 GVC 指数；将高低技能劳动力资本配置指数替换为高低技能劳动力配置效率；以及采用面板数据的可行广义最小二乘估计（FGLS）和最小二乘估计（OLS），分别对上述回归方程的估计结果进行了稳健性检验。

二、回归变量指标说明

前面已经对被解释变量出口上游度、GVC 指数，解释变量劳动力数量、高技能劳动力占比和高低技能劳动力配置效率等核心解释变量进行了测度、统计和分析，此处不再赘述。下面对回归方程中的若干控制变量予以说明。

（1）研发投入（记为 RD）。研发创新对产业价值链攀升有不可忽视的促进作用，是提高产业生产技术水平，从而形成出口核心竞争力的关键。基于研发创新驱动的经济增长理论指出，通过研究开发、产业化和市场运作三个阶段，经济主体可实现从研发投入到产业经济效益的转化，而研发创新是所有推动经济发展动力中的核心所在（Romer，1990；Grossman，1991①）。一般研究对研发投入的衡量是以与 R&D 相关的经费投入、专利数量等指标进行衡量的，本书以 R&D 技术改造经费为各产业研发投入的测度标准。

（2）外商直接投资（记为 FDI）。外商直接投资曾为我国出口价值链攀升做出了巨大贡献，改革开放初期，外商直接投资通过学习效应外溢到国内产业，促进了先进生产技术的吸收，对我国制造业飞速发展和技术跃升有不可忽视的作用（Ma，2006）②。但随着我国制造业技术水平的提高，外资技术优势相对下降，Huang（2003）③、施炳

① Grossman G. M.，Helpman E.，Quality Ladders in the Theory of Growth [J]. Review of Economic Studies，1991，(58)：43－61.

② Ma A. C.，Export Spillovers to Chinese firms：Evidence from Provincial Data [J]，Journal of Chinese Economic and Business Studies，2006，(4)：127－149.

③ Huang Ye－sheng. Selling China：Foreign Direct Investment during the Reform Era. New York：Cambridge University Press. 2003.

展（2013）[①] 学者指出，对外资的依赖过度，将导致其对出口的作用出现不显著甚至负向的可能。可能的解释是，由于技术差距的存在，东道国并没有吸收外资引入的高技术的能力（Cohen，1989[②]；杨高举等，2013[③]）。样本选择可能是导致外商直接投资对出口价值链攀升作用结论不一的重要原因。本书以制造业各产业外商直接投资额作为该解释变量的测度标准，单位为亿元。

（3）资产结构（记为 SA）。资产结构是衡量企业内部资产流动性的重要指标，一般用于会计学和微观经济分析，在中观经济学研究中则较少得到重视。但资产结构对出口价值链攀升也有一定的影响。正如科斯（1937）指出，在存在交易成本的条件下，企业具有同市场一样进行资源配置的作用，是对市场的替代。资产结构可通过影响产业运营模式和竞争能力，进而影响产业价值链的攀升路径。本书以各产业非固定资产与固定资产净值之比作为衡量产业资产结构的测度指标。对我国制造业发展过程中存在大规模固定资本扩张、产能过剩以致大量固定资本闲置的现实问题进行深入分析。

综上所述，整理回归变量指标的测度说明如表 3 – 5 所示。

表 3 – 5　　　　回归变量测度说明

变量	变量名称	变量的衡量指标
UI	产业上游度	具体见上文
GVC	GVC 指数	具体见上文
Lab	劳动力数量	各产业全部从业人员数
Rah	高技能劳动力占比	各产业高技能劳动力工作时间占比

① 施炳展，王有鑫，李坤望. 中国出口产品品质测度及其决定因素 [J]. 世界经济，2013（9）：69 – 93.

② Cohen W. M.，Levinthal D. A.，Innovation and Learning：the Two Faces of R&D [J]. The Economic Journal，1989，（99）：569 – 596.

③ 杨高举，黄先海. 内部动力与后发国分工地位升级——来自中国高技术产业的证据 [J]. 中国社会科学，2013（2）：25 – 45.

续表

变量	变量名称	变量的衡量指标
Mh	高技能劳动力资本配置	单位资本的高技能劳动力配置与世界平均值之差，见上文
Ml	低技能劳动力资本配置	单位资本的低技能劳动力配置与世界平均值之差，见上文
MEh	高技能劳动力配置效率	高技能劳动力国内附加值贡献与世界平均值之差，见上文
MEl	低技能劳动力配置效率	低技能劳动力国内附加值贡献与世界平均值之差，见上文
RD	研发投入	各产业 R&D 技术改造经费
FDI	外商直接投资	各产业外商直接投资额
SA	资产结构	各产业非固定资产与固定资产净值之比

资料来源：笔者整理。

三、数据来源与统计描述

本书实证研究的相关数据来源于 WIOD－IIOT 世界投入产出表、WIOD－NIOT 分国家投入产出表、WIOD－SEA 社会经济统计数据库、PWT8.1 佩恩世界统计表、《中国统计年鉴》《中国工业统计年鉴》《中国工业经济统计年鉴》《中国普查年鉴》《中国科技统计年鉴》等。鉴于《中国工业（经济）统计年鉴》和《中国科技统计年鉴》在 2000 年前后数据统计存在较大变动，1995～2000 年部分数据统计不全，本书选取了 2001～2011 年的产业上游度等相关指标，基于 WIOD 数据库对产业类型的划分标准，构造了我国 11 年 13 个制造产业的有效面板数据。

WIOD－IIOT 世界投入产出表反映了世界主要贸易国家间各产业的投入产出关系，详细统计了各国各产业的进出口情况，可以较好地反映一国产业的国内生产附加值情况。而这恰好是价值链定位的重要划分依据。前面已经详细交代了利用投入产出表测算产业上游度与 GVC 指数的方法。但需要进一步说明的是，由于 WIOD 数据库对制造业分类与国内制造业细分方式存在差异，根据国民经济行业分类代码（GB/T 4754－2011）进行重新组合分类，剔除部分年份数据缺失的“其他制造业与再生产品”类制造业，以WIOD分类为基础，整理中国13个制造业的相关数据。各制造业产业分类的对应情况如表3－6所示。

表3－6　　　　制造业产业分类情况

WIOD产业分类		国内统计年鉴产业分类
代码	产业名称	产业名称
3	食品、饮料和烟草	农副食品加工业；食品制造业；饮料制造业；烟草制造业
4	纺织、纺织品	纺织业；纺织服装、鞋帽制造业
5	皮革及鞋类制品	皮革、毛皮、羽毛（绒）及其制品业
6	木材及相关制品	木材加工及木、竹、藤、棕、草制品业；家具制造业
7	纸制品及印刷业	造纸及纸制品业；印刷和记录媒介的复制
8	焦炭、炼油及核燃料	石油加工、炼焦及核燃料加工业
9	化学制品	化学原料及化学制品制造业；医药制造业；化学纤维制造业
10	橡胶和塑料制品	橡胶制品业；塑料制品业
11	其他非金属矿物制品	非金属矿物制品业
12	基本金属和金属制品	黑色金属冶炼及压延加工业；有色金属冶炼及压延加工业；金属制品业
13	机械设备	通用设备制造业；专用设备制造业；仪器仪表及文化、办公用机械制造业
14	电气和光学设备	电气机械及器材制造业；通信设备、计算机及其他电子设备制造业
15	交通设备	交通运输设备制造业

注：资料来源由笔者整理。我国工业制造业不同年份、不同年鉴的分类标准和产业名称有一定差异，但不影响整体计算结果。

此外，实际测算中在尽可能确保数据有效和统计口径一致的基础上，出于数据的可得性，对部分数据进行了如下处理：2005 年《中国工业统计年鉴》未出版，2004 年产业相关数据取自《中国普查年鉴》；《中国科技统计年鉴》中各年份对研发投入统计口径存在差异，2008 年、2011 年该年鉴仅统计了规模上工业企业相关数据，其他年份为大中型工业企业数据，本书以大中型工业企业为统计口径，研发投入的 2008 年数据经前后两年平均得到；2011 年的相关数据是基于灰色系统理论，利用多数据 VERHULST 模型预测得到的。相关处理与前面高技能劳动力占比、劳动力配置效率测算中缺失数据的处理方法一致。研发投入和外商直接投资测算中衡量生产规模的指标，以经出厂价格指数平滑的总销售产值表示；资产结构指标中的固定资产净值为经永续盘存法计算的折旧后固定资产总额，分子非固定资产中不含固定资产折旧额。此外，解释变量中所涉及的产出、收益等相关指标，均经以 2000 年为基期的产业出厂价格指数平减；为协调回归结果中各变量系数数量级，本书对解释变量单位进行了同等水平的数量级调整。

综上所述，整理计量回归中各指标的统计性描述如表 3 -7 所示。

表 3 -7　　　　　　　回归变量的统计性描述

指标名称	样本总量	均值	方差	中值	最大值	最小值
UI	143	3. 1150	0. 4736	2. 9408	4. 3268	1. 8611
GVC	143	0. 0403	0. 0185	0. 0423	0. 5826	-0. 1657
Lab	143	0. 9344	0. 2236	0. 8783	2. 2987	0. 0715
Rah	143	3. 8613	5. 9295	3. 2829	8. 9947	0. 6674
Mh	143	0. 1611	0. 0220	0. 1205	0. 7618	0. 0087
Ml	143	2. 7091	6. 2219	1. 9534	10. 1382	0. 0779
MEh	143	7. 7942	12. 4742	7. 5877	17. 4881	2. 2746
MEl	143	8. 6880	14. 9154	8. 4893	18. 4148	2. 0955

续表

指标名称	样本总量	均值	方差	中值	最大值	最小值
FDI	143	0.5971	0.6469	0.3508	4.5824	0.0179
SA	143	2.2252	2.0738	2.0738	4.3705	0.3947
RD	143	1.9321	6.8185	1.0313	13.8255	0.0123

注：数据来源经笔者整理。

四、实证结果

为避免面板数据的非平稳性而可能带来的“伪回归”问题，本书回归结果基于对我国13个制造业产业2001～2011年各变量面板数据的平稳性检验。回归结果如表3－8所示：

表3－8　　　　回归变量的单位根检验

指标名称	*LLC*	*IPS*	*LM*	*ADF*
UI	−6.0964***	−2.6580***	16.7005***	6.7148***
GVC	−6.5036***	−2.9337***	6.4667***	3.5691***
Lab	−6.2227***	−2.3078**	18.8485***	6.1686***
Rah	−3.1969***	−3.6239***	17.1482***	7.6266***
Mh	−4.3120***	−3.3068***	6.0829***	2.4344***
Ml	−4.2424***	−7.0188***	4.4362***	27.3761***
MEh	−3.0178***	−3.7889***	7.9325***	1.9959**
MEl	−4.1208***	−2.6449***	7.1320***	4.3092***
FDI	−10.1734***	−2.6063***	14.5996***	11.2685***
SA	−22.3392***	−4.7636***	5.3297***	3.3818***
RD	−5.2949***	−2.6993***	8.7213***	8.9427***

注：数据来源经笔者根据STATA软件计算。*、**、***分别表示在10%、5%、1%置信水平下通过显著性检验。

由表3－8可知，所有变量均通过1%显著水平下的相关检验，面板数据的平稳性状态良好。不能拒绝不存在“伪回归”的原假设。

与此同时，考虑到本书研究主要是以劳动力供给视作基本要素禀赋条件，着重探究劳动力数量、技能与配置供给的变化对价值链攀升作用情况，为进一步证明劳动力供给演变对价值链攀升确有因果关系，并检验其是否具有逆向及双向因果关系，对劳动力供给与价值链定位指标之间进行了格兰杰因果检验。检验结果如表3－9所示，其中横行表示解释变量，纵列表示被解释变量，检验结果显著表示横行内指标为对应纵列指标的格兰杰因。

表3－9 格兰杰因果检验

	UI	*GVC*		*Lab*	*Rah*	*Mh*	*Ml*	*MEh*	*MEl*
Lab	2.38***	2.11**							
Rah	1.93**	1.87*	*UI*	－1.46	－1.17	－1.26	－0.73	1.44	1.34
Mh	－2.61***	－3.35***							
Ml	－1.71*	－1.99**							
MEh	1.97**	2.29***	*GVC*	－1.06	－1.72*	1.41	1.77*	0.96	－1.64
MEl	2.21***	1.97**							

注：数据来源经笔者根据STATA软件计算。*、**、***分别表示在10%、5%、1%置信水平下通过显著性检验。

由检验结果可知，整体而言，劳动力供给是价值链攀升的格兰杰因，而价值链攀升并非劳动力供给的格兰杰因。在此基础上，本书对计量方程式（3.24）、式（3.25）进行了随机前沿模型的计量回归，并进一步进行了稳健性检验。

（一）随机前沿模型回归结果

经对模型的固定效应*LSDV*回归结果显示，绝大多数个体虚拟变量都非常显著，证明回归存在个体效应。以测度价值链定位的产业出口上游度*UI*为被解释变量，引入测度劳动力配置偏离程度的资本配置指数，利用面板数据的随机前沿模型，针对技术效率不随时间改变的随机效应模型和随机效应的时变衰减模型，回归结果整理如表3－10与表3－11所示。

表3－10　　对出口上游度的随机前沿模型回归结果

UI	技术效率不随时间改变的随机效应模型					
	①	②	③	④	⑤	⑥
Lab	0.1485*** (4.25)	0.0979*** (2.84)	0.1022*** (2.76)	0.0706** (1.96)	0.0365*** (2.48)	0.0378** (2.03)
Rah	0.1293*** (3.35)	0.1019*** (2.80)	0.0787** (1.99)	0.0684* (1.79)	0.0639*** (2.53)	0.0583*** (2.48)
Mh		－0.0461*** (－5.43)		－0.0366*** (－4.45)	－0.0337*** (－4.14)	－0.0282*** (－3.48)
Ml			－0.0302*** (－5.38)	－0.0240*** (－4.40)	－0.0176** (－2.99)	－0.0180*** (－3.02)
RD					0.0394*** (2.94)	0.0428*** (2.96)
FDI						－0.0184* (－1.65)
SA						0.0469*** (3.42)
Cons	1.5561*** (9.53)	1.4115*** (9.06)	1.5338*** (9.35)	1.4196*** (8.74)	1.3299*** (23.51)	1.2853*** (26.20)
Obs	143	143	143	143	143	143
mu	0.5333*** (3.34)	0.4694*** (2.99)	0.4345** (2.33)	0.3984** (2.11)	0.1738 (1.62)	0.1127 (0.31)

续表

UI	技术效率不随时间改变的随机效应模型					
	①	②	③	④	⑤	⑥
lnsigma2	-2.5469*** (-5.32)	-2.6656*** (-5.33)	-2.5198*** (-4.58)	-2.6107*** (-4.55)	-2.1886*** (-2.52)	-2.0526** (-2.14)
ilgtgamma	3.5263*** (6.92)	3.6011*** (6.81)	3.7527*** (6.52)	3.7942*** (6.36)	4.2665*** (4.80)	4.5070*** (4.60)
Wald - test	0.0000	0.0000	0.0000	0.0000	0.0000	0.0000

注：数据来源经笔者根据 STATA 软件计算。*mu*、*lnsigma2* 分别表示无效率项 *u* 服从的断尾正态分布的均值和方差；*ilgtgamma* 表示 *gamma* 的逆 *logit* 统计量，$gamma = sigma\_u^2/(sigma\_u^2 + sigma\_v^2)$，用以间接反映无效率项与个体误差项方差的显著情况。由于 *gamma* 位于参数空间边界，一般认为服从 *mixed* $-\chi^2$ 分布，检验无法正常进行，故面板数据的随机前沿模型未给出 *lambda*（$lambda = sigma\_u/sigma\_v$）的检验。参见 Battese (1995)①。*、**、*** 分别表示在 10%、5%、1% 置信水平下通过显著性检验。

通过不断引入解释变量，表 3-10 反映了劳动力数量、高技能劳动力占比、高低技能劳动力资本配置指数等因素，在技术效率不随时间改变的条件下，对产业出口上游度的随机效应回归结果。其中，*Cons* 为常数项，*mu* 表示无效率项 *u* 服从分布的均值，$lnsigma = \sigma_v^2 + \sigma_u^2$ 为误差项与无效率项服从分布的方差之和，$ilgtgamma = \frac{\sigma_u^2}{\sigma_u^2 + \sigma_v^2}$ 为无效率项服从分布的方差之比。

方程①表明，劳动力数量与高技能劳动力对价值链攀升存在显著正向作用，相比于高技能劳动力占比带来的人才红利，人口红利对我国制造业价值链攀升的作用更为明显。方程②表明，在引入高技能劳动力资本配置指数后，劳动力数量、高技能劳动力占比的作用力度和

① Battese G E, Coelli T J. A Model for Technical Inefficiency Effects in a Stochastic Frontier Production Function for Panel Data [J]. Empirical Economics, 1995, 20 (2): 325-332.

显著性水平均有下降，高技能劳动力资本配置指数的显著负向作用表明，劳动力配置与世界平均水平的偏离不利于价值链攀升，不断优化劳动力资本配置水平是促进我国制造业价值链攀升的重要途径。方程③表明，低技能劳动力资本配置对我国制造业价值链攀升表现与高技能资本配置的相似作用，但作用较小，显著性相对较低。方程④表明，高低技能劳动力资本配置对价值链攀升均有一致的显著影响，且高技能资本配置指数的作用更大。方程⑤引入研发投入，表现对价值链攀升显著的正向促进作用。方程⑥引入了包括外商投资和资产结构在内的全部解释变量，结果表明，劳动力数量、高技能劳动力占比、研发投入和资产结构是促进价值链攀升的主要因素；优化劳动力资本配置，对我国制造业价值链攀升有不容忽视的作用；此外，外商直接投资系数为负，显著性不足，表明外商直接投资并未对我国制造业价值链攀升产生推动作用。

上述结果表明，21 世纪以来，我国凭借加工组装优势融入全球化，出口贸易迅猛发展，制造业价值链不断攀升。丰富劳动力实现了生产的规模经济，保障了各价值链环节最优化生产的充足人力条件。但随着我国人口红利的逐步消失，作为其重要替代变量，以高技能劳动力占比反映的人才红利逐步成为促进价值链攀升的重要动力。此外，现阶段我国劳动力资本配置与世界平均水平相比还有较大差距，在人口红利衰减、人才红利尚未完全形成的现在，生产要素间的配置矛盾不断凸显，劳动力资源浪费明显，作用发挥不充分，生产效率较低，成为制约我国制造业价值链攀升的重要阻力。遗憾的是，这种基于生产要素合理匹配形成的“配置红利”，并未得到大多数研究的重视。与此同时，虽然外商直接投资对我国制造业早期发展的确发挥了重要作用，但随着我国出口技术含量的不断提高，外资技术优势不断减弱，外商直接投资的作用更多地表现为促进我国制造业加工组装等低技术层次生产规模的扩大，造成了较为明显的低端锁定问题。支撑制造业价值链进一步攀升的主要因素已向自主研发创新转移，研发投入对价值链攀升表现出更高也更显著的作用。反映产业资本灵活性的资产结构指标对价值链攀升的显著正向作用，表明资本流动性越好，越容易促进制造业出口价值链攀升。

此外，考虑到产业技术效率可能随时间而变的可能，本书进一步分析了劳动力数量、高技能劳动力占比和劳动力资本配置等因素对制造业出口上游度的随机效应时变衰减模型，回归结果如表 3－11 所示。其中，*eta* 表示各产业时间维度的估计参数，是时变衰减模型与技术效率固定模型的主要差异所在，*Cons* 为常数项，其余 *mu*、*lnsigma*、*ilgtgamma* 等统计指标与表 3－10 的说明一致。

表 3－11　　对出口上游度的随机前沿模型回归结果

UI	技术效率随时变衰减的随机效应模型					
	⑦	⑧	⑨	⑩	⑪	⑫
Lab	0.1061*** (3.01)	0.0591** (1.97)	0.1096*** (3.96)	0.0598*** (2.49)	0.0458** (1.99)	0.0328* (1.73)
Rah	−0.0323 (−0.62)	−0.0875** (−2.13)	−0.0161 (−0.31)	−0.0855** (−2.21)	−0.1008*** (−2.58)	−0.1085*** (−2.87)
Mh		−0.0538*** (−6.94)		−0.0479*** (−6.19)	−0.0462*** (−6.00)	−0.0385*** (−5.12)
Ml			−0.0266*** (−4.65)	−0.0168*** (−3.25)	−0.0099** (−1.91)	−0.0082* (−1.69)
RD					0.0355*** (2.53)	0.0269** (2.14)
FDI						−0.0016 (−0.14)
SA						0.0511*** (4.01)

续表

UI	技术效率随时变衰减的随机效应模型					
	⑦	⑧	⑨	⑩	⑪	⑫
Cons	2.4715 *** (3.67)	1.8156 *** (6.82)	1.7371 *** (11.55)	1.6696 *** (14.78)	1.6554 *** (14.82)	1.6333 *** (14.95)
Obs	143	143	143	143	143	143
mu	1.2374 * (1.86)	0.6473 *** (2.65)	0.5256 *** (3.90)	0.4859 *** (4.51)	0.4509 *** (4.15)	0.4411 *** (3.97)
eta	0.0093 ** (1.97)	0.0178 *** (3.96)	0.0098 *** (2.33)	0.0178 *** (4.80)	0.0186 *** (4.81)	0.0183 *** (5.22)
lnsigma	−2.7519 *** (−6.62)	−2.9198 *** (−6.80)	−2.6398 *** (−5.49)	−2.8228 *** (−5.89)	−2.9260 *** (−6.60)	−2.7919 *** (−5.50)
ilgtgamma	3.4226 *** (7.55)	3.5652 *** (7.69)	3.6768 *** (7.19)	3.7408 *** (7.34)	3.6696 *** (7.15)	3.9335 *** (7.35)
Wald − test	0.0107	0.0000	0.0000	0.0000	0.0000	0.0000

注：数据来源经笔者根据 STATA 软件计算。*eta* 表示 η 值，是时变衰减模型用以反映时间变量系数显著性的统计指标，其余同表 3 − 10。

表 3 − 11 结果表明，反映产业无效率项时间衰变系数的 *eta* 值虽然相对较小，但基本都通过了 1% 水平下的显著性检验，进一步引入时间虚拟变量后，大多数年份的时间虚拟显著，表明在本书面板数据的时间范围内，技术效率并非一成不变。表 3 − 11 的回归结果与表 3 − 10 基本一致，主要差异表现在高技能劳动力占比上。表 3 − 10 中高技能劳动力占比的作用显著为正，在放松技术效率不变的约束后，其系数在表 3 − 11 的全部回归结果中均表现负向作用。这多少有些出乎意外，因为这表明高技能劳动力占比提高下人才红利对我国制造业价值链攀升存在抑制作用。究其原因，可能是因为我国高技能劳动力

占比较低，人才红利对价值链攀升的作用更多的是通过提高产业生产效率实现的，并没有表现为技术进步，因此，高技能劳动力占比表现出与无效率项较强的相关性。说明近年来在我国制造业价值链攀升过程中，我国并未形成良好技术攀升趋势，未掌握技术的核心层面。

为验证上述回归结果的稳健性，引入劳动力技能的配置效率作为劳动力资本配置指数的替代变量，重新对回归方程式（3.24）、式（3.25）分别进行了技术效率不随时间改变和时变衰减的随机效应回归，回归结果如表3－12和表3－13所示。

表3－12　　对出口上游度的随机前沿模型回归结果

UI	技术效率不随时间改变的随机效应模型					
	①	②	③	④	⑤	⑥
Lab	0.1485*** (4.25)	0.0972*** (7.22)	0.0942*** (3.23)	0.0947*** (3.39)	0.0664** (2.25)	0.0615** (2.17)
Rah	0.1293*** (3.35)	0.0572*** (2.53)	0.0674** (2.18)	0.0539* (1.79)	0.0431** (1.95)	0.0388** (2.02)
MEh		0.1548*** (9.33)		0.0992*** (2.99)	0.0853*** (2.95)	0.0796*** (2.56)
MEl			0.1681*** (8.10)	0.0722** (1.99)	0.0681** (2.11)	0.0678** (2.05)
RD					0.0329*** (2.50)	0.0341*** (2.43)
FDI						−0.0173* (−1.76)
SA						0.0480*** (3.95)

续表

UI	技术效率不随时间改变的随机效应模型					
	①	②	③	④	⑤	⑥
Cons	1.5561 *** (9.53)	1.1804 *** (34.01)	1.1298 *** (26.24)	1.1523 *** (27.11)	1.2030 *** (25.68)	1.1813 *** (24.75)
Obs	143	143	143	143	143	143
mu	0.5333 *** (3.34)	0.2782 (1.27)	0.2716 * (1.90)	0.2879 (1.52)	0.3088 * (1.72)	0.3451 ** (1.97)
lnsigma2	−2.5469 *** (−5.32)	−2.0862 *** (−2.77)	−2.0173 *** (−2.54)	−2.0615 *** (−2.67)	−2.1283 *** (−2.92)	−2.1807 ** (−3.18)
ilgtgamma	3.5263 *** (6.92)	4.4834 *** (5.80)	4.1581 *** (5.55)	4.5404 *** (5.73)	4.5194 *** (6.04)	4.5985 *** (6.53)
Wald − test	0.0000	0.0000	0.0000	0.0000	0.0000	0.0000

注：数据来源经笔者根据 STATA 软件计算。同表 3－10。

表 3－13　　对出口上游度的随机前沿模型回归结果

UI	技术效率随时变衰减的随机效应模型					
	⑦	⑧	⑨	⑩	⑪	⑫
Lab	0.1061 *** (3.01)	0.0910 *** (6.64)	0.0917 *** (6.54)	0.0924 *** (6.69)	0.0776 *** (3.10)	0.0691 *** (3.29)
Rah	−0.0323 (−0.62)	0.0381 (1.30)	0.0399 (1.34)	0.0317 (1.08)	0.0073 (0.81)	−0.0146 (−0.47)
MEh		0.1529 *** (9.22)		0.0969 *** (2.92)	0.0826 *** (2.51)	0.0735 *** (2.53)
MEl			0.1646 *** (8.82)	0.0714 ** (1.96)	0.0634 *** (2.64)	0.0588 ** (1.93)

续表

UI	技术效率随时变衰减的随机效应模型					
	⑦	⑧	⑨	⑩	⑪	⑫
RD					0.0323*** (2.46)	0.0284*** (2.40)
FDI						−0.0110 (−1.06)
SA						0.0522*** (4.23)
Cons	2.4715*** (3.67)	1.2004*** (26.46)	1.1583*** (27.70)	1.1752*** (28.54)	1.2412*** (22.88)	1.2438*** (25.48)
Obs	143	143	143	143	143	143
mu	1.2374* (1.86)	0.2692 (1.24)	0.2438 (0.98)	0.2631 (1.15)	0.2488 (1.00)	0.2468 (1.02)
eta	0.0093** (1.97)	0.0037** (1.96)	0.0045* (1.81)	0.0037** (1.99)	0.0042** (2.03)	0.0061*** (2.70)
lnsigma	−2.7519*** (−6.62)	−2.1314*** (−2.81)	−2.0355*** (−2.55)	−2.0687*** (−2.68)	−2.0755*** (−2.58)	−2.0701*** (−2.61)
ilgtgamma	3.4226*** (7.55)	4.4439*** (5.72)	4.5083*** (5.52)	4.5395*** (5.73)	4.5763*** (5.57)	4.7209*** (5.82)
Wald − test	0.0107	0.0000	0.0000	0.0000	0.0000	0.0000

注：数据来源经笔者根据 STATA 软件计算。同表 3 − 10。

将劳动力资本配置指数替换为劳动力配置效率，基于生产效率不随时间变化和时变衰减的随机效应回归结果，可基本证实前面的结论。劳动力数量、研发投入和资产结构表现对价值链攀升的显著促进作用，外商直接投资作用为负。需要说明的是，与劳动力资本配置指数不同，劳动力配置效率是从实际作用结果角度衡量劳动力配置情况的。我国制造业劳动力配置效率未达到世界平均水平，指标均小于1，与资本配置指数相反，配置效率的提高表示劳动力技能配置的不断优化。因此，表3－12、表3－13中高低技能劳动力配置效率系数显著为正，与表3－10、表3－11中高低技能劳动力资本配置的负向系数在逻辑上是一致的。而高技能劳动力占比的系数在表3－10、表3－11中的类似表现，进一步证实了前面的分析。

（二）稳健性检验

与此同时，表3－14、表3－15进一步汇报了基于面板数据可行广义最小二乘估计（FGLS）和最小二乘估计（OLS）方法下，分别以劳动力资本配置指数和劳动力配置效率作为衡量劳动力配置情况指标，劳动力数量、高技能劳动力占比等解释变量对产业出口上游度和GVC指数的回归结果。

表3－14反映对出口上游度指数的FGLS和OLS回归结果。

表3－14　对出口上游度的FGLS和OLS回归结果

UI	①		*UI*	②	
	FGLS	OLS		FGLS	OLS
Lab	0.0233*** (4.30)	0.0490** (1.96)	*Lab*	0.0517*** (6.54)	0.0478** (1.92)
Rah	0.0192*** (2.37)	0.0472* (1.84)	*Rah*	0.0460*** (6.22)	0.0510* (1.76)
Mh	－0.0244*** (－21.61)	－0.0295*** (－3.37)	*MEh*	0.0741*** (18.18)	0.0840*** (2.37)
Ml	－0.0069*** (－13.06)	－0.0186** (－2.87)	*MEl*	0.0664*** (12.65)	0.0556* (1.83)

续表

UI	①		*UI*	②	
	FGLS	OLS		FGLS	OLS
RD	0.0335*** (13.02)	0.0384*** (2.63)	*RD*	0.0307*** (12.28)	0.0334*** (2.61)
FDI	-0.0067*** (-3.14)	-0.0184 (-1.43)	*FDI*	-0.0092*** (-10.33)	-0.0160 (-1.35)
SA	0.0273*** (12.92)	0.0457*** (3.06)	*SA*	0.0326*** (16.58)	0.0478*** (3.40)
Cons	-10.0439*** (-9.69)	0.9685*** (14.61)	*Cons*	1.6383** (1.97)	0.7445*** (9.78)
Obs	143	143	*Obs*	143	143
sigma_ u	—	0.1598	*sigma_ u*	—	0.1302
sigma_ e	—	0.0384	*sigma_ e*	—	0.0345
rho	—	0.9455	*rho*	—	0.9344
Wald - test	0.0000	0.0000	*Wald - test*	0.0000	0.0000

注：数据来源经笔者根据 STATA 软件计算。*sigma_ u* 表示个体截距项的标准差 σ_u；*sigma_ e* 表示随机误差项的标准差 σ_ε；*rho* 是反映个体项及误差项方差关系的统计量 $\rho = \frac{\sigma_u^2}{\sigma_u^2 + \sigma_\varepsilon^2}$。*、**、*** 分别表示在 10%、5%、1% 置信水平下通过显著性检验。

与此类似，将出口上游度指数替换为 GVC 指数，通过替换劳动力配置的两个指标，并分别进行技术效率不随时间改变和时变衰减的随机前沿模型进行计量回归，整理回归结果如表 3 - 15 所示。

表 3－15　对 GVC 指数的随机前沿模型回归结果

GVC	①		GVC	②	
	技术效率不变	时变衰减		技术效率不变	时变衰减
Lab	0.0976 * (1.72)	0.0440 ** (2.02)	*Lab*	0.0908 *** (2.32)	0.0464 * (1.69)
Rah	0.0247 ** (1.94)	0.0204 ** (2.11)	*Rah*	0.0349 ** (1.96)	0.0336 ** (1.86)
Mh	－0.0373 *** (－2.47)	－0.0290 *** (－2.54)	*MEh*	0.1323 *** (2.62)	0.1175 *** (2.43)
Ml	－0.0341 *** (－3.61)	－0.0211 *** (－2.33)	*MEl*	0.0345 * (1.71)	0.0382 ** (1.93)
RD	0.0105 ** (1.85)	0.0161 ** (1.81)	*RD*	0.0313 ** (1.82)	0.00841 * (1.74)
FDI	0.0259 * (1.71)	0.0115 (1.51)	*FDI*	－0.0131 (－1.52)	0.0014 (1.48)
SA	0.0403 ** (1.98)	0.0253 ** (2.03)	*SA*	0.0367 *** (2.62)	0.0175 *** (2.19)
Cons	－0.7659 *** (－11.68)	－0.7326 *** (－10.49)	*Cons*	－0.9317 *** (－8.75)	－0.9011 *** (－9.60)
Obs	143	143	*Obs*	143	143
mu	－1.0691 (－0.24)	－1.2111 (－0.39)	*mu*	－1.0289 (－1.16)	－0.7545 (－1.28)
eta		0.0237 *** (4.49)	*eta*		0.0283 *** (5.30)

续表

GVC	①		GVC	②	
	技术效率不变	时变衰减		技术效率不变	时变衰减
lnsigma	2.0423* (1.78)	-1.1752 (-1.03)	*lnsigma*	-0.8183** (-1.90)	-0.9164*** (-2.34)
ilgtgamma	4.6528** (1.97)	4.6895*** (2.56)	*ilgtgamma*	4.8166*** (3.43)	4.9608*** (2.32)
Wald - test	0.0000	0.0000	*Wald - test*	0.0000	0.0000

注：数据来源经笔者根据 STATA 软件计算。同表 3-14。

经过表 3-14、表 3-15 与表 3-10、表 3-11 的对比分析可知，除显著性有所降低以外，回归结果未出现系统性差异，进一步证实了上述研究结论的稳健性。

劳动力供给
演变与中国出口
价值链升级
Chapter 4

第四章　劳动力成本上升与出口企业转型升级

劳动力供给演化与劳动力成本密切相关，而出口价值链升级从微观角度看，实际上与出口企业转型升级又密切相关。因此，本章将从劳动力成本上升角度对出口企业转型升级影响做出进一步探讨。针对劳动力成本上升是否“倒逼”了我国出口企业转型升级，目前学术界仍然停留在假定层面，缺乏有说服力的实证支撑。本章利用2005～2010年中国工业企业数据库的基础数据，在有效控制企业规模等影响因素后，对上述命题进行了实证检验。结果表明，劳动力成本上升对出口企业转型升级的“倒逼”作用机制总体上是存在的，但其效应在不同行业、不同地区以及不同企业类型间存在差异：（1）从分行业角度看，对劳动密集型出口企业的“倒逼”作用，要强于对资本和技术密集型出口企业；（2）从分地区角度看，对东部地区出口企业存在着显著“倒逼”作用，但中西部地区出口企业的“倒逼”作用机制则尚未充分显现；（3）从分企业类型角度看，对我国本土出口企业转型升级“倒逼”作用同时体现在全要素生产率水平提升以及新产品销售额比重提高，但是对外资企业的“倒逼”作用则主要体现在后一方面。对于劳动力成本上升条件下亟待转型升级的中国出口贸易，上述研究结论具有重要政策含义。

第一节　问题的缘起

改革开放以来，中国主要依托人口红利、土地红利、政策红利等传统低成本优势，在快速而全面地融入国际分工体系中实现了出口贸易的“爆炸式”增长。统计数据显示，1978 年中国出口贸易额仅为 167.6 亿美元，而到了 2013 年中国出口贸易额已攀升至 22096 亿美元，期间增长了约 131 倍，年均增长率高达 14.97%。然而，在出口贸易快速增长的同时，一个不争的事实是：受制于经济发展初期自身要素禀赋状况，中国只能以“低端嵌入”的方式融入全球生产和贸易体系，主要专业化于低附加值产业和产品增值环节，从而使对外贸易发展表现出典型的粗放型特征。这在特定的历史发展阶段具有存在的理由和一定的合理性。但“粗放式”的发展模式毕竟是要付出高代价的，也是不可持续的。尤其是近年来愈演愈烈的“民工荒”以及日益凸显的工资上涨压力，使原本就“只赚数字不赚钱”的中国对外贸易更是面临严峻挑战，昭示着劳动力成本上升条件下中国出口贸易转型升级的发展时代正式到来。而中国出口贸易能否顺利转型升级，最终取决于微观主体即出口企业能否顺利实现转型升级。

毋庸置疑，劳动力成本上升从收入分配的角度来看，说明出口贸易的发展成果能更多地惠及民生，是出口贸易促进国民福利增加的表现；但从企业角度来看，在生产率等得不到大幅提高的情况下，劳动力成本持续上升无疑会使出口企业成本上升，进而降低其国际市场竞争力。近两年来中国出口贸易增速明显下降，一定程度上正是由劳动力成本上升对出口企业造成挑战的结果。因此，研究劳动力成本上升背景下出口企业的转型升级问题，从微观角度来看，关系到出口企业自身竞争力的提升及可持续发展问题；而从宏观角度来看，则事关国家经济的可持续增长，已经成为具有中国实践意义和政策含义的大课题。虽然劳动力成本上升条件下中国出口企业转型升级的必要性和迫切性已成共识，但出口企业能否成功转型升级，则取决于许多因素和条件。目前，理论和实践部门一种较为流行的观点认为，劳动力成本上升会“倒逼”出口企业改善管理水平、提高生产效率，进而加快转型升级的步伐。但问题的关键在于，这种“倒逼”机制是否真的存在？“倒逼”机制作用的发挥是否会因企业类型不同而异？或者会因其他条件不同而异？等等。从现有文献来看，已有研究尚未给出答案。尽管实践中确实不乏出口企业在劳动力成本上升背景下成功实施转型发展战略的生动案例，但是基于个别案例的现象观察，所得结论主要还停留在理论假说层面，更没有揭示影响“倒逼”机制作用发挥的其他可能因素。

有鉴于此，本章旨在运用中国工业企业数据库的企业微观层面数据，实证检验劳动力成本上升对出口企业转型升级是否存在“倒逼”机制，以及“倒逼”机制作用的发挥是否会因其他影响因素不同而异。

第二节　劳动力成本上升影响出口企业转型升级的代表性观点

针对劳动力成本上升和出口企业转型升级之间的关系，从现有文献来看，直接研究还十分缺乏。但现有关于要素成本变化与企业创新之间关系的研究，能为我们提供一些间接认识，因为企业转型升级最终要落实到企业创新之中才能实现。

一、国外代表性观点

而关于劳动力成本与企业创新关系的研究，早在20世纪30年代希克斯就做出了开创性探索。希克斯（Hicks，1932）[①] 的研究指出，生产要素价格的相对变化，尤其是劳动要素成本的相对提高，会促使企业进行创新活动以节约变得更加昂贵的劳动生产要素。这是引致企业进行技术创新和效率提升的重要推动力。经济史上的著名哈巴古书假说（Habakkuk hypothesis）也持有与上述论断类似的观点。Habakkuk（1962）[②] 研究认为，美国在19世纪时期之所以能比英国具有更快的技术进步能力，其中重要的原因就在于美国面临着劳动力稀缺

① Hicks, John. 1932. The Theory of Wages. London: Macmillan.

② Habakkuk, H. J. 1962. American and British Technology in the Nineteenth Century. London: Cambridge Univ. Press.

（即劳动力成本高企），从而推动了企业在机械化发展等方面进行了广泛的技术创新，以节约劳动力的投入使用。与之类似，Robert Allen（2009）[①] 的研究表明，18 世纪英国的工业革命，其主要的驱动力正是来自当时相对高昂的工资水平，从珍妮纺纱机到水力纺织机再到梳棉机等发明，正是为了节约棉纺工业的劳动成本所致。而 Elvin（1972）[②] 的研究认为，中国在 14 世纪普遍使用的构造较为复杂的手摇麻纺机，之后正是由于大量丰富廉价劳动力的出现而被废弃使用，从另一侧面反向说明了劳动力成本变化对企业创新的影响。与之类似的诸如 20 世纪 90 年代提出的所谓波特假说（Porter Hypothesis），即更为严厉的环境管制会促使企业进行技术创新，其实也在一定程度上暗含了成本变化与企业创新之间的关系。上述研究大多力图说明劳动力成本变化与企业创新之间的关系，并提出了一些极具启发意义的命题假说，但遗憾的是，正如 Bloom 等（2009）[③] 的研究所指出，其中的理论基础仍模糊不清。况且，从现象观察的角度来看，有时会得出截然不同的结论。例如，Kleinknecht（1998）[④] 在研究荷兰企业时指出，荷兰的低工资降低了企业创新的积极性，从而阻碍了技术进步的进程，但 Fase 等（2000）[⑤] 的研究则认为上述观点是不成立的，即

---

① Allen, Robert C. 2009. The British Industrial Revolution in Global Perspective. New-York: Cambridge Univ. Press.

② Elvin, Mark. 1972. The High - Level Equilibrium Trap: The Causes of the Decline of the Invention in Traditional Chinese Textile Industries. In Económic Organization in Chinese Society, edited by William E. Willmott. Stanford, CA: StanfordUniv. Press.

③ Bloom, Nicholas, Mirko Draca, and John Van Reenen. 2009. Trade Induced Technical Change? The Impact of Chinese Imports on Innovation, Diffusionand Productivity. Manuscript, Stanford Univ., Dept. Econ.

④ Kleinknecht, Alfred. 1998. Is Labour Market Flexibility Harmful to Innovation?, Cambridge Journal of Economics, 22 (3): 387 - 396.

⑤ Fase M. M. G., Tieman A. F. . 2000. Wage Moderation, Innovation and Labour Productivity: Myths and Facts Revisited. De Economist, 149 (1): 115 - 127.

低工资并非是阻碍荷兰企业创新的因素。类似地，Contini 等（1996）① 以意大利的企业为研究对象时发现，劳动者报酬的提高与企业创新之间呈负相关关系，但 Luca 等（2008）的研究却表明，蓝领和白领工人工资的上涨对意大利企业创新具有显著促进作用。

新古典经济增长理论和内生增长理论等，虽力图为劳动力成本变化与企业创新之间的关系提供理论阐释，然而截至目前，却仍未形成统一认识和得出一致性的结论。换言之，劳动力成本上升究竟是否利于企业创新，仍然是存在广泛争议的。例如，新古典经济增长理论的代表者 Ricardo（1951）② 在规模报酬不变的生产函数假定下，研究认为，劳动力成本上升会降低资本的均衡水平，如果技术进步内嵌于资本品，这显然不利于企业技术创新。同样地，以 Grossman 等（1991）③ 为代表所构建的内生增长理论模型认为，在正常的向右下方倾斜的劳动需求曲线下，劳动力成本上升会导致需求下降进而就业下降，从而会阻碍新技术的引进和采用，即不利于技术创新。但以 Romer（1986）④ 为代表的内生增长理论则认为，企业创新能力与劳动报酬之间呈正相关，劳动报酬下降会挫伤企业创新的积极性，而高工资则对创新具有极为重要的激励作用。

二、国内代表性观点

相对于国外学者的研究而言，国内学者在这一方面的研究相对滞

① Contini, B., Malpele, C. and Villosio, C. 1996. Wage dynamics and labour mobility in Italy, Quaderni di Ricerca 96, n. 06, Dipartimento di Economia, Universita'di Torino.

② Ricardo, David. 1951. Works and Correspondences. Edited by P. Sraffa. Cambridge: Cambridge Univ. Press.

③ Grossman, Gene, and Elhanan Helpman. 1991. Innovation and Growth in the Global Economy. Cambridge, MA: MIT Press.

④ Romer, Paul M. 1986. Increasing Returns and Long - Run Growth. Journal of Political Economy. 94 (10): 1002 - 1037.

后。而少量零星的研究，也主要是从劳动力成本上升的角度来探讨经济发展方式转变的契机（蔡昉，2010）[①]、企业转型升级的必要性（辜胜阻等，2011）[②] 以及产业升级乃至技术创新所可能面临的机遇（梁东黎，2008；罗来军等，2012）[③④] 等。但是针对“倒逼”机制是否真的存在，以及“倒逼”机制的理论基础是什么，这些文献仍然是语焉不详。

总结以上讨论我们可以看出，针对劳动力成本上升是否会对企业转型升级产生推动作用，目前在学术界尚未达成统一认识，无论在理论分析还是经验研究方面均存在矛盾和争论。而理论研究的分歧以及经验分析结论的不一致性，说明劳动力成本上升与企业转型升级之间的关系尚无统一定论，需要具体问题具体分析。正是基于上述原因，本章所着重探讨的问题是，在中国“人口红利”已接近尾声的背景下，劳动力成本上升对中国出口企业转型升级是否具有“倒逼”作用。因此，与现有文献相比，本章研究的贡献在于：第一，利用企业层面的微观数据，实证回答劳动力成本上升对出口企业转型升级的“倒逼”机制是否真的存在；第二，区分了劳动力成本上升的“倒逼”机制作用，对于不同行业、不同地区以及不同企业类型的可能差异；第三，基于实证分析结论，在政策启示上明确指出推进中国出口贸易转型升级，不能采取“一刀切”的政策措施，应视行业、地区、企业等具体情况而采取不同的转型升级战略。

---

① 蔡昉．“民工荒”现象：成因及政策涵义分析．开放导报，2010（2）．

② 辜胜阻，李华，2011．以“用工荒”为契机推动经济转型升级．中国人口科学，2011（4）．

③ 梁东黎．不可兼得：低生产要素成本与自主创新．探索与争鸣，2008（3）．

④ 罗莱军，史蕊，陈衍、罗雨泽．工资水平、劳动力成本与我国产业升级．当代经济研究，2012（5）．

第三节 研究设计

一、变量选取、测度及模型设定

（一）被解释变量的选取

本章力图实证检验劳动力成本上升对出口企业转型升级是否具有“倒逼”作用，不言而言，出口企业的转型升级即被解释变量（记为TU）。然而，关于何谓转型升级，目前学术界尚未给出明确、统一的定义，对于企业转型升级的测度也是各不相同。可能的原因在于，正如国内著名学者金碚（2011）[①] 所指出，企业转型升级是一个涉及技术、体制、利益、观念等各方面深刻系统变革的过程，因而难以形成统一明确的界定和测度方法。但总体来看，企业转型升级从其结果来看，则主要体现在两个方面：一方面是产品或产业领域的转变，另一方面是从低附加值产品生产向高附加值产品生产转变。就前一方面而言，通常可以以企业新产品销售情况表示，至于后一方面，附加值高低不同往往是因为企业生产率高低不同。正如 Krugman（2009）[②] 指出的那样：“生产率虽然不是全部，但从长期来看则近乎一切”，因而通常可以以企业生产率状态表示。正因为如此，采用企业新产品销售额在企业总销售中所占比重（记为 NR），或者采用企业全要素生产率（记为 TFP）作为企业转型升级的替代变量，在现有实证文献

① 金碚．中国工业的转型升级．中国工业经济，2011（1）．

② Krugman, Paul, 2009. The Increasing Returns Revolution in Trade and Geography. American Economic Review. 3 (6): 561 -571.

中是一种相对普遍的做法（Szirmai，2011）[①]。有鉴于此，本章同时采用这两种指标作为测度中国出口企业转型升级的替代变量，以进行综合对比分析，所得结论可能更为可靠和稳健。至于出口企业的生产率测度，我们采用全要素生产率。具体测度方法如下：用 Y 表示出口企业的总产值水平，用 K 表示资本投入，以企业的固定资产额表示，用 L 表示原始劳动，以企业全部就业人员年平均人数表示，则需要估计的企业生产函数形式为：

$$LnY_i = \alpha_0 + \alpha_1 LnK_i + \alpha_2 LnL_i + \varepsilon_i \tag{4.1}$$

由全要素生产率（TFP）的定义则有：$LnTFP_i = \alpha_0 + \varepsilon_i$，由此便可估算出口企业全要素生产率的绝对水平值，即：

$$TFP_i = Exp(LnY_i - \alpha_1 LnK_i - \alpha_2 LnL_i) \tag{4.2}$$

（二）解释变量的选取

在解释变量的选取上，本章着重关注劳动力成本对企业转型升级的影响。而所谓劳动力成本，主要是指企业或者单位因劳动力、劳动手段、劳动对象、雇佣社会劳动力而支付的费用和资金等。根据国际劳工组织（ILO）的规定，劳动力成本的构成不仅包括以货币形式表示的工资（wage）、所得（earning）、薪金（compensation），还包括雇主所承担的如工人招聘费用、实物发放、职工住房成本、社会保障、技术培训乃至雇佣员工发生的税收成本等物质及非物质形式的费用支出，因而劳动力成本范围远不限于工资而是大于工资。国内学者唐庆银（2000）[②] 也认为，更为准确的劳动力成本应包括职工工资、职工保险金、职工福利金、公积金及职工教育培训费等能够反映雇佣社会劳动力所支付的全部费用。然而，正如

---

① Szirmai，A.，W. Naude，M. Goedhuys，2011，Entrepreneurship，innovation，and economic development，Oxford：Oxford University Press.

② 唐庆银．论劳动力成本分析．上海统计，2000（4）．

贺聪等（2008）[①] 的研究指出，由于目前对劳动力成本统计核算存在着统计口径和范围偏窄、统计指标体系不健全等问题，因而从企业层面统计数据的可获性来看，以物质及非物质形式所发放的各种福利，在实践中还难以准确获得。因而，在学术研究中，更多的是以工资水平作为劳动力成本的替代变量。本章也采用这一方法，即使用出口企业全体从业人员的平均工资作为劳动力成本的替代变量（记为 Wage）。

（三）其他控制变量的选取

除了本章最为关注的劳动力成本这一解释变量外，综合现有关于企业转型升级的影响因素研究，我们还在计量模型中纳入如下六个控制变量，主要包括企业规模、企业存续年限、企业利润水平、企业存货水平、出口比例、资本密集度。之所以纳入上述六个控制变量，主要基于以下考虑。

就出口企业规模而言，一般来说，较之于规模较小的出口企业，规模较大的出口企业更有能力从事研究与开发、营销、广告等对其转型升级具有重要影响的经济活动。然而，正如 Aghion 等（2006）[②] 的研究发现，出口企业规模与出口企业创新之间呈明显倒“U”型关系，其原因在于，当出口企业规模达到一定程度并超越规模经济的范围时，由于其内部管理难度逐渐增加进而降低效率水平，因而出口企业的创新能力也会有所下降。如前所述，出口企业转型升级和出口企业创新能力密切相关，因此，从出口企业转型升级的角度来看，出口企业规模对出口企业转型升级的影响，同样可能会呈现所谓的倒“U”型关系。因此，在后面的计量分析中，我们将出口企业规模变

① 贺聪，尤瑞章，莫万贵．我国劳动力成本核算体系及其缺陷分析．宏观经济研究，2008（4）.

② Aghion，P and Blundell，R and Griffith，R and Howitt，P and Prantl，S，2009，TheEffects of Entry on Incumbent Innovation and Productivity，National Bureau of Economic Research. Review of Economics and Statistics，91（1）20 –32.

量指标的二次项纳入进来，以反映其可能存在的非线性影响。至于出口企业规模的测度指标（记为 SC），现有文献通常采用员工总数（记为 SC1）、固定资产总额（记为 SC2）、以及销售收入（记为 SC3）三种指标，而这三种指标各有利弊（Scherer，1965）[①]，因此，本章同时采用这三种指标以进行综合比较研究，所得结果可能更为全面和稳健。

就出口企业存续年限（记为 Age）而言，其对出口企业转型升级同样存在可能影响。这是因为，出口企业转型升级往往不可能一蹴而就，需要一定的知识、经验等积淀和积累。这一点显然与出口企业的存续年限有关。具体而言，出口企业成立的时间越长，其在生产、经营、管理以及对市场信息获取等方面就越有经验，从而能提升出口企业转型升级的能力。然而，如同出口企业规模的影响一样，出口企业存续年限对出口企业转型升级的影响可能并非是线性的，因为企业生命周期理论的相关研究表明，当出口企业成立年限过长即出口企业步入“老年期”阶段后，出口企业可能会更多地沉溺于昔日成功的荣耀和光环之中，在经营行为上可能会更加注重“盲目扩张”而不是专注“创新”，从而出现出口企业创新能力大大下降进而影响到出口企业转型升级能力。因此，后面的计量分析同样将出口企业年龄的二次项作为控制变量纳入到计量模型之中，以明晰其可能存在的非线性影响。

就出口企业利润水平而言（记为 Pro），对出口企业转型升级同样存在重要影响。一方面，由于出口企业转型升级需要落实在出口企业创新之中，而创新则需要投入和成本支出，因此，高利润的出口企业往往更具有转型升级的能力，而低利润的出口企业则有可能呈现能力不足的情况。另一方面，从转型升级的意愿来看，拥有高利润的出

---

① Scherer. 1965, Firm Size, Market Structure, Opportunity and the Output of Patented inventions. American Economic Review, (5), 1097 - 1126.

口企业可能会满足于现状，由于缺乏转型升级的压力，所以即便拥有更高的转型升级能力，也未必会付诸实践。与之相比，低利润的出口企业虽然在转型升级方面的能力相对较低，但其转型升级的压力相对较大，因而更具转型升级的意愿。总之，出口企业利润水平对转型升级可能具有影响，但预期方向却具有不确定性，还须依据计量结果给出答案。在实际测度中，我们采用出口企业的营业利润总额与当年总产值之比表示作为替代变量。

就出口企业存货水平而言（记为 Sto），一般来讲，出口企业的存货水平越低，或者说周转速度越快，就表明出口企业的产品和资金的流动性越强，存货积压并由此带来的价值损失风险也就相对较低，也可以说出口企业的变现能力和经营能力就越强，从而更有能力支付出口企业转型升级所需各种支付。反之，存货周转速度越慢，也就意味着其变现能力越差，以及经营效率越低，从而影响出口企业的转型升级能力。

就企业出口比例而言（记为 Ex），其对企业转型升级能力的影响主要体现在两个方面：一是出口行为更容易受到外部市场状况的影响，如国际市场需求结构的改变、更具挑剔的消费者需求等，都会促使出口企业不断升级其出口产品；二是现有文献所揭示的出口中学习效应，出口企业相比国内企业通常有着更为优异的表现，对此，虽然经典的异质性企业贸易理论认为这是“只有更优秀的企业才能从事出口”的结果，但也有大量文献研究认为这是“出口使得企业表现得更优秀”，即存在着“出口中学习效应”。在实际测度中，我们采用出口企业的出口交货值与当年总产值之比表示。

就企业资本密集度而言（记为 Cap），由于其通常代表资本的有机构成，而资本的有机构成提高与劳动生产率的提高通常又呈正相关关系，因此，企业资本密集度可能与企业转型升级之间存在着正相关关系。在实际测度中，我们采用企业固定资产与员工数之比作为替代变量。

据此，本章将计量模型的形式设定如下：

$$TU = \alpha_0 + \alpha_1 LnWage_{i,t} + \alpha_2 LnSC_{i,t} + \alpha_3 (LnSC_{i,t})^2 + \alpha_4 Age_{i,t} + \alpha_5 Age_{i,t}^2 + \alpha_6 \mathrm{Pro}_{i,t} + \alpha_7 LnSto_{i,t} + \alpha_8 Ex_{i,t} + \alpha_9 LnCap_{i,t} + \mu_t + \gamma_i + \varepsilon_{i,t} \quad (4.3)$$

其中，下标 i 和 t 分别表示出口企业和时期（此处为年份），μ 代表时期固定效应变量，ν 表示出口企业的固定效应变量，ε 为误差项，其他变量符合的含义如前所述。由于不同变量水平值间存在巨大差异，因此，我们在计量分析过程中对劳动力成本变量（Wage）、出口企业规模变量（SC）、出口企业资本密集度变量（Cap）取了自然对数，*Ln* 即自然对数符号。

二、数据来源及说明

考虑到我国劳动力成本尤其是所谓的“民工荒”主要始于2004 年，因此，本章采用的数据来自中国工业企业数据库，涵盖年份为 2005 ~ 2010 年。借鉴谢千里等（2008）以及张杰等（2009）采用的方法对样本数据进行如下筛选：第一，对于统计变量存在明显有误的样本进行了删除，主要表现为一些不可能为负的变量，包括工业总产值、主营业务收入、固定资产总值以及工业增加值等，在统计数据中却出现为负的情形；第二，将企业员工人数少于 8 人的出口企业也从样本中剔除；第三，对于销售额增长率呈现大于100%，或者呈现小于0 的出口企业也从样本中删除。此外，由于出口企业转型升级是一个动态过程，因此，如果在样本期间内仅有一年出口交货值情况的出口企业，也将其从样本中剔除，包括2010 年新进入的出口企业。通过样本筛选后，最后得到了 251562 个企业样本。

第四节　实证结果及分析

一、总样本 OLS 回归结果

考虑到仅以样本自身效应为条件进行实证分析，因此，本章采用固定效应模型对上述计量方程（4.3）进行估计，所得回归结果呈列于表 4－1。

表 4－1 中第（1）栏至第（4）栏报告的结果，是以全要素生产率作为被解释变量进行回归所得，而第（5）栏至第（8）栏报告的结果，则是以新产品销售额在企业总销售中所占比重作为被解释变量进行回归所得。并且，在回归分析过程中，考虑到估计结果的稳定性，我们首先是以劳动力成本作为基础解释变量，然后再纳入其他控制变量进行回归。当以全要素生产率作为被解释变量时，表 4－1 中第（1）栏的结果显示，劳动力成本的系数估计值为正，并且在 1% 的显著性水平下对全要素生产率具有积极影响，说明了劳动力成本上升对企业全要素生产率提升的确具有“倒逼”作用。在纳入其他控制变量后，表 4－1 第（2）栏至第（4）栏的结果表明，虽然劳动力成本变量的系数估计值的大小有所改变，但其对全要素生产了影响的方向性及其显著性并未发生实质性变化，这一结果在一定程度上说明前述回归估计结果的稳定性，即劳动力成本上升对企业全要素生产率提升所具有的积极作用。

就其他控制变量而言，企业规模，无论是采用如前所述的何种测度指标，其对企业全要素生产率均产生了非线性影响，突出表现在企业规模变量的二次项系数估计值具有显著性。具体来说，企业规模对企业全要素生产率的作用表现为倒“U”型，即企业规模扩张可能有

表 4 - 1 总样本 OLS 回归结果

解释变量	被解释变量：TFP				被解释变量：NEWP1			
	(1)	(2)	(3)	(4)	(5)	(6)	(7)	(8)
常数项	-87.845*** (-14.71)	51.237*** (27.48)	91.888*** (42.01)	17.210*** (35.51)	0.008** (2.723)	0.049*** (4.45)	0.126*** (10.11)	0.409*** (13.88)
LNWAGE	110.421*** (5.63)	106.958*** (5.94)	105.315*** (6.62)	67.783*** (3.22)	0.021*** (8.13)	0.014*** (5.91)	0.012*** (8.14)	13.888*** (6.64)
LnSC1	-	28.048*** (3.86)	-	-	-	0.015*** (4.17)	-	-
$(LnSC1)^2$	-	-19.211*** (-3.71)	-	-	-	-0.002*** (-8.44)	-	-
LnSC2	-	-	28.873*** (4.96)	-	-	-	0.021*** (7.95)	-
$(LnSC2)^2$	-	-	-11.702*** (-6.76)	-	-	-	-0.001*** (-14.09)	-
LnSC3	-	-	-	32.062*** (4.3)	-	-	-	0.073*** (3.97)
$(LnSC3)^2$	-	-	-	-21.635*** (-5.52)	-	-	-	-0.003** (-2.03)

续表

解释变量	被解释变量：TFP				被解释变量：NEWP1			
	(1)	(2)	(3)	(4)	(5)	(6)	(7)	(8)
AGE	–	17.471*** (3.83)	28.639*** (6.36)	23.081*** (5.58)	–	0.041*** (6.30)	0.038*** (5.43)	0.040*** (6.42)
AGE^2	–	−7.958*** (−6.54)	−10.277*** (−8.51)	−17.459*** (−5.79)	–	0.011*** (5.80)	0.010*** (5.10)	0.011*** (6.55)
PRO	–	16.227*** (7.88)	19.537*** (8.41)	11.440** (2.83)	–	0.013*** (3.54)	0.014*** (3.68)	0.008** (2.01)
STO	–	−0.891* (−1.92)	−0.838* (−1.93)	−0.731* (−1.87)	–	−0.002*** (−3.41)	−0.002*** (−2.02)	−0.001*** (−3.05)
EX	–	16.883** (2.16)	18.012** (2.72)	13.994*** (7.01)	–	0.034*** (7.94)	0.032*** (7.14)	3.051*** (5.51)
LnCAP	–	32.378 (1.21)	32.90 (1.69)	25.867 (1.8)	–	0.007 (1.29)	0.004 (1.73)	0.003 (1.40)
样本数	251562	251562	251562	251562	251562	251562	251562	251562
R^2	0.3260	0.4551	0.4925	0.4107	0.3141	0.4081	0.3637	0.3844
时期固定效应	Y	Y	Y	Y	Y	Y	Y	Y
企业固定效应	Y	Y	Y	Y	Y	Y	Y	Y

注：*、**、*** 分别表示参数估计在10%、5%和1%水平下显著，参数估计下方括号内的数值为t统计量。

利于企业创新能力的提高进而表现为全要素生产率的上升，但当企业规模扩张达到一定临界点后，反而对创新产生了不利影响进而影响了企业全要素生产率的提高。与企业规模的作用相仿，企业年龄对企业全要素生产率的影响也呈现出倒“U”型，即对企业全要素生产率产生了一个“先扬后抑”的作用，这一点与前面的预期以及相关的理论分析具有内在的逻辑一致性。企业利润水平变量的系数估计值，在各栏的回归结果中均为正且至少在5%的显著性水平下具有积极影响。虽然企业利润水平对其转型升级的影响具有不确定性，但本章的实证结果表明，这种影响是积极的而且是显著的。与企业利润水平的作用相反，各栏的回归结果显示，企业存货水平变量的系数估计值为负，且在10%的显著性水平下对企业全要素生产率具有消极影响。说明存货水平的确影响着企业经营效率，进而影响了企业转型升级的能力。就出口交货值变量而言，其系数估计值为正，且至少在5%的显著性水平下对企业全要素生产率具有积极影响，这一结果在一定程度上说明出口企业存在着所谓的“出口中学习效应”。而至于资本密集度，各栏的回归结果均表明，虽然其系数估计值为正，但并不具备显著性，说明资本密集度并没有成为影响企业转型升级的关键因素。这一结果多少有些出乎我们的预期，因为按照惯常理解，资本密集度往往代表着资本有机构成，从而与企业生产率有着密切关系。出现这一结果的可能原因在于，此处我们采用的是全要素生产率而非劳动生产率，相对而言，全要素生产率是一个更为综合的测度指标，内含了效率提升的多种可能因素，而资本密集度与生产率的传统关系更多指的可能是劳动生产率。

表4－1中第（5）栏至第（8）栏报告的结果，是以新产品销售额在企业总销售中所占比重作为被解释变量进行回归所得。从各栏的回归结果来看，无论是劳动力成本变量，还是其他控制变量，其对以新产品销售额比重所表示的企业转型升级的影响，与以全要素生产率为被解释变量时所得结果基本一致。对此，我们不再赘述。唯一不同

的地方在于，在以全要素生产率作为被解释变量时，企业年限对其影响呈倒“U”型；而当以新产品销售额比重作为被解释变量时，企业年限对其影响则呈“U”型。出现这一差异的可能原因在于，企业年限可能更多地与产品生命周期有关，换言之，存续年限越长的企业，在产品和技术生命周期作用下，越有可能转行或者开发新产品，但这种转行或者开发新产品并不必然表现为全要素生产率的提高。这或许是出现上述差异的可能原因。综上所述，无论是以全要素生产率还是以新产品销售比重作为企业转型升级的替代变量，表4－1中的回归结果初步表明，劳动力成本上升对企业转型升级的确具有“倒逼”作用。

二、内生性处理的FMOLS回归结果

使用OLS估计法可能面临着一个关键的约束问题，那就是变量间可能存在所谓内生性问题。例如，劳动力成本上升可能会“倒逼”出口企业不断提高其生产率水平，以“消化”劳动力成本上升所带来的不利影响，但从另一角度来看，具有更高生产率水平的出口企业，也可能会支付更高的工资水平，即表现出较高的劳动力成本。考虑到变量间可能存在的内生性关系，本章再采用完全修正最小二乘法（FMOLS）对计量模型（4.3）进行估计，所得结果见表4－2。

与表4－1呈列回归结果的逻辑一致，表4－2中第（1）栏至第（4）栏报告的结果，是以全要素生产率作为被解释变量进行回归所得，而第（5）栏至第（8）栏报告的结果，则是以新产品销售额在企业总销售中所占比重作为被解释变量进行回归所得。比较表4－2与表4－1的回归结果，不难发现，无论是使用OLS估计方法还是使用FMOLS估计方法进行回归，作为基础解释变量的劳动力成本，均对出口企业转型升级具有显著性积极影响。同样，作为控制变量企业规模、企业存续年限、企业利润水平、企业存货水平、出口交货值以

表 4－2　**FMOLS 回归结果**

解释变量	被解释变量：TFP				被解释变量：NEWP1			
	（1）	（2）	（3）	（4）	（5）	（6）	（7）	（8）
常数项	20.332*** （7.65）	81.645*** （5.01）	16.909*** （4.90）	30.925*** （6.87）	0.046*** （9.01）	0.069*** （3.04）	0.145*** （6.36）	0.091*** （0.45）
LNWAGE	114.509*** （3.13）	120.615*** （6.84）	115.073*** （5.07）	94.556*** （4.95）	0.002** （2.77）	0.002** （2.30）	0.005** （2.17）	0.001** （2.566）
LnSC1	－	20.892*** （5.25）	－	－	－	0.007** （2.84）	－	－
$(LnSC1)^2$	－	－14.492*** （－3.01）	－	－	－	－0.001*** （－0.92）	－	－
LnSC2	－	－	24.504*** （10.8）	－	－	－	0.016*** （2.85）	－
$(LnSC2)^2$	－	－	－10.278*** （－7.12）	－	－	－	－0.108*** （－2.83）	－
LnSC3	－	－	－	19.235*** （7.90）	－	－	－	0.003** （2.01）
$(LnSC3)^2$	－	－	－	－11.206 （－10.13）	－	－	－	－0.012 （－0.07）

续表

解释变量	被解释变量：TFP				被解释变量：NEWP1			
	(1)	(2)	(3)	(4)	(5)	(6)	(7)	(8)
AGE	–	10.587 ** (2.42)	14.741 *** (3.67)	12.017 * (1.88)	–	0.040 *** (10.65)	0.028 *** (10.41)	0.039 *** (10.55)
AGE^2	–	-0.599 ** (-1.96)	-1.534 ** (-2.02)	-2.949 *** (-5.85)	–	0.011 *** (7.22)	0.015 *** (7.02)	0.007 *** (7.12)
PRO	–	12.636 ** (2.31)	15.046 *** (7.97)	13.665 *** (5.52)	–	0.004 ** (2.01)	0.002 ** (2.36)	0.003 ** (2.62)
STO	–	-0.519 ** (-2.83)	-0.248 ** (-2.48)	-0.828 *** (-3.69)	–	-0.003 ** (-2.66)	-0.012 ** (-2.71)	-0.013 ** (-2.66)
EX	–	14.778 *** (3.98)	10.598 *** (5.59)	24.769 *** (9.09)	–	0.013 *** (5.33)	0.018 *** (5.33)	0.016 *** (5.47)
LnCAP	–	42.707 *** (2.39)	31.184 *** (1.39)	30.178 *** (7.64)	–	0.004 *** (4.74)	0.005 *** (3.42)	0.004 *** (5.16)
样本数	251562	251562	251562	251562	251562	251562	251562	251562
R^2	0.2777	0.5153	0.5795	0.4108	0.3221	0.4925	0.4293	0.3925
时期固定效应	Y	Y	Y	Y	Y	Y	Y	Y
企业固定效应	Y	Y	Y	Y	Y	Y	Y	Y

注：*、**、*** 分别表示参数估计在10%、5%和1%水平下显著，参数估计下方括号内的数值为t统计量。

及资本密集度，从其系数回归值以及显著性来看，均与表4－1保持了良好的一致性。并且，与表4－1的回归结果类似，企业存续年限对转型升级的影响，在以全要素生产率和新产品销售额比重分别作为被解释变量时，回归结果出现了差异性。这一结果在一定程度上说明了估计结果的可靠性。

三、分行业回归结果

由于不同产业和产品的要素密集度特征不同，从而对劳动力成本变化的敏感程度不一。通常而言，依赖初级要素的诸如纺织、轻工等劳动密集型产品出口，对劳动力成本变化可能会更加敏感，而依赖所谓高级要素从而通常被认为具有高技术含量和高附加值的诸如机电和高新技术产品出口，对劳动力成本变化的敏感性相对较弱。因此，从上述意义来看，劳动力成本上升对出口企业转型升级的“倒逼”作用，也会因产品所属的要素密集度特征不同而影响各异。那么事实是否如此，本章再从分行业层面进行进一步的计量检验，以揭示行业异质性所可能带来的影响差异性。为此，我们将样本企业主营产品所属行业划分为两个子样本，即，将主营产品属于黑色金属矿采选业，煤炭开采和洗选业，非金属矿采选业，石油和天然气开采业，食品制造业，有色金属矿采选业，饮料制造业，农副食品加工业，烟草加工业，纺织服装、鞋、帽制造业，纺织业，皮革、毛皮、羽毛（绒）及其制品业，家具制造业，木材加工及木、造纸及纸制品业，竹、藤、棕、草制品业，文教体育用品制造业，印刷业和记录媒介的复制，橡胶制品业和塑料制品业等19个行业的视为劳动密集型，其他则视为资本和技术密集型。采用FMOLS回归分析，所得结果分别报告于表4－3和表4－4。

表4－3呈列的回归结果为以主营产品属劳动密集型行业的企业样本进行回归所得。表4－3各栏的回归结果显示，无论是以全要素

表 4－3　劳动密集型行业组 FMOLS 回归结果

解释变量	被解释变量：TFP				被解释变量：NEWP1			
	(1)	(2)	(3)	(4)	(5)	(6)	(7)	(8)
常数项	−27.527** (−2.48)	135.978 (1.4)	280.179** (1.98)	460.275*** (4.51)	0.006 (1.39)	−0.073*** (−3.64)	0.017 (0.71)	0.112 (1.42)
LNWAGE	134.221*** (3.79)	135.931*** (3.52)	119.537*** (7.30)	143.002*** (6.61)	0.026*** (5.67)	0.028*** (3.67)	0.019*** (4.92)	0.011*** (6.61)
LnSC1	–	137.831*** (9.31)	–	–	–	0.012** (2.05)	–	–
$(LnSC1)^2$	–	−41.545*** (−3.92)	–	–	–	0.001 (1.26)	–	–
LnSC2	–	–	58.851*** (8.85)	–	–	–	0.003*** (0.03)	–
$(LnSC2)^2$	–	–	−25.105*** (−4.39)	–	–	–	−0.001** (−2.02)	–
LnSC3	–	–		13.348** (2.37)	–	–	–	−0.028** (−2.26)
$(LnSC3)^2$	–	–		−15.848*** (−3.41)	–	–	–	−0.002*** (−4.19)

续表

解释变量	被解释变量：TFP				被解释变量：NEWP1			
	(1)	(2)	(3)	(4)	(5)	(6)	(7)	(8)
AGE	–	8.454** (2.01)	15.809** (2.80)	14.947* (1.97)	–	0.030*** (8.07)***	0.029*** (7.68)***	0.031*** (8.34)***
AGE^2	–	−4.675** (−2.21)	−7.939*** (−3.79)	−18.479*** (−9.29)	–	0.009*** (3.53)	0.008** (2.08)	0.009** (2.22)
PRO	–	11.427** (2.11)	10.604** (2.82)	9.992** (2.81)	–	0.021*** (3.57)	0.021*** (3.63)	0.017** (2.87)
STO	–	−0.664** (−2.65)	−0.377* (−1.90)	−0.399** (−2.17)	–	−0.041** (−2.97)	−3.636*** (−3.63)	−0.070** (−1.96)
EX	–	−14.889*** (−4.88)	−17.638*** (−30.71)	−11.175*** (−3.33)	–	−0.048*** (−6.65)	−0.047*** (−6.26)	−0.040*** (−0.04)
LnCAP	–	42.891** (2.04)	37.872*** (3.68)	24.860*** (4.35)	–	0.009** (2.70)	0.008*** (3.47)	0.002** (2.28)
样本数	169105	169105	169105	169105	169105	169105	169105	169105
R^2	0.2172	0.3691	0.3758	0.37831	0.2597	0.3969	0.4019	0.4250
时期固定效应	Y	Y	Y	Y	Y	Y	Y	Y
企业固定效应	Y	Y	Y	Y	Y	Y	Y	Y

注：同表4－1。

生产率还是以新产品销售额比重作为被解释变量，劳动力成本变量的系数估计值都为正且具有显著性影响，说明从各变量对出口企业转型升级的影响方向及其显著性角度来看，这一结果与前述各表回归结果所揭示的情形基本一致；而至于其他控制变量，回归结果表明其对出口企业转型升级的影响，也与前述各表基本一致。如果进一步地比较表4－3和表4－2的回归结果，一个显著不同的地方在于，在对应栏的回归结果中，劳动力成本变量的系数估计值，在表4－3中均要高于表4－2，这一差异性可能意味着，当我们将样本仅仅限于劳动密集型行业时，劳动力成本上升对出口企业转型升级的“倒逼”作用更为显著。对此，表4－4的回归结果可能给予了进一步印证。

表4－4呈列的回归结果为以主营产品属资本和技术密集型行业的企业样本进行回归所得。各栏的回归结果显示，在劳动力成本变量的系数估计值保持为正且具有显著性影响的同时，如果我们将表4－4各栏的回归结果与表4－3对应栏的回归结果进行比较，容易发现，前者劳动力成本变量的系数估计值不仅小于后者，而且在显著性方面也要弱于后者。这一结果可能说明了两点问题：一是尽管资本和技术密集型产品经营企业对劳动力成本变化往往并不敏感，但表4－4的回归结果还是在一定程度上说明了“倒逼”效应的存在，可能的原因正如学术界的许多研究所指出，从融入全球生产和分工体系角度来看，我国出口的很多所谓资本和技术密集型产品，其实质仍然是高端产业或产品的“低端环节”（Moran，2011；刘志彪，2013）①②。二是尽管劳动力成本上升对资本和技术密集型行业出口企业的转型升级，在一定程度上确实存在着“倒逼”效应，但这种效应显然要弱于对劳动密集型行业出口企业的影响。

---

① Theodore H. Moran，Foreign Manufacturing Multinationals and the Transformation of the Chinese Economy：New Measurements，New Perspectives，Peterson Institute for International Economics Working Paper Series WP11－11，April 2011.

② 刘志彪．战略理念与实现机制：中国第二波经济全球化．学术月刊，2013（1）.

表 4-4　资本和技术密集型行业中 FMOLS 回归结果

解释变量	被解释变量：TFP				被解释变量：NEWP1			
	(1)	(2)	(3)	(4)	(5)	(6)	(7)	(8)
常数项	22.045* (1.91)	25.067** (2.33)	23.139** (2.82)	16.067** (2.41)	0.043*** (9.69)	0.062*** (3.10)	0.151*** (7.40)	0.319*** (1.25)
LNWAGE	90.002** (2.15)	101.001* (1.93)	105.001** (2.47)	88.002* (1.91)	0.001** (2.68)	0.0007* (1.95)	0.003* (1.86)	0.0009** (2.40)
LnSC1	-	108.081** (1.99)	-	-	-	0.009** (2.12)	-	-
$(LnSC1)^2$	-	-35.001** (-2.19)	-	-	-	-0.001** (-2.25)	-	-
LnSC2	-	-	47.015** (2.93)	-	-	-	0.019*** (3.69)	-
$(LnSC2)^2$	-	-	-20.001** (-2.85)	-	-	-	-0.001*** (-3.63)	-
LnSC3	-	-	-	10.001** (2.15)	-	-	-	0.048 (0.90)
$(LnSC3)^2$	-	-	-	15.002** (-2.231)	-	-	-	0.002 (0.86)

续表

解释变量	被解释变量：TFP				被解释变量：NEWPI			
	(1)	(2)	(3)	(4)	(5)	(6)	(7)	(8)
AGE	–	8.039*** (3.76)	9.038*** (4.53)	8.038*** (4.64)	–	0.039*** (12.00)	0.038*** (11.71)	0.038*** (11.89)
AGE^2	–	-9.008*** (8.59)	-11.008*** (-8.41)	-7.008*** (-8.46)	–	-0.011*** (-8.64)	-0.013*** (-8.43)	-0.015*** (-8.53)
PRO	–	10.001*** (3.13)	9.002** (2.31)	12.002** (2.13)	–	0.006** (2.06)	0.009** (2.57)	0.008** (2.30)
STO	–	-0.012** (-2.12)	-0.013** (-2.16)	-0.021** (-2.14)	–	-0.012** (-2.14)	-0.021** (-1.73)	-0.015** (-1.88)
EX	–	8.017*** (5.09)	11.018*** (7.03)	9.015*** (7.23)	–	0.017*** (7.15)	0.019*** (7.17)	0.021*** (7.41)
LnCAP	–	30.004*** (5.26)	36.005*** (4.06)	33.004*** (5.79)	–	0.004*** (5.26)	0.005*** (4.13)	0.007*** (5.78)
样本数	82457	82457	82457	82457	82457	82457	82457	82457
R^2	0.2235	0.3227	0.4084	0.4082	0.2635	0.3573	0.3867	0.4577
时期固定效应	Y	Y	Y	Y	Y	Y	Y	Y
企业固定效应	Y	Y	Y	Y	Y	Y	Y	Y

注：同表4-1。

四、分地区回归结果

中国经济发展的一个突出特征就是区域不平衡，相对而言，东部地区的经济发展较为发达，而中西部地区经济相对落后。这种地区间的经济发展落差显然使不同地区受到所谓“民工荒”以及愈演愈烈的劳动力成本上升的影响程度不一。一个不争的事实是，伴随劳动力成本等上升的影响，东部地区的部分企业开始“西下”，这正是当前国内产业梯度转移的典型表现。因此，为了进一步考察不同地区劳动力成本上升对出口企业转型升级所产生的可能差异性影响，本章进一步根据样本企业所在省市，将样本分为东部地区和中西部地区两个子样本，据此采用FMOLS分别进行回归估计，所得结果报告于表4－5和表4－6。

表4－5呈列的回归结果是以东部地区的出口企业作为样本进行回归所得。表4－5第（1）栏和第（5）栏的回归结果显示，无论是以全要素生产率还是新产品销售额作为出口企业转型升级的替代变量，劳动力成本变量的系数估计值都为正且具有显著性影响，说明东部地区劳动力成本上升对出口企业转型升级具有显著的“倒逼”作用。其余各栏的回归结果表明，在纳入其他控制变量后，这一“倒逼”效应仍然存在且显著。至于其他控制变量对出口企业转型升级的影响，与前述各表所得结果基本一致，在此不再赘述。

与表4－5相比，表4－6呈列的回归结果则是以中西部地区的出口企业作为样本进行回归所得。从表4－6中第（1）栏和第（5）栏的回归结果来看，劳动力成本变量的系数估计值仍然为正，且具有显著性影响，表明对于中西部地区而言，劳动力成本上升对出口企业转型升级似乎同样具有“倒逼”作用。但进一步观察，即从其余各栏的回归结果来看，前述估计结果并不稳定，因为在纳入了其他控制变量后，劳动力成本变量的系数估计值虽然仍然为正，但大多情况下失去了显著性影响，从而说明了对于中西部地区而言，劳动力成本上升

表 4 – 5　　东部地区子样本 FMOLS 回归估计结果

解释变量	被解释变量：TFP				被解释变量：NEWP1			
	(1)	(2)	(3)	(4)	(5)	(6)	(7)	(8)
常数项	95.675*** (3.88)	140.160*** (11.72)	123.219*** (8.06)	723.690** (2.60)	0.0303*** (6.75)	0.003** (2.14)	0.106*** (4.13)	1.045*** (3.03)
LNWAGE	135.274*** (4.35)	122.783*** (4.86)	125.026*** (3.02)	155.366*** (7.03)	0.012*** (5.061)	0.089*** (5.54)	0.013*** (4.53)	0.017*** (4.53)
LnSC1	–	111.207*** (4.10)	–	–	–	0.016** (2.03)	–	–
$(LnSC1)^2$	–	–30.112*** (–4.59)	–	–	–	–0.001** (–2.49)	–	–
LnSC2	–		44.885*** (5.37)	–	–		0.015** (2.50)	–
$(LnSC2)^2$	–		–20.002*** (8.204)	–	–		–0.001*** (3.326)	–
LnSC3	–			16.646*** (3.170)	–			0.194** (2.92)
$(LnSC3)^2$	–			–11.04** (–2.62)	–			0.009** (2.97)

续表

解释变量	被解释变量：TFP				被解释变量：NEWP1			
	(1)	(2)	(3)	(4)	(5)	(6)	(7)	(8)
AGE	–	7. 117 ** (2. 49)	7. 689 *** (3. 58)	7. 524 ** (2. 93)	–	0. 029 *** (8. 76)	0. 028 *** (8. 47)	0. 029 *** (8. 75)
AGE^2	–	–8. 252 ** (–2. 40)	–8. 048 ** (–2. 75)	–7. 716 *** (–3. 25)	–	0. 007 (7. 48)	0. 006 (7. 24)	0. 007 (7. 62)
PRO	–	13. 422 ** (2. 05)	11. 452 *** (3. 28)	11. 105 ** (2. 85)	–	0. 014 ** (2. 97)	0. 016 *** (3. 32)	0. 013 ** (2. 82)
STO	–	–0. 350 *** (–3. 55)	–0. 380 ** (–2. 55)	–0. 507 ** (–2. 74)	–	0. 019 *** (4. 712)	0. 017 *** (4. 26)	0. 022 *** (5. 59)
EX	–	14. 615 ** (2. 62)	11. 079 *** (3. 63)	9. 383 *** (3. 31)	–	0. 027 *** (3. 90)	0. 027 *** (3. 92)	0. 025 ** (2. 43)
LnCAP	–	28. 896 *** (4. 34)	24. 358 *** (7. 23)	23. 175 *** (7. 27)	–	0. 005 *** (6. 80)	0. 001 ** (2. 85)	0. 004 *** (5. 56)
样本数	208796	208796	208796	208796	208796	208796	208796	208796
R^2	0. 2122	0. 4437	0. 4986	0. 4003	0. 2792	0. 3965	0. 3987	0. 4548
时期固定效应	Y	Y	Y	Y	Y	Y	Y	Y
企业固定效应	Y	Y	Y	Y	Y	Y	Y	Y

注：*、**、*** 分别表示参数估计在10%、5%和1%水平下显著，参数估计下方括号内的数值为t统计量。

表 4-6　中西部地区子样本 FMOLS 回归估计结果

解释变量	被解释变量：TFP				被解释变量：NEWP1			
	(1)	(2)	(3)	(4)	(5)	(6)	(7)	(8)
常数项	89.901*** (5.14)	199.64*** (9.64)	290.415*** (3.03)	162.483** (2.74)	0.019** (2.89)	-0.025 (-0.76)	0.112** (2.80)	1.951 (1.67)
LNWAGE	130.946** (2.52)	116.732 (1.63)	107.368 (1.51)	151.297 (1.76)	0.009** (2.68)	0.011 (1.56)	0.009 (1.29)	0.006* (1.88)
LnSC1	-	123.441*** (6.67)	-	-	-	0.025*** (2.98)	-	-
$(LnSC1)^2$	-	-33.911*** (-4.31)	-	-	-	-0.002** (-1.97)	-	-
LnSC2	-		41.847*** (4.61)	-	-		0.018** (1.99)	-
$(LnSC2)^2$	-		-22.537* (-1.97)	-	-		-0.001** (-2.18)	-
LnSC3	-			14.050*** (3.82)	-			0.368** (2.62)
$(LnSC3)^2$	-			-11.583 (-2.15)	-			-0.017** (-2.61)

续表

解释变量	被解释变量：TFP				被解释变量：NEWP1			
	(1)	(2)	(3)	(4)	(5)	(6)	(7)	(8)
AGE	–	6.727** (2.74)	7.230*** (3.26)	8.853** (2.13)	–	0.026*** (5.32)	0.025*** (5.10)	0.026*** (5.24)
AGE^2	–	−7.354** (−2.77)	−8.503** (−2.82)	−8.598** (−2.22)	–	0.006*** (4.74)	0.006*** (4.56)	0.006*** (4.71)
PRO	–	10.771*** (5.14)	13.786*** (7.21)	12.891** (2.67)	–	0.042*** (3.31)	0.048*** (3.81)	0.043*** (3.45)
STO	–	−0.517*** (−5.80)	−0.119*** (−5.83)	−0.612*** (−6.84)	–	−0.018** (−2.91)	−0.016** (−2.55)	−0.018*** (−3.01)
EX	–	9.194*** (4.64)	10.056** (2.03)	15.562*** (8.61)	–	0.026*** (7.17)	0.026*** (7.22)	0.025*** (7.16)
LnCAP	–	27.518** (2.42)	24.475** (2.49)	24.862*** (4.35)	–	0.004*** (3.69)	0.002** (2.57)	0.004*** (3.72)
样本数	42766	42766	42766	42766	42766	42766	42766	42766
R^2	0.3114	0.4430	0.4631	0.4662	0.2435	0.3983	0.4153	0.3992
时期固定效应	Y	Y	Y	Y	Y	Y	Y	Y
企业固定效应	Y	Y	Y	Y	Y	Y	Y	Y

注：同表4-1。

对出口企业转型升级似乎并不存在显著的“倒逼”作用。如果我们将表4－6的回归结果与表4－5的回归结果进行进一步比较的话，容易看出，表4－6中劳动力成本变量的系数估计值，不仅要小于表4－5对应栏中的系数估计值，而且在显著性方面也要明显弱于后者。这一差异性结果证实了我们前面的预期，即劳动力成本上升在不同地区对出口企业转型升级产生的“倒逼”效应是不同的。换言之，这种“倒逼”作用在东部地区已经表现得较为显著，但对于中西部地区的出口企业来说，这种作用尚不显著。当然，这一方面可能说明中西部地区劳动力成本上升不如东部地区显著；另一方面，正是由于中西部地区在劳动力成本方面仍然具有较为显著的比较优势，东部地区的部分出口企业可能不是依赖于生产率等提升，而是通过区位迁移继续攫取劳动力成本带来的比较优势。

五、分企业类型回归结果

除了上述行业和地区因素外，不同类型的出口企业，对劳动力成本上升的敏感程度进而是否进行转型升级可能也不尽相同。为此，本章进一步对不同类型的企业数据再进行分组估计，以考察劳动力成本上升的“倒逼”型机制在不同类型企业中作用的可能差异。在中国工业企业数据库中，统计的中国工业企业类型主要包括国有企业、集体企业、民营企业以及外资企业。为此，我们将样本期间内总样本企业分成三组：国有和集体企业子样本、民营企业子样本以及外资企业子样本，并据此对不同类型的企业子样本进行FMOLS回归分析，所得结果分别报告于表4－7、表4－8和表4－9。

表4－7呈列的回归结果就是以国有和集体企业作为样本企业进行回归估计所得。无论是以全要素生产率还是以新产品销售额比重作为被解释变量，从表4－7各栏劳动力成本变量的系数估计值及其显著性检验结果来看，其对于国有和集体企业来说，劳动力成本上升虽

表 4-7　国有和集体企业子样本 FMOLS 回归估计结果

解释变量	被解释变量：TFP				被解释变量：NEWP1			
	(1)	(2)	(3)	(4)	(5)	(6)	(7)	(8)
常数项	10.428 (1.60)	33.345*** (3.50)	53.826*** (5.65)	44.289 (1.24)	0.035 (1.62)	-0.186 (1.23)	-0.066 (-1.35)	-0.083 (-0.43)
LNWAGE	102.995* (1.88)	128.856* (1.91)	51.652* (1.93)	123.696 (1.18)	0.014* (1.96)	0.018 (1.65)	0.016* (1.92)	0.012* (1.89)
LnSC1	-	122.65*** (3.19)	-	-	-	0.048*** (4.63)	-	-
$(LnSC1)^2$	-	-28.943*** (-3.17)	-	-	-	-0.002** (-2.588)	-	-
LnSC2	-		43.684*** (3.03)	-	-		0.014** (2.612)	-
$(LnSC2)^2$	-		-23.940*** (-4.54)	-	-		0.001** (2.76)	-
LnSC3	-			16.942** (2.40)	-			0.001** (2.02)
$(LnSC3)^2$	-			-14.902*** (-4.12)	-			-0.001*** (-2.03)

续表

解释变量	被解释变量：TFP				被解释变量：NEWP1			
	(1)	(2)	(3)	(4)	(5)	(6)	(7)	(8)
AGE	–	7.253*** (2.55)	6.946*** (2.42)	6.066*** (2.237)	–	0.031*** (5.23)	0.029*** (4.98)	0.031*** (5.26)
AGE^2	–	-6.213** (-2.37)	-8.334** (-2.76)	-8.557*** (-6.11)	–	0.012*** (7.11)	0.009*** (6.84)	0.013*** (7.407)
PRO	–	11.771*** (3.21)	7.207** (2.04)	12.118*** (3.32)	–	0.067*** (3.94)	0.068*** (3.99)	0.063*** (3.74)
STO	–	-0.442*** (-6.14)	-0.232*** (-4.65)	-0.841** (-2.05)	–	-0.087** (-2.15)	-0.091*** (-3.37)	-0.129** (-2.25)
EX	–	8.840*** (8.64)	9.618*** (6.17)	10.616*** (11.06)	–	0.057** (2.75)	0.057** (2.59)	0.051*** (6.28)
LnCAP	–	27.829** (2.62)	27.546** (2.47)	24.114** (2.53)	–	0.008** (2.29)	0.012** (2.70)	0.001** (2.74)
样本数	29128	29128	29128	29128	29128	29128	29128	29128
R^2	0.2195	0.3529	0.3833	0.3619	0.2342	0.3427	0.4248	0.4087
时期固定效应	Y	Y	Y	Y	Y	Y	Y	Y
企业固定效应	Y	Y	Y	Y	Y	Y	Y	Y

注：同表4-1。

然对其转型升级在一定程度上具有“倒逼”作用，但是这种“倒逼”机制并不十分显著，因为大部分的回归结果均表明其仅在10%的显著性水平下对出口企业转型升级具有正向影响，甚至在少数回归结果中还未通过显著性检验（如第（4）栏和第（6）栏的回归估计结果）。这或许在一定程度上说明，尽管国有和集体企业也面临着劳动力成本上升的压力，但由于出口企业自身体制机制等原因，这种“压力”尚未转化为出口企业转型升级的动力，从而使所谓的“倒逼”作用机制尚不十分明显。

表4－8呈列的回归结果就是以民营出口企业作为子样本企业进行回归估计所得，比较表4－8和表4－7的回归结果，容易看出，无论是以全要素生产率还是以新产品销售比重作为出口企业转型升级的替代变量，劳动力成本变量的系数估计值均为正且均在1%的显著性水平下对出口企业转型升级具有显著积极影响。这一点与表4－8所得结果是显著不同的。况且，进一步地比较表4－8和表4－7对应栏的回归结果，前者的劳动力变量系数估计值也要显著大于后者。综合而言，在劳动力成本上升背景下，民营出口企业似乎更有动力和意愿通过企业转型升级来“消化”劳动力成本上升所带来的不利影响。换言之，对于民营出口企业而言，劳动力成本上升的“倒逼”作用机制表现得更为明显。

表4－9呈列的结果则是以外资企业为子样本进行回归估计所得。与以国有和集体企业以及民营出口企业为子样本进行回归所得结果进行比较，一个十分显著的不同点在于，在以不同测度变量作为出口企业转型升级的替代变量时，回归结果出现了较大差异。具体而言，当采取全要素生产率作为出口企业转型升级的替代变量时，表4－9第（1）栏至第（4）栏的回归结果均表明，劳动力成本变量的系数估计值虽然为正，但都未通过显著性检验。也就是说，从全要素生产率角度来看，劳动力成本上升并未对外资出口企业转型升级产生明显的“倒逼”作用机制。但是当采取新产品销售额所占比重作为出口企业

表 4-8　民营企业子样本 FMOLS 回归估计结果

解释变量	被解释变量：TFP				被解释变量：NEWP1			
	(1)	(2)	(3)	(4)	(5)	(6)	(7)	(8)
常数项	158.751*** (4.43)	254.315*** (8.52)	351.193*** (8.71)	178.653 (1.01)	0.022*** (3.96)	0.077** (2.58)	0.117*** (3.07)	1.031 (1.46)
LNWAGE	125.337*** (3.01)	135.856*** (6.19)	110.881*** (7.02)	156.359*** (5.38)	0.023*** (9.38)	0.021*** (7.65)	0.019*** (7.42)	0.015*** (3.82)
LnSC1	–	114.701*** (2.26)	–	–	–	0.033*** (3.08)	–	–
$(LnSC1)^2$	–	-22.350*** (-3.20)	–	–	–	-0.002** (-2.30)	–	–
LnSC2	–		42.061*** (8.03)	–	–		0.021** (2.57)	–
$(LnSC2)^2$	–		-21.515** (-2.49)	–	–		-0.001*** (-3.64)	–
LnSC3	–			16.034** (2.20)	–			0.189** (2.48)
$(LnSC3)^2$	–			-11.543** (1.99)	–			-0.009** (2.56)

续表

解释变量	被解释变量：TFP				被解释变量：NEWP1			
	(1)	(2)	(3)	(4)	(5)	(6)	(7)	(8)
AGE	-	7.386** (2.26)	10.639*** (3.35)	8.831** (2.18)	-	0.028*** (6.42)	0.026*** (5.99)	0.028*** (6.47)
AGE^2	-	-6.656** (-2.79)	-5.92** (-1.99)	-6.931*** (-5.66)	-	0.007*** (6.68)	0.007*** (6.29)	0.008*** (6.96)
PRO	-	11.831** (2.31)	8.969** (2.95)	8.811** (2.49)	-	0.013** (2.33)	0.014** (2.63)	0.011** (2.10)
STO	-	-0.148*** (-3.48)	-0.401*** (-10.48)	-0.493*** (-6.66)	-	-0.035*** (-5.70)	-0.032*** (-5.21)	-0.044*** (-7.33)
EX	-	12.262** (2.66)	10.569*** (3.83)	11.943*** (3.26)	-	0.036*** (11.24)	0.036*** (11.27)	0.033*** (10.52)
LnCAP	-	28.332*** (3.21)	24.586** (3.76)	22.429** (3.05)	-	0.006*** (6.32)	0.001** (2.06)	0.004*** (4.18)
样本观测数	126502	126502	126502	126502	126502	126502	126502	126502
R^2	0.2568	0.3237	0.3169	0.3551	0.3099	0.3574	0.4604	0.4958
时期固定效应	Y	Y	Y	Y	Y	Y	Y	Y
企业固定效应	Y	Y	Y	Y	Y	Y	Y	Y

注：同表4-1。

表 4－9　外资企业子样本回归估计结果

解释变量	被解释变量：TFP				被解释变量：NEWP1			
	(1)	(2)	(3)	(4)	(5)	(6)	(7)	(8)
常数项	101.755*** (4.03)	143.016*** (5.37)	151.012*** (5.43)	114.573*** (2.37)	0.030 (6.55)	－0.012 (－0.54)	0.116 (4.24)	1.254 (2.99)
LNWAGE	110.151*** (1.67)	119.594*** (128)	113.843** (1.54)	152.044*** (1.19)	0.009*** (5.37)	0.009*** (5.17)	0.008*** (4.92)	0.007*** (4.28)
LnSC1	–	131.693*** (5.64)	–	–	–	0.019** (2.24)	–	–
$(LnSC1)^2$	–	－21.138*** (－5.00)	–	–	–	－0.001** (－2.69)	–	–
LnSC2	–		48.642*** (3.51)	–	–		0.018** (2.82)	–
$(LnSC2)^2$			－21.525** (－2.74)	–	–		－0.001*** (－3.66)	–
LnSC3	–			15.593** (2.82)	–			0.234** (2.92)
$(LnSC3)^2$	–			－12.781*** (－4.05)	–			－0.011** (－2.97)

续表

解释变量	被解释变量：TFP				被解释变量：NEWP1			
	(1)	(2)	(3)	(4)	(5)	(6)	(7)	(8)
AGE	-	7.808** (2.78)	6.857*** (3.17)	8.558** (2.23)	-	0.027*** (7.82)	0.026*** (7.51)	0.027*** (7.81)
AGE^2	-	-6.564** (-2.88)	-5.734** (-2.22)	-5.616*** (-5.78)	-	0.006*** (6.56)	0.006*** (6.31)	0.006*** (6.69)
PRO	-	8.531** (2.16)	8.701*** (6.04)	11.833** (2.88)	-	0.013*** (2.63)	0.015*** (3.02)	0.012*** (2.45)
STO	-	-0.802** (-2.78)	-0.936** (-2.38)	-0.468** (-2.72)	-	-0.021 (-4.92)	-0.019*** (-4.41)	-0.024*** (-5.87)
EX	-	11.573*** (8.42)	14.727*** (5.44)	12.416*** (9.57)	-	0.027*** (10.62)	0.027*** (10.66)	0.026*** (10.14)
LnCAP	-	25.141** (2.91)	29.297** (2.82)	24.119*** (3.41)	-	0.005*** (6.88)	0.001** (2.87)	0.004** (2.61)
样本观测数	95932	95932	95932	95932	95932	95932	95932	95932
R^2	0.2102	0.3479	0.3421	0.3173	0.3176	0.3885	0.4165	0.3745
时期固定效应	Y	Y	Y	Y	Y	Y	Y	Y
企业固定效应	Y	Y	Y	Y	Y	Y	Y	Y

注：同表4-1。

转型升级的替代变量时，表4－9中第（5）栏至第（8）栏的回归结果均显示，劳动力成本变量的系数估计值不仅都为正，且均在1%的显著性水平下具有积极影响。这一结果似乎说明，外资企业和本土企业对劳动力成本上升带来的调整所做出的反应和采取的应对措施并不完全相同，或者说，对于外资企业来说，并不是通过不断地提升全要素生产率来“消化”劳动力成本上升的影响，而是通过提高新产品销售比重来加以应对。这其中可能的原因是什么？我们认为，这一点可能与跨国公司对外直接投资的战略有关，即大多跨国公司进行海外投资尤其是对发展中国家进行直接投资，带入的并非是最新产品和技术，为了延长产品和技术生命周期，或者说为了尽可能地长期保持新技术、新产品等所带来的竞争优势，跨国公司对发展中国家进行对外直接投资，往往带入的是在母国或者说对于母公司来说已经是处于“边缘化”的产品和技术。即，发展中国家的外资企业所采用的技术水平和生产的产品，与母公司相比存在一定的落差，这一点也是学术界普遍认可的事实。而正是这一落差的存在，实际上使外资企业在面临劳动力成本上升时，无须采用加大研发投入等方式进行创新进而不断提升全要素生产率水平，而是仅仅通过从其母公司引进新产品的方式就可以解决。这一方式不仅延长了产品和技术的生命周期，而且也节约了外资企业应对劳动力成本上升的费用支出。总之，面临劳动力成本的上升，外资企业可能更多的是采用引进新产品的方式来保持其竞争优势。

六、稳健性检验

以新产品销售额比重作为出口企业转型升级的替代变量，由于部分出口企业新产品销售额比重为零，因此存在受限因变量问题。为此，本章再采用删失回归模型（Tobit模型）和Truncated截尾样本模型对总样本数据进行估计，来进一步检验前面结论的稳健性，所得结果见表4－10。

表 4－10　稳健性检验结果

解释变量	被解释变量：NEWP1							
	(1)	(2)	(3)	(4)	(5)	(6)	(7)	(8)
常数项	−11.192*** (−9.83)	−10.207** (−2.022)	21.005 (0.042)	−10.026*** (−3.04)	−3.105** (−2.39)	−3.714*** (−8.17)	−2.486*** (−4.91)	−0.001*** (−3.02)
LNWAGE	0.107*** (4.68)	0.082*** (5.63)	0.082*** (4.61)	0.084*** (4.02)	0.771*** (3.44)	0.642*** (6.78)	0.643*** (6.66)	0.652*** (5.65)
LnSC1	–	0.071** (2.77)	–	–	–	0.023** (2.13)	–	–
$(LnSC1)^2$	–	−0.007** (−2.83)	–	–	–	−0.011** (−2.70)	–	–
LnSC2	–		0.011** (2.38)	–	–		0.228** (2.97)	–
$(LnSC2)^2$	–		−0.001** (−2.33)	–	–		−0.022*** (−3.37)	–
LnSC3	–			0.051** (2.14)	–			0.472** (2.28)

续表

解释变量	被解释变量：NEWP1							
	(1)	(2)	(3)	(4)	(5)	(6)	(7)	(8)
$(LnSC3)^2$	–			-0.004 ** (-2.29)	–			-0.013 ** (-2.16)
AGE	–	0.135 *** (9.63)	0.134 *** (9.51)	0.135 *** (9.61)	–	0.116 ** (2.05)	0.107 * (1.88)	0.111 * (1.84)
AGE^2	–	0.035 *** (9.06)	0.034 *** (8.94)	0.034 *** (8.88)	–	0.003 ** (2.19)	0.001 ** (2.07)	0.011 ** (2.68)
PRO	–	0.051 *** (3.06)	0.052 *** (3.16)	0.051 *** (3.04)	–	0.011 * (2.32)	0.002 *** (2.01)	0.025 ** (2.80)
STO	–	-0.039 ** (-2.07)	-0.041 ** (-2.18)	-0.032 ** (-2.72)	–	-0.644 *** (-11.57)	-0.596 *** (-10.47)	-0.705 *** (-12.15)
EX	–	0.461 *** (7.49)	0.462 *** (7.59)	0.461 *** (3.84)	–	1.736 ** (2.27)	1.7357 ** (2.25)	1.883 ** (2.68)
LnCAP	–	0.036 ** (2.68)	0.038 ** (2.83)	0.034 ** (2.57)	–	0.011 ** (2.75)	0.162 *** (6.55)	0.023 ** (2.46)
R^2	0.3409	0.4410	0.4033	0.4325	0.2729	0.3028	0.3315	0.3217

注：同表4-1。

表 4 - 10 中第（1）栏至第（4）栏的结果，是采用 Tobit 模型进行回归所得，第（5）栏至第（8）栏的结果，是采用 Truncated 截尾样本模型进行估计所得。观察表 4 - 10 中各栏回归结果，可以看出，我们在前述各表中所得的回归结果基本是稳健的。即，劳动力成本变量的系数估计值为正，且均通过了显著性检验，表明劳动力成本上升对出口企业转型升级具有"倒逼"作用。此外，企业规模变量、企业存续年限、企业利润水平、企业存货水平、企业出口交货值以及企业资本密集度等关键控制变量的系数估计值及其显著性方面，也与前面的回归结果基本一致。

第五节　简要结论及启示

一、主要结论

近年来，伴随"人口红利"接近尾声以及工资上涨压力的日益凸显，中国出口贸易遭遇巨大挑战，亟待转型升级。虽然理论和实践部门较为流行的观点认为，劳动力成本上升会"倒逼"出口企业加快转型升级，但是，针对这种"倒逼"机制是否真的存在问题，现有文献上没有从实证的角度给出答案。有鉴于此，本章利用 2005 ~ 2010 年的中国工业企业数据库的基础数据，以全要素生产率和新产品销售额比重作为出口企业转型升级的替代变量，以出口企业的员工平均工资作为劳动力成本的替代变量，在有效控制企业规模、企业存续年限、企业利润水平、企业存货水平、企业出口交货值以及企业资本密集度等影响因素后，实证检验了劳动力成本上升对出口企业转型升级的"倒逼"作用。结果表明，总体来看，劳动力成本上升对出口企业转型升级的"倒逼"作用机制是存在的，但这种"倒逼"效应在不同行业、不同地区以及不同企业类型间存在着差异性：（1）从分行业的角度来看，回归结果表明，劳动力成本上升对劳动密集型出口企业转型升级的“倒逼”作用，要强于对资本和技术密集型出口企业转型升级的“倒逼”作用；（2）从分地区的角度来看，回归结果表明，劳动力成本上升对东部地区出口企业的转型升级存在着显著的“倒逼”作用，但是对于中西部地区的出口企业而言，这种“倒逼”作用机制尚没有充分显现；（3）从分企业类型的角度来看，回归结果表明，劳动力成本上升对我国本土出口企业来说，转型升级的“倒逼”作用同时体现在全要素生产率水平的提升以及新产品销售额比重的提高，但是对外资企业而言，转型升级的“倒逼”作用则主要体现在新产品销售额比重提升方面。

二、主要政策启示

伴随中国经济的发展以及人口年龄结构的变化，出口企业用工成本上升已成必然趋势。而本章的分析结果表明，劳动力成本上升在带来挑战的同时，其“倒逼”机制作用的发挥也为出口企业带来了机遇，因此，劳动力成本上升并非全然不利，中国出口贸易的发展可能由此逐渐摆脱依赖低成本优势而逐步转向依托创新发展的路径和模式，这不仅有利于中国沿着全球价值链分工攀升从而提升分工地位，也可以改变长期以来备受诟病的“只赚数字不赚钱”的尴尬局面。因此不必过于担忧劳动力成本上升对我国传统优势可能产生的弱化作用。但与此同时，需要提请我们注意的是，由于“倒逼”效应在不同行业、不同地区以及不同企业类型间存在着差异性，并且转型升级可能具有不同的内涵和表现，如提升全要素生产率和进入新产品领域等，因此，中国出口贸易的转型升级不可能采取“一刀切”的政策思路。具体而言，加快中国出口贸易转型升级应注重把握好以下几个方面的问题：（1）不能将转型升级简单地理解为“转产”。学术界不少观点认为，所谓转型升级就是要放弃劳动密集型行业，进入所谓资本和技术密集型的“高端”行业、战略性新兴产业。从长期来看，这当然是转型升级的重要发展方向，也是产业结构高级化的方向，但这种发展路径并不意味着对所有出口企业都合适，况且，转型升级的内涵远不止如此。目前，劳动密集型行业在我国仍然占据较高比重，在国民经济中发挥着重要作用，提高全要素生产率具有较大的升级空间。（2）由于地区间的差异性，诸如中西部地区仍然存在着劳动力成本优势，从这一意义上来说，出口转型升级实际上还包括区域间协调发展的整体优势。因此，不能一谈到转型升级，就意味着所有地区都应倾尽全力去搞创新、搞研发、搞高端产业的攀升。换言之，诸如东部地区的出口企业更多地需要依托创新驱动发展时，还可以继续利用和发挥中西部地区的劳动力成本优势，通过产业在国内不同地区间进行梯度转移，通过产业发展提升地区间的协同关系，从而可以打造出口贸易的整体协调优势。这不失为转型升级的另一重要方向。（3）进一步加大国有企业的改革力度，让企业真正成为市场主体，充分发挥市场机制的调节作用，从而能让劳动成本上升的压力真正转变为“倒逼”出口企业转型升级的动力，加快转型升级的步伐。（4）我国学术界普遍存在“市场换技术”失败论的利用外资观，更有学者认为，创新驱动必须依赖培育内资企业，不能依赖引进外资，因为外资企业不可能在东道国通过加大研发投入等方式进行创新性活动。但从本章的研究结果来看，实际上，利用外资质量如何与本国自身要素禀赋结构密切相关，转型升级本身未必一定要通过自身研发，“引进”本身也是一种重要途径。何况我们可以试想，如果要素成本上升背景下外资企业通过“引进”而维持竞争优势不可为继，那么其选择可能与本土企业的做法就不会存在太大差异。因此，在目前大力倡导提升利用外资质量的情况下，也不可盲目地采取“一刀切”的政策和做法，要视不同地区差异情况、视我们自身发展阶段情况而客观对待。目前，随着中国产业结构的不断升级，以及出口产品技术含量的不断提高，越来越多的跨国公司将其研发中心设在中国，或许在一定程度上能够说明问题。

当然，尽管本章力图运用中国工业企业数据库的企业微观层面数据，实证检验劳动力成本上升对出口企业转型升级是否存在“倒逼”机制，但由于数据库本身存在着一些局限性（聂辉华等，2012）①，本书也有待进一步完善之处。未来的研究可能需要通过问卷调研，在获取涵盖更为广泛的出口企业数据基础之上，进行进一步的深入探讨。

① 聂辉华，江艇，杨汝岱．中国工业企业数据库的使用现状和潜在问题．世界经济，2012（5）．

劳动力供给
演变与中国出口
价值链升级
Chapter 5

第五章　劳动力演化与出口价值链升级：工业转移和转型视角

由于贸易是流，产业是源，因此，出口价值链升级从产业层面上看，就是要实现产业发展的转型升级，据此夯实出口贸易发展的产业基础。由于中国产业发展过程中的突出特征之一就是区域发展不平衡，因此对于中国而言，产业转型升级不仅包括产业结构的高级化演进，同时还包括区域协调发展从而打造出“整体”竞争优势。由于中国融入全球价值链分工体系主要发生在工业行业领域，因而本章将着重探讨劳动力演化对工业发展的影响，包括转移和转型的双重影响效应。为此，本章通过对劳动力区位熵的引力系数修正，测度了产业转移和产业转型的相对净流量。基于 2000 ~ 2014 年中国 29 个省区市按技术水平划分的五类工业产业面板数据，实证研究了劳动力数量、劳动力技能水平以及劳动力技能配置效率对工业产业转移和转型的影响。结果表明，中国工业发展顺应劳动力演化的趋势明显。从数量角度看，人口红利衰减会加速中国工业产业的空间转移，并进一步“倒逼”低技术产业向高技术产业转型；从技能角度看，劳动力技能提高有利于吸引高技术产业转移和推动低技术产业向中高端转型升级；从技能配置效率看，其对产业转移和转型的作用趋势相反，对产业转移而言，技能配置效率提高容易形成对产业的“挤出”，对产业转型而言，会形成对产业转型升级的促进作用。在亟待通过产业转移和转型从而拓展发展空间的战略背景下，除了要注重引导劳动力从沿海向内陆沿边地区适度“回流”和着力促进劳动力技能提升以外，必须重视劳动力技能与产业技术的匹配，真正推动“人口红利”向“人才红利”转型。这对于我国工业产业的发展具有极为重要的战略意义。

第一节　出口升级：工业发展转型和转移的重要性

现阶段，中国产业发展正面临着一系列调整，其中两个方面的调整值得重点关注。一方面，中国工业发展正在从传统要素投入驱动向技术创新驱动模式转型；另一方面，正在从以往产业发展的区域高度失衡向产业区域协调发展转变，依托产业梯度转移拓展发展空间。改革开放以来，中国抓住了西方产业技术转移和扩散带来的战略机遇，主要依托丰富廉价的劳动力禀赋优势，在快速而全面融入发达国家跨国公司主导的全球产业链分工体系中，实现了工业发展的"开阔地"式推进，顺利完成了产业发展的"补短"。但粗放式的发展特征也带来了不平衡、不协调和不可持续等问题。伴随人口红利逐步丧失等一系列要素条件的深刻变化，上述问题愈加突出。如何通过转型升级实现可持续发展、为国民创造更多财富和价值以及改善在全球产业链分工体系中的地位，日益成为中国工业进一步发展面临的重要课题。

一、转移、转型与出口价值链升级

从区域角度看，受到地理位置、资源禀赋，尤其是中国渐进式开放政策等影响，开放型经济发展的突出特征之一就是区域差距明显。换言之，通过融入全球产业链分工体系实现工业快速发展，主要发生在东部沿海等开放型经济发达地区，而内陆沿边等地区由于受到各种因素制约，开放型经济发展相对滞后，产业"补短"问题实际上还没有得到很好解决，也未能与沿海地区按照优势互补实现产业互动和协调发展。这种状况促使中国政府深刻认识到，"问题"中可能同样蕴藏着巨大机遇，即通过产业国内梯度转移，不仅能为沿海地区产业转型升级腾出空间，也为内陆沿边地区承接产业转移促进工业发展提供了机遇，从而在推动区域协调发展中拓展发展空间。中国最近一系列促进区域协调发展政策无不反映了这一战略导向。然而，问题的关键在于，产业转移和产业转型能否顺利推进？既有研究表明，中国正面临着产业转移和产业转型的双重困境。一方面，中国自主研发能力相对较低，转型路径受阻（陈羽等，2009[①]；李娅等，2010[②]），沿海地区“腾笼换鸟”的工业发展策略，不乏陷入“笼子腾空了新鸟却没有换进来”的尴尬现象；另一方面，沿海地区劳动密集型产业在劳动力成本高企驱动下，有向中西部转移的趋势，但也同样在不同程度上遭遇“招工难”问题，产业梯度转移的条件难以形成（刘友金等，2012[③]）。

二、工业发展转移和转型的影响因素：代表性观点

影响产业转移和转型的因素众多，劳动力数量和劳动力技能就是其中重要的决定因素，因为新经济地理学的研究早已指出，包括数量和技能在内的劳动力演化改变了地域比较优势，是诱发产业转移、推进产业转型的内在因素（Baldwin et al.，2003[④]）。而相比于其他产业，劳动力演化对工业转移和转型的影响更为明显（杨亚平等，2013[⑤]）。从劳动力数量演化与工业发展关系的现有研究看，结论基本表明，充足的劳动力数量对一国产业转移和产业转型均具有积极作用。对产业转移而言，由于人口老龄化或人口迁移造成的某地区劳动力投入数量演变，深刻影响该地区的产业转移（Choudhry & Elhorst，2010[⑥]），例如，凭借充裕的劳动力吸引大量海外产业转移，就是中

---

① 陈羽，邝国良. FDI、技术差距与本土企业的研发投入——理论及中国的经验研究［J］. 国际贸易问题，2009（7）：88－96.

② 李娅，伏润民. 为什么东部产业不向西部转移：基于空间经济理论的解释［J］. 世界经济，2010（8）：59－71.

③ 刘友金，吕政. 梯度陷阱、升级阻滞与承接产业转移模式创新［J］. 经济学动态，2012（11）：21－27.

④ Baldwin R，R. Forslid，P. Martin，G. Ottaviano and F. Robert N. Economic Geography and Public Policy［M］. Princeton：Princeton University Press，2003.

⑤ 杨亚平，周泳宏. 成本上升、产业转移与结构升级——基于全国大中城市的实证研究［J］. 中国工业经济，2013（7）：147.

⑥ Choudhry M. T.，Elhorst J. P.，Demographic Transition and Economic Growth in China，India and Pakistan［J］. Economic Systems 2010，34（3）.

国工业快速发展的重要原因（Tyers & Golley，2007①）。此外，对产业转移的影响，不仅表现在劳动力绝对数量上，年龄结构分布同样会产生深刻影响。有研究表明，15～64 岁劳动人口占比较高的地区为工业产业特别是劳动密集型产业提供了丰富的劳动力，有利于工业产业的转移和集聚（王桂新等，2007②）。对产业转型而言，劳动力数量演化通过影响工业的生产效率，诱发当地的产业转型。特别地，劳动生产率的年龄分布呈“峰型”特征，15～64 岁劳动人口数量的调整会造成产业生产率的暂时性波动，从而影响产业的转型升级（Bryant et al.，2004③），尤其是当中青年劳动人口比重较高时，工业产业的转型升级将更为迅速（任栋等，2014④）。

从劳动力技能演化与工业发展关系看，现有研究认为，劳动力技能差异是诱发地区间产业转移、形成产业集聚的重要原因，劳动力技能提升是促进产业升级的核心动力。首先，就产业转移的影响而言，有观点认为，高技术产业更容易向劳动力技能水平较高的地区转移，并逐步形成产业集群（Amiti & Pissarides，2005⑤），这一效应在运用韩国数据的实证研究中得到了证实（Sung & Lee，2007⑥）；其次，就产业转型的影响而言，劳动力技能水平提升促进了生产效率的改进，是实现产业转型升级的重要基础，决定着产业结构的转化方向（Cic-

---

① Tyers R, Golley J. China's Growth to 2030: The Roles of Demographic Change and Investment Premia [J]. China Labor Economics, 2007, 16 (1).

② 王桂新，刘建波. 长三角与珠三角地区省际人口迁移比较研究 [J]. 中国人口科学，2007 (2): 87-94.

③ Bryant R C, Faruqee H, Velculescu D. Fertility Declines and Youth Dependency: Implications for the Global Economy [J]. Washington, 2004.

④ 任栋，李新运. 劳动力年龄结构与产业转型升级——基于省际面板数据的检验 [J]. 人口与经济，2014 (5): 95-103.

⑤ Amiti M, Pissarides C A. Trade and industrial location with Heterogeneous Labor [J]. Journal of International Economics, 2005, 67 (2).

⑥ Sung J. K. and H. S. Lee. The Determination of Location Choice of South Korean FDI in China, Japan and the World Economic, 2007, 19.

cone & Marek，2010[①]），尤其是劳动力技能与产业技术的正向空间匹配，对产业结构转型升级具有巨大推动作用（Venables，2011[②]）。在经验层面上，针对中国工业转型研究表明，广义上生产要素的层次提升是中国产业转型的重要动力，而劳动力技能的提升对于吸纳相应技术水平的其他生产要素至关重要（金京等，2013[③]）；也有研究发现，中国劳动力技能分布与政府主导的产业转型之间空间错配问题严重，是限制中国工业转型升级的重要原因（谢呈阳等，2014[④]），从而在反向层面上说明了劳动力技能演进对产业转型的影响。

学术界已充分认识到劳动力演化对工业发展的影响，并指出劳动力数量和劳动力技能对产业转移与产业转型的作用。但现有研究对产业转移和产业转型的划分较为模糊，测度不够精确，分析劳动力演变对中国工业发展影响的实证文献较少，更鲜有基于工业产业不同技术水平划分，据此对比分析劳动力演化的产业转移和转型效应的差异性。鉴于此，本书着重研究劳动力演化对中国工业发展存在的转移和转型效应。可能的贡献体现在三个方面：一是通过对劳动力区位熵的引力系数修正，更为精确测度产业转移和产业转型的相对净流量，所得到的经验证据更加精确和可靠；二是从劳动力数量和劳动力技能两个维度，比较分析劳动力演化对中国工业转移和转型影响的可能差别效应，并通过引入高技能劳动力对高技术产业的配置系数，进一步考察我国劳动力技能配置对产业发展的作用情况和效率水平；三是按照不同技术水平对工业产业进行划分，从更为细致的视角探讨劳动力演

① A. Ciccone, Marek Jarocinski. Determinants of Economic Growth: Will Data Tell? [J]. American Economic Journal: Macroeconomics, 2010, 10 (2).

② Venables A. J. Productivity in Cities: Self - Selection and Sorting [R], Journal of Economic Geography, 2011, 11 (2): 241 - 251.

③ 金京，戴翔，张二震. 全球要素分工背景下的中国产业转型升级 [J]. 中国工业经济，2013 (11): 57 - 69.

④ 谢呈阳，周海波，胡汉辉. 产业转移中要素资源的空间错配与经济效率损失：基于江苏传统企业调查数据的研究 [J]. 中国工业经济，2014 (12): 130 - 142.

化对中国工业转移和转型影响的现实效应。在中国工业发展亟待通过转移和转型升级，进而优化产业结构和拓展发展空间的情景下，本书研究结论能够从劳动力演进视角提供有价值的政策参考依据。

第二节 理论分析及模型设定

一、理论模型

为从劳动力视角分析产业转移和产业转型的选择依据，本章构建了劳动力演化下产业发展路径选择的理论模型，并以此作为设定计量方程的基础。

假设经济体有两个地区 A 、B ，每个地区各有两个技术水平不同的工业产业 T_1 、T_2 ，技术区间分别为 $T_1 \in [i_0, i_1]$ 、$T_2 \in [i_1, i_2]$ ，每一产业不同企业的技术水平在区间内均匀分布。借鉴彭国华(2015[①]) 对“岗位—能力”匹配模型的扩展研究，假设每个企业仅生产一种技术水平的产品，并提供一种与该技术水平相对应的工作岗位，企业技术水平与其雇佣劳动力的技能水平之间存在 $i = m(h)$ [②]的对应关系，其中，h 表示劳动力技能水平，为外生变量。

假设劳动力和企业均是经济理性的，且可以自由选择工作和雇佣工人，则劳动力将选择从事与自己最高技能水平相对应的工作以追求工资最大化，而企业将选择具备与产品技术程度相应的最低技能水平的劳动力以追求收益最大化。

---

① 彭国华. 技术能力匹配、劳动力流动与中国地区差距［J］. 经济研究，2015（1）：99－110.

② $\frac{\partial m(h)}{\partial h} > 0$ 表示劳动力技能的提高对产业技术水平提升有正向推动作用。

借鉴现有研究对劳动力技能与产业技术水平之间配置关系 $\frac{\partial B(i,h)}{\partial i} > 0$ 的分析，本书构建了劳动力技能水平的配置效率函数，反映该地区技能水平为 h 的劳动力、生产技术水平为 i 的产业配置效率，该系数可视为劳动力技能与产业技术匹配方程 $m(i,h)$ 的隐函数。对于该函数的设定，需要说明的是，Costinot 和 Vogel（2010）研究指出，劳动力技能对产业技术水平的配置效率严格递增，即，随着技术等级的提高，单位产出的边际收益提高；但由于 Costinot 和 Vogel（2010①）是基于总产量效用函数的研究，考虑到相较于总产出效用，企业生产更重视利润水平，对于技术水平一定的产业，虽然高技能劳动力会带来更高的边际收益，但高技能劳动力更高的工资水平可能造成企业成本的上升，为满足前面“企业选择具备生产能力的最低技能水平劳动力”的基本假定，本书放松 Costinot 和 Vogel（2010）对高技能劳动力对低技能劳动力具有生产效率上的绝对优势的假设，认为劳动力技能对边际利润的作用可能存在递减。

由前面可知，技能配置效率函数对产业生产有两方面的作用：一方面，从收益角度来看，对一定技术水平的产品，较高的劳动力技能配置效率反映了高技能劳动力较高的生产边际，引入不变替代弹性的收益函数，则该地区的总利润函数 π 可表示为：

$$\pi = \left\{\int_{i\in I} B\left(\frac{i}{h}\right)[Y(i)]^{\frac{\eta-1}{\eta}} di\right\}^{\frac{\eta}{\eta-1}} - \int_{i\in I} \delta \cdot c(i)Y(i)di \tag{5.1}$$

另一方面，从成本角度来看，配置效率的提高也意味着高技能劳动力更为稀缺，会引致更高的工资水平，从而提高边际成本中工资的占比，则技术水平为 i 的企业生产一单位产品对应的边际成本 $c(i)$ 可表示为：

---

① Costinot A. and J. Vogel, Matching and Inequality in the World Economy [J]. Journal of Political Economy, 2010, 118 (4).

$$c(i) = w(i,h)\left[B\left(\frac{i}{h}\right)\right]^{\varepsilon} \tag{5.2}$$

其中，ε（$\varepsilon \in [0, +\infty)$）表示劳动力技能效率函数对边际成本的弹性系数，$\eta$（$\eta \in [0, +\infty)$）表示产量对收益 $B\left(\frac{i}{h}\right)$ 的替代弹性。

假设两地总人口数为 N_A、N_B，其中 15～64 岁劳动人口数量为 l_A、l_B，服从技能水平的正态分布，即：$l_A \sim N[\mu(h_A),\sigma_A^2]$；$l_B \sim N[\mu(h_B),\sigma_B^2]$。表示不同地区的劳动力数量和技能水平存在差异。$\mu(h)$ 表示各地平均技能水平对应的人口数量，σ^2 为按技能水平分布的方差。考虑到劳动力数量的衰减趋势，设 l 是衰减函数 $a(i)$ 的函数。$a(i)$ 具有如下性质，对于技术等级较低的产业，$da(i) > 0$，表明劳动力数量作用显著，随着技术等级的提高，劳动力投入的作用明显衰减，$da(i) < 0$。构建产业利润函数 π 为：

$$\pi = \left\{\int_{i\in I} B\left(\frac{i}{h}\right)[Y(i)]^{\frac{\eta-1}{\eta}} di\right\}^{\frac{\eta}{\eta-1}} - \int_{i\in I} \delta \cdot w(i,h)\left[B\left(\frac{i}{h}\right)\right]^{\varepsilon} Y(i) di \tag{5.3}$$

其中，δ 为产业粘性系数。产业粘性越大，沉没成本越高，产业转移和转型越困难。利用欧拉方程求 π 的最优解，可得：

$$Y(i) = \left[M\frac{\delta \cdot w \cdot B^{\varepsilon-1}}{X}\right]^{-\eta} \tag{5.4}$$

其中，$X = \int [w(h)l(a,h) + c_0]\, dh$，$c_0$ 表示单位劳动力技能配置的资本成本，为常数；$M = \int B_j Y_j^{\frac{\eta-1}{\eta}} dj$ 为定值，表示该地区现有要素条件下的生产总值。

将（5.4）式代入利润函数（5.3），可得产业的间接利润函数为：

$$\pi_V = \left\{\int_{i\in I} \delta^{1-\eta} \cdot B^{\varepsilon-\varepsilon\eta+\eta}\left[\frac{M\cdot w}{X}\right]^{1-\eta} di\right\}^{\frac{\eta}{\eta-1}} - \int_{i\in I} \delta^{1-\eta} \cdot w \cdot B^{\varepsilon-\varepsilon\eta+\eta}\left[\frac{M\cdot w}{X}\right]^{-\eta} di$$

$$= \int_{h \in H} \left(\frac{Mw\delta}{wl + c_0} \right)^{-\eta} B^{\varepsilon - \varepsilon\eta + \eta} dh \left\{ \left[\int_{i \in I} B^{\frac{\eta}{\eta-1} - \varepsilon} di \right]^{\frac{\eta}{\eta-1}} - \int_{i \in I} \delta \cdot w di \right\} \tag{5.5}$$

由式（5.5），可将 A 地区产业 T_1 既不发生产业转移也不发生产业转型的利润函数表示为：

$$\pi_0 = \int_{h_0}^{h_1} \left(\frac{Mw\delta}{wl_A + c_0} \right)^{-\eta} B^{\varepsilon - \varepsilon\eta + \eta} dh \left\{ \left[\int_{i_0}^{i_1} B^{\frac{\eta}{\eta-1} - \varepsilon} di \right]^{\frac{\eta}{\eta-1}} - \int_{i_0}^{i_1} \delta \cdot w di \right\} \tag{5.6}$$

产业转移的主要特点是指同一技术等级的产业发生的区位间流动。产业 T_1 由地区 A 向地区 B 转移时，产业本身的技术区间不变，所对应的对劳动力技能的需求区间也不变，但由于两地劳动力禀赋存在差异，主要体现在两地不同的技能水平和劳动力数量，可得产业 T_1 由 A 地转移至 B 地时的利润函数为：

$$\pi_1 = \int_{h_0}^{h_1} \left(\frac{Mw\delta}{wl_B + c_0} \right)^{-\eta} B^{\varepsilon - \varepsilon\eta + \eta} dh \left\{ \left[\int_{i_0}^{i_1} B^{\frac{\eta}{\eta-1} - \varepsilon} di \right]^{\frac{\eta}{\eta-1}} - \int_{i_0}^{i_1} \delta \cdot w di \right\} \tag{5.7}$$

产业转型的主要特点是实现产业自身的技术水平转变。当 A 地区的产业 T_1 向产业 T_2 转型时，产业自身的技术区间和相应劳动力技能区间实现跃升，劳动力变动主要受到本地区劳动力技能分布的影响。可得 A 地区实现产业 T_1 向产业 T_2 转型的利润函数为：

$$\pi_2 = \int_{h_1}^{h_2} \left(\frac{Mw\delta}{wl_A + c_0} \right)^{-\eta} B^{\varepsilon - \varepsilon\eta + \eta} dh \left\{ \left[\int_{i_1}^{i_2} B^{\frac{\eta}{\eta-1} - \varepsilon} di \right]^{\frac{\eta}{\eta-1}} - \int_{i_1}^{i_2} \delta \cdot w di \right\} \tag{5.8}$$

产业转移和转型都是基于完全理性下的效率最优行为，因此，转移或转型的基本条件就是与原有利润 π_0 相比，利润 π_1 或 π_2 更大。假设产业选择服从离散选择模型，路径选择的概率服从 logistic 分布，则产业转移的概率 p_1 和产业转型的概率 p_2 可表示为：

$$p_1 = \frac{e^{\frac{\pi_1}{\tau}}}{e^{\frac{\pi_1}{\tau}} + e^{\frac{\pi_2}{\tau}} + e^{\frac{\pi_0}{\tau}}}$$

$$p_2 = \frac{e^{\frac{\pi_2}{\tau}}}{e^{\frac{\pi_1}{\tau}} + e^{\frac{\pi_2}{\tau}} + e^{\frac{\pi_0}{\tau}}} \tag{5.9}$$

其中，τ 为区域间差异化程度系数①，τ 越大反映地域间差异程度越大。结合方程式（5.3）、式（5.6）、式（5.7）、式（5.8）、式（5.9）可知，工业产业以概率 p_1 发生转移，地区 A 产业转移的净流量为 p_1Y；以概率 p_2 发生转型，产业 T_1 产业转型的净流量为 p_2Y。

对产业转移与转型量方程取对数并求导，可得产业转移的相对净流量为：$TSF = \frac{\Delta p_1}{p_1} + \frac{\Delta Y}{Y}$；产业转型的相对净流量为：$TST = \frac{\Delta p_1}{p_1} + \frac{\Delta Y}{Y}$。

由此，得到产业转移与产业转型相对净流量函数如下：

$$TSF(TST) = \left[f(\pi,\tau)B^{\frac{\eta}{\eta-1}}(\Delta i)^{\frac{\eta}{\eta-1}} - f(\pi,\tau)\delta w B^{\varepsilon}\Delta i + 1\right]\frac{\Delta Y}{Y}$$

$$= F \cdot \left[\eta\left(\frac{WL}{WL + c_0 h}\right)\frac{\Delta L}{L}\frac{\Delta h}{h}\frac{\Delta a}{a} + \eta\left(\frac{WL}{WL + c_0}\frac{\Delta h}{h} - 1\right)\frac{\Delta W}{W} + \eta\left(\frac{WL}{WL + c_0 h}\right)\frac{\Delta h}{h} - \eta(\varepsilon - 1)\frac{\Delta B}{B}\right] \tag{5.10}$$

二、待检验假说

其中，L、W 表示对技能水平积分后劳动力数量和工资的整体水平，由方程（5.10）可知：劳动力数量对产业转移和产业转型相对净流量的作用受到劳动力衰减系数的影响，在劳动力技能普遍提升的整体趋势下，对低技术产业而言，$\frac{\Delta a}{a} > 0$，劳动力数量的影响为正；对高技术产业而言，$\frac{\Delta a}{a} < 0$，劳动力数量的作用为负。工资作为产业成本，主要表现为负向作用，但若劳动力技能水平的提高非常明显，

---

① 孙晓芳（2013）将该参数定义为异质性劳动者的偏好差异，并以此反映区域间的差异程度。具体参见：孙晓芳. 异质性劳动力与中国劳动力流动——基于新经济地理学的分析［J］. 中国人口科学，2013（3）：36-45.

则其对产业转移和转型有正向影响的可能。对劳动力技能而言，由于其间接决定有效劳动投入和工资水平，因此，其作用系数受到工资、劳动力数量及其衰减系数变动的共同影响。此外，劳动力技能配置效率对产业转移和转型的作用系数方向，关键在于配置效率对边际成本弹性的大小，如果配置效率提高对边际成本的影响较小，那么配置效率对产业转移与转型的相对净流量有正向推动作用；如果配置效率提高对边际成本的影响超过了边际收益，那么配置效率可能出现负向作用。

三、计量模型设定

综上所述，从劳动力要素角度看，劳动力数量、技能水平及劳动力技能的配置效率是影响产业转移和产业转型的重要原因，产业转移和转型的相对净流量可表示为劳动力数量 L 、技能 h 和配置效率 B 的函数，并受到工资 W 、边际成本 c 以及地区差异化 τ 等的影响，上述因素共同决定着产业相对净流量的规模变化。并且，在技术水平不同的条件下，各因素对产业相对净流量的作用也会发生变化。此外，现有研究指出，工资水平（吴要武，2013①）、研发投入（Combes et al.，2007②）、外商直接投资（Kneller & M. Pisu③）、市场化水平（孙早等，2015④）等对产业转移和产业转型的作用也不容忽视。据此，本书选取劳动力数量（记为 Lag）、劳动力技能（记为 YEg）、高

---

① 吴要武. 产业转移的潜在收益估算——一个劳动力成本视角［J］. 经济学（季刊），2013（10）：373－398.

② Combes P.，G. Duranton，L. Gobillon，S. Rouc. Estimating Agglomeration Effects［R］. CEPR Discussion Paper，2007.

③ Kneller R.，M. Pisu. Industrial Linkages and Export Spillovers from FDI［J］. The World Economy，2007，（1）：105－134.

④ 孙早，席建成. 中国式产业政策的实施效果：产业升级还是短期经济增长［J］. 中国工业经济，2015（7）：52－67.

技能劳动力配置效率（MEI）、工资水平（记为 WIg）、研发投入（记为 RDg）、外商直接投资（记为 FDI）、非国有化率（记为 NSO）等因素为产业转移和转型相对净流量的解释变量。考虑到经济惯性，以及产业转移与产业转型之间可能是相互影响的，并且可能是联合内生的，将同期转移量 TSF_{it} 、转型量 TST_{it} 以及相应滞后项 $TSF_{i,t-1}$ 、$TST_{i,t-1}$ 引入模型，根据技术水平划分的五类产业在不同时期不同省区市下产业转移和转型对解释变量的回归式，构建联立方程模型如下：

$$
\begin{aligned}
TSF_{it} &= \alpha + \beta_1 TSF_{i,t-1} + \gamma_0 TST_{i,t} + \gamma_1 Lag_{it} + \gamma_2 YEg_{it} + \gamma_3 MEI_{it} + \\
&\quad \gamma_4 WIg_{it} + \gamma_5 RDg_{it} + \gamma_6 FDI_{it} + \gamma_7 NSO_{it} + \mu_i + \varepsilon_{it} \\
TST_{it} &= \alpha' + \beta'_t TST_{i,t-1} + \gamma'_0 TSF_{i,t} + \gamma'_1 Lag_{it} + \gamma'_2 YEg_{it} + \gamma'_3 MEI_{it} + \\
&\quad \gamma'_4 WIg_{it} + \gamma'_5 RDg_{it} + \gamma'_6 FDI_{it} + \gamma'_7 NSO_{it} + \mu'_i + \varepsilon'_{it}
\end{aligned}
\tag{5.11}
$$

由联立方程模型的“阶条件”可知，内生变量个数等于有效工具变量个数，模型中两个方程均是恰好识别的。为进一步证实联立方程模型结果的稳健性，通过引入内生变量的滞后一期为工具变量，可将上述联立方程模型改写为单方程估计方程，如式（5.12）、式（5.13）所示。

$$
\begin{aligned}
TSF_{it} &= \alpha_0 + \eta_1 TSF_{i,t-1} + \theta_0 TST_{i,t-1} + \theta_1 Lag_{it} + \theta_2 YEg_{it} + \theta_3 MEI_{it} + \\
&\quad \theta_4 WIg_{it} + \theta_5 RDg_{it} + \theta_6 FDI_{it} + \theta_7 NSO_{it} + \kappa_i + v_{it}
\end{aligned}
\tag{5.12}
$$

$$
\begin{aligned}
TST_{it} &= \alpha'_0 + \eta'_1 TST_{i,t-1} + \theta'_0 TSF_{i,t-1} + \theta'_1 Lag_{it} + \theta'_2 YEg_{it} + \theta'_3 MEI_{it} + \\
&\quad \theta'_4 WIg_{it} + \theta'_5 RDg_{it} + \theta'_6 FDI_{it} + \theta'_7 NSO_{it} + \kappa'_i + v'_{it}
\end{aligned}
\tag{5.13}
$$

其中，α 、α' 、α_0 、α'_0 表示常数项，μ_i 、μ'_i 、κ_i 、κ'_i 表示个体效应，ε_{it} 、ε'_{it} 、v_{it} 、v'_{it} 表示随机效应。各变量的指标说明及其测算方法如表 5－1 所示。

表 5-1　　　　回归变量的指标选择

变量	变量名称	变量的衡量指标
TSF_L	产业转移相对净流量	基于劳动力结构演进的相对净流量指标计算，得到技术水平不同的五类产业的产业转移相对净流量数据（具体参见后说明）
TST_L	产业转型相对净流量	基于劳动力结构演进的相对净流量指标计算，得到技术水平不同的五类产业的产业转型相对净流量数据（具体参见后说明）
Lag	劳动力数量变动率	15～64 岁劳动人口数量的变动率
YEg	劳动力技能变动率	16 岁及以上劳动力平均受教育年限变动率
MEI	技能配置效率	中高技术产业占比与大专及以上高等教育劳动力占比之比的变动率
WIg	工资水平变动率	经当年物价指数修正后的实际工资增长率
RDg	研发投入变动率	规模及以上工业企业 R&D 内部支出增长率
FDI	外商直接投资变动率	各省外商直接投资增长率
NSO	非国有化率	各省非国有工业总产值占地区工业总产值的比例

资料来源：笔者整理。

需要说明的是，估计面板数据的联立方程时，面板工具变量的设定有多种形式，针对动态面板，GMM 可以弥补普通工具变量缺失样本值的问题，估计结果往往更有效率（陈强，2014①）。此外，对联立方程模型估计目前主要有完全信息法（又称方程组估计法）和有限信息法（又称单方程法）两种。虽然方程组估计可以更好地反映系统性特点，但对方程设定要求较高，不仅存在设定误差乘数倍传递的问题，在可能的非线性情况下得到确定解，也往往难以拟合现实条件，因此，一般情况下使用单方程估计法，且对于恰好识别的联立方

① 陈强．高级计量经济学及 Stata 应用（第二版）．高等教育出版社，2014．

续表

程模型而言，单方程估计和联立方程估计结果是一致的（Gujarati & Porter，2013①）。考虑到产业转移与产业转型之间可能的联合内生问题，后面将重点对联立方程模型（5.11）的回归结果进行深入分析，对单方程模型（5.12）和模型（5.13）的估计结果仅作为稳健性检验。

第三节　关键指标测度及数据说明

在实证分析前，有必要对本书最为关注的两个核心变量，即产业转移和产业转型的指标设定及其测度加以说明。

一、产业转移与产业转型的指标设定及测度

根据前面的理论分析，借鉴现有研究成果基于劳动力演化的区位熵指数（覃成林等，2013②；罗来军等，2014③），通过引入经方向性修正的引力模型，本书构造了产业转移与转型的相对净流量指标，用以测度中国工业产业的流动方向和变化情况。相对净流量的测算需划分产业类型，为考察不同技术等级下劳动力演化对产业转移和产业转型的不同影响，在实际计算中，本书借鉴现有文献中的常用方法（Lall，2000④），以产业间逐次递进为矢量方向，将中国全部工业产

① 达摩达尔·N. 古扎拉蒂，唐·C. 波特. 计量经济学基础（第五版）. 中国人民大学出版社，2013.

② 覃成林，熊雪如. 我国制造业产业转移动态演变及特征分析——基于相对净流量指标的测度［J］. 产业经济研究，2013（1）：12－21.

③ 罗来军，罗雨泽，刘畅，Saileshsingh Gunessee. 基于引力模型重新推导的双边国际贸易检验［J］. 世界经济，2014（12）：67－94.

④ Lall S. The Technological Structure and Performance of Developing Country Manufactured Exports 1995—1998［J］, Oxford Development Studies，2000，28（3）.

业划分为五个技术水平。划分情况如表 5 - 2 所示[①]：

表 5 - 2　　按技术水平划分的工业产业

技术分类	简称	产业示例
资源型产业	L_1	煤炭开采和洗选业、石油和天然气开采业、黑色金属矿采选业等
初级产业	L_2	农副食品加工业，食品制造业，酒、饮料和精制茶制造业，烟草制品业等
低技术产业	L_3	纺织服装、服饰业，皮革、毛皮、羽毛及其制品、制鞋业，造纸和纸制品业，橡胶和塑料制品业，非金属矿制品业等
中技术产业	L_4	化学纤维制造业、石油加工，炼焦和核燃料加工业，通用设备制造业，汽车制造业，电气机械和器材设备制造业等
高技术产业	L_5	通信设备、仪器仪表制造业，计算机、电子设备制造业，废弃资源综合利用业，医药制造业等

资料来源：笔者整理。

借鉴基于区位熵视角构建的产业流动指数的现有做法（Maria & Schiattarella，2004[②]），考虑到产业流动中劳动力演化的重要特征，以 i 表示不同区域，m 表示不同技术等级的产业，t 表示时间。构建基于劳动力结构的区位熵指数 $LQ_{i,t}^{m}$ 、$LQ_{m,t}^{i}$ 如下：

$$LQ_{i,t}^{m} = \frac{x_{i,t}^{m} \Big/ \sum_{m=1}^{M} x_{i,t}^{m}}{\sum_{i=1}^{I} x_{i,t}^{m} \Big/ \sum_{m=1}^{M}\sum_{i=1}^{I} x_{i,t}^{m}} = \frac{x_{i,t}^{m} \Big/ \sum_{i=1}^{I} x_{i,t}^{m}}{\sum_{m=1}^{M} x_{i,t}^{m} \Big/ \sum_{m=1}^{M}\sum_{i=1}^{I} x_{i,t}^{m}} = LQ_{m,t}^{i} \tag{5.14}$$

① 定性划分产业的技术等级可能引致争议。特别是对于中高技术产业而言，中国的实际情况可能不完全符合 Lall（2000）的划分。为避免产业划分造成的回归结果差异，本书调整产业划分情况，另进行了计量回归检验，结果表明，适当调整中高技术产业的产业划分对主要解释变量的回归结果无实质性影响。但按表 5 - 2 划分得到的系数变动趋势性最为明确，可能说明表 5 - 2 的划分情况最符合我国国情。

② Maria S. and R. Schiattarella. International Relocation of Production and the Growth of Services: The Case of the Made in ItalyIndustries [J], Transnational Corporations, 2004, 13 (2).

其中，x 为某产业的从业人数，M 为技术异质产业类型总数，I 为经济体的区域总数。$LQ_{i,t}^{m}$ 表示 t 时期以地区为划分标准下 i 地区的技术等级不同的产业基于劳动力演化的区位熵指数，$LQ_{m,t}^{i}$ 表示 t 时期以产业类型为划分标准下 m 产业在不同地区的区位熵指数。$LQ_{i,t}^{m}$ 与 $LQ_{m,t}^{i}$ 在数量上相等。可得 i 区域 m 产业流动的相对量指标为：

$$\Delta Q_{i,t}^{m} = LQ_{i,t}^{m} - LQ_{i,t-1}^{m} = LQ_{m,t}^{i} - LQ_{m,t-1}^{i} = \Delta Q_{m,t}^{i} \tag{5.15}$$

当 $\Delta Q_{i,t}^{m} > 0$ 时，表示 m 产业存在由其他地区向地区 i 的流入，$\Delta Q_{i,t}^{m} < 0$ 表示 m 产业存在由地区 i 向其他地区的流出，$\Delta Q_{i,t}^{m} = 0$ 表示 m 产业在地区间没有相对流动；$\Delta Q_{m,t}^{i} > 0$ 表示地区 i 其他产业向该地区产业 m 的流入，$\Delta Q_{m,t}^{i} < 0$ 表示 i 地区产业 m 向该地区其他产业的流出，$\Delta Q_{m,t}^{i} = 0$ 表示 m 产业没有与该地区其他产业发生相对流动。

（一）产业转移的相对净流量测度

产业转移是产业在区域间的流动。由方程（5.15）得，t 时期 i 地区 m 产业与其他地区间的转移量 $\Delta Q_{i,t}^{m}$ 可表示为 i 地区与其他非 i 地区之间产业 m 的转移流量之和，即：

$$\Delta Q_{i,t}^{m} = \sum_{j(j \neq i)}^{I} \Delta LQ_{ij,t}^{m} \tag{5.16}$$

引入区域经济关联度系数对产业转移量 $\Delta Q_{i,t}^{m}$ 进行修正。产业转移受到两地区间经济引力的作用，基于无方向性的引力方程模型，以 i、j 区域之间的经济引力系数衡量区域经济关联度。以各地区国民生产总值 GDP 作为引力方程中的“质量”变量①，以 i、j 地区之间的球面距离 d_{ij} 作为空间距离指标，i、j 区域之间产业转移的关联度 $R_{ij,t}$ 可表示为：

---

① 根据物理学万有引力方程 $F = G\dfrac{M_1 M_2}{r^2}$，$M_1$、$M_2$ 为天体的质量，对引力有正向作用；r 为两天体重心的间距，对引力有负向作用。新经济地理学往往将人口和经济总量视为对经济引力有正向作用的“质量”变量。测度产业的空间转移不考虑力的矢量性。

$$R_{ij,t} = \frac{GDP_i \cdot GDP_j}{d_{ij}^{\ 2}} \tag{5.17}$$

以 t 时期 i 、j 区域间经济关联度 $R_{ij,t}$ 占 i 地区与其他所有地区关联度之和 $\sum_{j=1}^{I} R_{ij,t}$ 的比为权重，得 i 、j 区域间产业转移权重 $F_{ij,t}$ ：

$$F_{ij,t} = \frac{R_{ij,t}}{\sum_{j=1}^{I} R_{ij,t}} \tag{5.18}$$

将产业转移量根据区域间产业转移权重的大小，按比例划分该产业在各区域的转入或转出量，代入方程（5.15）得 t 时期 i 、j 地区间产业 m 修正后的相对转移量为：

$$\Delta Q_{ij,t}^{m'} = \Delta LQ_{i,t}^{m} A_{i,t} F_{ij,t} \frac{\sum_{m=1}^{N} x_{i,t}^{m}}{\sum_{m=1}^{N} \sum_{i=1}^{I} x_{i,t}^{m}} \tag{5.19}$$

其中，$A_{i,t} = \left(\sum_{j=1}^{I} \frac{R_{ij,t}}{\sum_{j=1}^{I} R_{ij,t}} \right)^{-1}$ 为平衡因子。

i 、j 地区间产业相对转移量指标相减，可得 i 、j 间产业转移的相对净流量为：

$$TSF_{ij,t}^{m} = \Delta LQ_{i,t}^{m} A_{i,t} F_{ij,t} \frac{\sum_{m=1}^{N} x_{i,t}^{m}}{\sum_{m=1}^{N} \sum_{i=1}^{I} x_{i,t}^{m}} - \Delta LQ_{j,t}^{m} A_{j,t} F_{ji,t} \frac{\sum_{m=1}^{N} x_{j,t}^{m}}{\sum_{m=1}^{N} \sum_{j=1}^{I} x_{j,t}^{m}} \tag{5.20}$$

当 $TSF_{ij,t}^{m} > 0$ 时，表示产业 m 发生由 i 区域向 j 区域的相对转移，当 $TSF_{ij,t}^{m} < 0$ 时，表示产业 m 发生由 j 区域向 i 区域相对转移；当 $TSF_{ij,t}^{m} = 0$ 时，产业在两地区之间没有相对转移。得 i 地区产业 m 产业转移的相对净流量为：

$$TSF_{i,t}^{m} = \sum_{j=1(j \neq i)}^{I} TSF_{ij,t}^{m} \tag{5.21}$$

产业转移的相对净流量正向增大，表示产业更容易向该地区转移。

二、产业转型的相对净流量测度

产业转型是产业间有方向的产业流动。由方程（5.16）得，t 时期 i 地区 m 产业与该地区其他产业间的升级量为 $\Delta Q^{i}_{m,t}$，可表示为 i 地区产业 m 与其他非 m 产业之间产业转型的相对流量之和，即：

$$\Delta Q^{i}_{m,t} = \sum_{n(n \neq m)}^{M} \Delta LQ^{i}_{mn,t} \tag{5.22}$$

引入产业经济关联度系数对产业转型量 $\Delta Q^{i}_{m,t}$ 进行修正。以 i 地区 m 、n 产业之间的引力系数作为产业经济关联度。与产业转移不同，产业转型在“引力”作用下存在明确的矢量方向①。基于具有方向性的引力方程，以人均利润之积与人均产量差平方的比表示产业转型的引力系数。

$$R_{m \to n,t} = \frac{\dfrac{\pi_m}{x_m} \cdot \dfrac{\pi_n}{x_n}}{\left(\dfrac{y_m}{x_m} - \dfrac{y_n}{x_n}\right)^2} \tag{5.23}$$

其中，x 为某产业的从业人数，π_m 表示 m 产业的利润总额，y_m 表示 m 产业产值，在实际计算中为保证数据的一致性，选取工业销售产值进行衡量②。$m \to n$ 表示产业 m 向产业 n 的流动，假设产业 n 的技术水平高于 m ，则 m 向 n 的流动表示产业转型的正向升级，引力系数取正，若系数为负，表示逆升级。

以 m 、n 产业间经济关联度 $R_{m \to n,t}$ 占 m 产业与其他产业所有关联度之

---

① 由劳动密集型向资本密集型再向技术密集型和知识密集型产业转型是产业升级的一般矢量方向，因此，产业转型的引力系数具有矢量特征，以正负表示。

② 各产业总产值部分年份统计不全，故选择工业产业销售产值数据，数据来源：《中国工业统计年鉴》《中国工业经济统计年鉴》。

和 $\sum_{n=1}^{M} R_{m\to n,t}$ 的比作为 i 地区 m 、n 产业之间的产业转型权重 $F_{ij,t}$ ：

$$F_{m\to n,t} = \frac{R_{m\to n,t}}{\sum_{n=1}^{M} R_{m\to n,t}} \tag{5.24}$$

与产业转移的相对净流量测定同理，m 产业向 n 产业转型的相对净流量为：

$$TST^{i}_{m\to n,t} = \Delta LQ^{i}_{m,t} A_{m,t} F_{m\to n,t} \frac{\sum_{i=1}^{I} x^{i}_{m,t}}{\sum_{i=1}^{I}\sum_{m=1}^{N} x^{i}_{m,t}} + \Delta LQ^{i}_{n,t} A_{n,t} F_{n\to m,t} \frac{\sum_{i=1}^{I} x^{i}_{n,t}}{\sum_{i=1}^{I}\sum_{n=1}^{N} x^{i}_{n,t}} \tag{5.25}$$

其中 $A_{m(n),t} = \left(\sum_{m(n)=1}^{M} \frac{R_{m\to n(n\to m),t}}{\sum_{m(n)=1}^{M} R_{m\to n(n\to m),t}}\right)^{-1}$ 为平衡因子。当 $TST_{m\to n,t} > 0$ 时，表示 i 地区的产业 m 接收了产业 n 的相对流入；当 $TST_{m\to n,t} < 0$ 时，表示 i 地区产业 m 向产业 n 发生了相对流出；当 $TST_{m\to n,t} = 0$ 时，表示在 i 地区 m 、n 产业之间不存在相对流动，未发生产业转型。

对方程（5.25）进行差分，可得 i 地区产业 m 产业转型的相对净流量为：

$$TST^{i}_{m,t} = \sum_{m=1(m\neq n)}^{M} TST^{i}_{m\to n,t} \tag{5.26}$$

产业转型的相对净流量正向增大，表示其他产业向该产业转型；负向增大，表示该产业向其他产业转型。

三、数据来源及说明

本书选取 1999 ~ 2014 年共 16 年的数据，经过环比、增速等处理，由于西藏部分年份数据缺失，海南与其他省区市之间的地理距离情况有一定差别，因此将其剔除后构造了29个省区市2000~2014年共15年的有效面板数据。相关数据来源于《中国统计年鉴》《中国工业统计年鉴》《中国工业经济统计年鉴》《中国科技统计年鉴》《中国劳动统计年鉴》等。需要说明的是，劳动人口数据基于各省区市常住人口而非户籍单位统计数据，从而避免了由于劳动力省城流动对回归结果的影响；劳动人口统计数据为抽样数据，经抽样比修正；2004年工业产业相关数据取自《中国普查年鉴》，2012年《中国工业统计年鉴》未统计从业人数，由前后两期平均得到；平均受教育年限根据不同教育程度占比为权重，乘以相应受教育时间并求和计算得到；为协调回归结果中各变量系数的数量级，变动率及比例等变量均以%为单位；利润总额等相关金额类数据均经当年出厂物价指数修正。

根据上述指标测度的相关说明，得到2000~2014年29个省区市的回归数据，各变量描述性统计结果如表5-3所示：

表5-3 回归变量的描述性统计

变量	样本量（N）	均值（Ave）	方差（Var）	最大值（Max）	最小值（Min）
TSF_{L1}	435	2.9068	42.3678	26.9383	-8.7003
TSF_{L2}	435	1.1794	11.1565	9.5991	-9.034
TSF_{L3}	435	-0.8323	1.7373	1.4175	-4.6810
TSF_{L4}	435	-0.2561	3.7200	6.6483	-6.1534
TSF_{L5}	435	-0.9295	2.3108	1.5350	-5.4670
TST_{L1}	435	0.1762	2.6147	8.3537	-8.3536
TST_{L2}	435	0.0892	3.9379	10.8345	-7.7796
TST_{L3}	435	-0.33919	10.0459	15.3962	-18.9508
TST_{L4}	435	0.0832	16.9570	42.3274	-47.4291

续表

变量	样本量（N）	均值（Ave）	方差（Var）	最大值（Max）	最小值（Min）
TST_{L5}	435	0.3279	3.8887	35.3072	-29.4406
Lag	435	1.4768	14.0098	23.9246	-12.7803
YEg	435	1.5591	14.5483	12.8336	-11.5073
MEI	435	7.3806	16.4498	22.3669	0.8324
WIg	435	12.1161	20.9934	27.5	0
RDg	435	23.1102	263.9066	114.691	-9.3023
FDI	435	17.5521	1054.615	190.2199	-100
NSO	435	57.8510	207.9225	83.7306	2.1664

资料来源：笔者整理。

第四节 实证结果及分析

本书设定工具变量类型为 GMM，分别控制转型量、转移量为内生变量，控制滞后一阶的工具变量为前定变量，采用有限信息法对联立方程模型（5.11）进行了两步法系统广义矩估计（Two - step SGMM），从动态视角经验分析劳动力演化下影响中国工业产业转移和转型的因素。回归结果分别报告于表 5 - 4 和表 5 - 5。

一、产业转移的回归结果分析

表 5 - 4 第①至第⑤组的实证结果分别反映了中国资源型工业产业、初级工业产业、低技术工业产业、中技术工业产业和高技术工业产业的产业转移效应，受到劳动力投入量、劳动力技能水平、工资水平等因素影响的变动情况。

表 5－4　　　　产业转移回归结果（联立方程模型）

	产业转移指数（以技术等级划分）				
	①TSF_{L1}	②TSF_{L2}	③TSF_{L3}	④TSF_{L4}	④TSF_{L5}
TSF_{t-1}	－0.3152 *** （－22.69）	－0.0449 *** （－2.93）	0.2324 *** （12.05）	－0.3478 *** （－12.40）	0.3169 *** （6.31）
TST	3.0005 *** （8.57）	0.2004 *** （2.36）	－0.0281 （－1.14）	－0.1236 *** （－4.80）	－0.0032 （－0.44）
Lag	0.0936 ** （2.05）	0.1180 *** （3.75）	0.0798 *** （11.51）	－0.0209 *** （－2.46）	－0.0551 *** （－7.36）
YEg	－0.3994 *** （－17.11）	－0.1135 *** （－6.91）	0.0181 *** （3.02）	0.0263 *** （3.18）	0.0430 *** （6.54）
MEI	1.2333 *** （9.85）	0.0598 （1.32）	0.0433 *** （3.20）	－0.0849 *** （－2.46）	－0.1236 *** （－5.16）
WIg	－0.0347 （－0.88）	－0.0157 （－0.64）	0.0222 *** （4.07）	0.2162 *** （15.71）	0.0422 *** （5.06）
RDg	－0.1334 *** （－11.25）	－0.0643 *** （－7.72）	－0.0001 *** （－0.02）	0.0107 * （1.80）	0.0059 *** （2.22）
FDI	－0.0221 *** （－4.39）	0.0076 *** （3.20）	－0.0008 （－0.53）	－0.0066 *** （－3.58）	－0.0035 *** （－4.97）
NSO	－0.0956 *** （－3.51）	－0.1005 *** （－8.37）	0.0523 *** （11.73）	0.0609 *** （5.63）	0.0726 *** （5.09）
Con	－6.6191 *** （－3.17）	8.2106 *** （9.52）	－4.4961 *** （－13.62）	－6.1863 *** （－8.86）	－4.6488 *** （－17.29）
OBS	406	406	406	406	406
AR（1）	0.0000	0.0000	0.0003	0.0000	0.0001
AR（2）	0.1850	0.1630	0.1672	0.1873	0.4694
Sargan	0.9887	0.9889	0.9880	0.9920	0.9884

续表

	产业转移指数（以技术等级划分）				
	①TSF_{L1}	②TSF_{L2}	③TSF_{L3}	④TSF_{L4}	④TSF_{L5}
Hansen	0.965	0.946	0.936	0.953	0.967
F	0.0000 ***	0.0000 ***	0.0000 ***	0.0000 ***	0.0000 ***

注：*、**、*** 分别表示在 10%、5%、1% 置信水平下通过显著性检验。Sargan 检验、Hansen 检验的零假设为工具变量与残差无相关性，即模型不存在过度识别；AR（1）、AR（2）检验的零假设为残差不存在自相关；F 检验的零假设为回归方程解释变量系数联合显著。

资料来源：笔者利用 STATA 软件计算。

由表 5－4 中的回归结果①可知，对资源型产业而言，劳动力投入对产业转移影响为正，但显著相对较低，表明丰富劳动力对此类产业转移有正向吸引力但并不强烈。这一结果基本符合预期，因为此类产业虽然依赖劳动的大量投入，但地区资源状况更是其发展的决定因素。由平均受教育年限衡量的劳动力技能对产业转移的相对净流量作用显著为负，表明资源型产业更容易向劳动力技能较低的地区转移，也可以说，劳动力技能的提高会在一定程度上抑制资源型产业发展。而技能配置效率对资源型产业的显著正向作用表明，资源型产业更愿意向技能匹配较高的地区转移。与此同时，外商直接投资作用显著为负反映了外资引入会造成我国资源型产业的转出。研发投入的提升对资源型产业呈负向影响，工资水平作用为负但不显著，意味着此类因素可能在反映技术和技能水平提升的同时，也构成了资源型产业的成本。此外，非国有化率对产业转移的显著负向影响，反映了我国资源型产业大多为国有企业的现实情况。综上可以基本看出，中国资源型产业转移动机强烈依赖资源分布和政策导向，高技术劳动力、研发投入等由于成本较高，对资源依赖性产业转移的影响不显著，甚至存在一定的抑制作用。

由回归结果②可知，对以食品制造业为主的初级产业而言，劳动力投入量对产业转移系数显著为正，表明初级产业的生产经营仍然依靠低成本劳动力投入的传统生产模式。工资负向但不显著的作用表明，在劳动力成本的提高的普遍趋势下，初级产业的低成本优势式微，从而一定程度上推动着产业外流。与此相应，劳动力技能水平和研发投入对初级产业转移的作用均显著为负，劳动力技能配置效率为正，但未通过显著性检验，上述结果共同反映了我国初级产业相对不利的生存状况。随着人口红利的逐步消失和劳动力成本的不断上升，由于初级产业对劳动力技能水平的依赖性不强，作为新型生产力的人才红利并没有发挥出应有作用，相反，该产业可能还会由于上述因素的增加而发生“被挤出”效应而萎缩。至于其他变量，外商直接投资作用为正，表明初级产业对外资仍有一定的依赖；非国有化率作用显著为负，表明关系国计民生的产业性质，以食品、烟酒为主的初级产业受国家政策影响较大，重点企业多为国有或国有控股。回归结果表明，对基本属于劳动密集型的初级产业转移，劳动力投入和政策导向是影响产业转移的关键。

由回归结果③可知，劳动力投入对低技术产业转移有正向作用，但作用力相较于初级产品有所降低，说明我国以加工制造为主的低技术产业表现出劳动密集型特征，依靠劳动力投入维系初级产业生产经营的传统生产模式仍在。与此同时，劳动力技能水平呈显著正向作用，人才红利的作用在低技术产业转移过程中得到了一定程度的显现。技能配置效率系数显著为正，合理的解释是，相较于初级产业而言，劳动力技能对低技术产业的作用开始凸显，某地较高的匹配效率意味着高技能劳动力较高的生产边际，对技术水平较低的低技术产业表现正向促进作用，成为低技术产业转移的重要吸引力。此外，反映技术水平的研发投入和外商直接投资系数为负，不仅反映了我国低技术产业自主研发能力不足，更体现了在融入全球化生产的今天，外资所带来的技术扩散作用明显减弱，这可能是生产专业化下价值链低端锁定效应导致的。

由回归结果④可知，劳动力投入量对中等技术产业转移的作用出现显著负向趋势，说明中等技术产业对劳动力投入数量的依赖大大降低，劳动力数量优势不是吸引中等技术产业流入的关键因素。与之相比，劳动力技能系数的估计值为进一步正向提高，且通过了1%显著性水平下的统计检验，表明中等技术产业更容易向劳动力技能禀赋相对丰富的地区转移，劳动力技能越来越成为吸引中等技术产业流入的重要因素。与此相一致的是，研发投入对中等技术产业转移的吸引力由负转正，而外商直接投资的负向作用显著提高，表明中等技术产业的发展更多地倚重于自主创新。出乎预期的是，技能配置效率对中等技术产业转移的作用呈下降趋势，开始表现显著负向作用，可能的原因在于，对劳动力技能要求相对较高的中等技术产业，面临高技能劳动力稀缺性的约束，从而未能产生真正意义上的匹配效率，相反，由于匹配不力反而对产业转移产生负向影响。此外，就其他变量而言，非国有化率显著为正，持续提升，表明我国中等技术产业对开放型市场的需求进一步提高。回归结果表明，高技能劳动力和良好的技能配置效率是中等技术产业转移的主要因素。

由回归结果⑤可知，对高技术产业而言，人口红利式微、较高的工资并不会成为产业转移的负担。高技能劳动力作用为正，系数持续增大，研发投入对产业转移依然呈正向作用，但相对于中等技术产业而言有所降低，表明我国高技术产业的转移动力主要依赖高技能劳动力带来的人才红利，相比于中等技术产业而言，转移动力有从自主研发向高技能劳动力转变的趋势。而持续下降的匹配效率系数显著为负，进一步佐证了高技术产业对高技能劳动力强烈依赖下面临的稀缺性约束难题。合理的高技能劳动力配置对高技术产业生产效率的提升有更为重要的意义。高技术产业对高技能劳动力的需求弹性较小，因此，高配置效率下高技能劳动力的相对稀缺性，是阻碍高技术产业转移的重要原因。因此，注重劳动力技能水平的提升是吸引高技术产业的关键。此外，外商直接投资由于技术优势度下降，继续对产业转移呈现出更大的负向作用。非国有化率系数为正，表明进一步提高市场化水平有助于高技术产业的发展。

通过对比五组回归结果，尤其是比较劳动力数量、劳动力技能和技能配置效率在不同组别中回归结果的差异性，有助于我们进一步认识上述关键因素对不同技术水平产业转移的作用变化。除资源型产业由于受制于资源的空间分布而略有不同外，随着产业技术水平的提升，本书关注的各关键因素对产业转移作用变动的趋势性明显。劳动力投入量对产业转移的作用力由正转负，劳动力技能的作用力由负转正，配置效率系数由正转负。上述变化及组间回归结果的差异表明，随着产业技术水平的提升，人口红利和低成本劳动力等传统低成本优势的衰减趋势，会对技术等级较低的产业转移产生显著影响，但并不会成为技术等级较高产业转移流入的阻碍，相反，对于高技术产业而言，人口红利的衰减反而在一定程度上能促进中高技术产业的流入；与此同时，高技能劳动力、高研发投入等促进技术进步的要素，伴随产业技术水平等级的提高，对产业转移的吸引力加速凸显。配置效率对产业转移作用的下降趋势佐证了前面理论分析中的判断，对于固定技术水平的产业转移效应而言，由于高技术产业对高技能劳动力匹配的敏感度更高，配置效率较高的地区由于高技能劳动力相对稀缺，对成本的边际影响较大，当高技能劳动力相对于高技术产业配置不足时，配置效率对产业转移的作用会出现负向效应。此外，外商直接投资对产业转移的负向作用不断加强，非国有化率的系数不断上升，表明我国工业产业的技术水平不断提升，也更需要更为开放的市场环境，总体而言，技术等级越高的产业越愿意向技术密集、市场化水平较高的地区转移。

二、产业转型的回归结果分析

与表 5 – 4 回归结果的逻辑一致，表 5 – 5 第⑥至第⑩组的实证结果反映了中国五类技术水平不同的工业产业之间，在劳动力数量、劳动力技能、工资水平等因素的影响下产业转型的变动情况。根据前面的指标设定可知，若变量系数估计值为正，则表示有利于该产业自身的发展；若变量系数估计值为负，则表示有利于推动该产业向其他产业转型。

表 5－5　　产业转型回归结果（联立方程）

	产业转型指数（以技术等级划分）				
	⑥TST_{L1}	⑦TST_{L2}	⑧TST_{L3}	⑨TST_{L4}	⑩TST_{L5}
TST_{t-1}	-0.0788 * (-1.61)	0.0479 (1.36)	-0.0536 *** (-4.52)	-0.2782 *** (-5.78)	-0.0776 *** (-2.63)
TSF	0.0345 *** (4.54)	0.0193 * (1.67)	-0.0368 (-1.2)	-0.1720 *** (-6.49)	0.0163 (0.05)
Lag	0.0196 (1.21)	0.0438 *** (3.43)	0.0358 *** (4.11)	-0.0910 *** (-5.54)	-0.0616 ** (-1.95)
YEg	0.0052 (1.03)	-0.0470 *** (-6.04)	-0.0206 *** (-2.17)	0.0105 *** (2.35)	0.0522 *** (2.62)
MEI	-0.0466 *** (-2.63)	0.0271 ** (1.92)	0.0291 *** (2.27)	0.0487 *** (2.15)	0.1405 *** (2.85)
WIg	-0.0225 *** (-2.61)	-0.0102 * (-1.68)	-0.0066 (-0.59)	0.0479 *** (3.18)	0.0299 *** (2.25)
RDg	0.0065 *** (2.70)	-0.0176 *** (-6.01)	-0.0033 (-0.66)	0.0239 *** (9.41)	0.0416 *** (5.12)
FDI	0.0026 *** (2.13)	-0.0105 *** (-9.64)	0.0076 *** (2.92)	0.0058 *** (2.46)	-0.0071 (-1.43)
NOS	-0.0187 *** (-3.53)	0.0091 (1.16)	0.0160 * (1.69)	0.0058 (0.93)	0.0579 *** (2.22)
Con	1.5297 *** (4.05)	-0.0220 (-0.04)	-1.4928 *** (-2.44)	-1.0977 *** (-2.42)	-6.0235 * (-1.76)
OBS	406	406	406	406	406

续表

	产业转型指数（以技术等级划分）				
	⑥TST_{L1}	⑦TST_{L2}	⑧TST_{L3}	⑨TST_{L4}	⑩TST_{L5}
AR（1）	0.0087	0.0050	0.0007	0.0527	0.0056
AR（2）	0.2718	0.5572	0.1419	0.2478	0.4424
Sargan	0.9998	0.9972	0.9986	0.9970	0.9999
Hansen	0.976	0.994	0.971	0.981	0.969
F	0.0000***	0.0000***	0.0000***	0.0000***	0.0000***

注：同表5－4。

资料来源：笔者利用STATA软件计算。

由表5－5中的回归⑥可知，对资源型产业转型而言，劳动力投入作用为正，但显著性不足，说明劳动力数量并非是吸引其他产业流向资源型产业的重要因素。如前分析指出，这是与资源型产业自身特性有关。工资的系数估计值显著为负，在一定程度上反映了劳动力成本上升对资源型产业具有挤出效应。高技能劳动力作用为正，但不显著，表明资源型产业对技能依赖程度不高。配置效率系数估计值显著为负，表明在配置效率较高更可能推动资源型产业发生转型，这一点可能意味着资源型产业对较高配置效率下成本提升相对敏感，进而推动着产业转型。研发投入系数为正，表明研发对资源型产业发展有显著促进作用。外商直接投资作用显著为正，可能意味着我国资源型产业的整体技术水平较低，对资源的开采利用等许多核心技术依然依赖外资的外溢效应。上述结果共同反映了我国资源型产业的低技术现状，即强烈依赖资源禀赋和低成本劳动力投入，这对于资源日趋紧张和人口红利式微的中国，发展前景是较为严峻的。非国有化率显著为负，表明我国资源型产业以国有为主，因此，由政策主导、政府宏观调控，帮助资源型产业实现技术改进和可持续发展，是十分必要的。

由回归⑦可知，对于初级产业转型而言，劳动力投入系数估计值显著为正，说明劳动力投入数量的增加有利于低技术产业发展。就劳动力技能变量而言，其系数估计值为负，且通过1%的显著性检验，表明劳动力技能水平提高会推动初级产业向其他产业转型发展，换言之，初级产业自身更倾向于在劳动力技能水平较低的地区发展。这是因为，高技能劳动往往意味着更高的劳动成本，对初级产业的转型升级存在“倒逼”作用。相对于资源型产业而言，初级产业领域的配置效率的系数估计值虽然较小，且显著性较低，但至少已显现出正向作用，即配置效率提高有助于推动更低级别的产业向初级产业转型发展，但却不利于自身向其他高端产业领域转型。工资、研发投入和外商直接投资的系数估计值均为负，说明诸如劳动力成本上升等因素在一定程度上推动着初级产业的转型发展。

由回归⑧可知，对低技术产业转型而言，解释变量系数保持了一定程度的趋势性。劳动力投入变量的系数估计值显著为正，但相对于初级产业而言有所降低，说明从劳动力投入的作用方向上看，劳动力数量的提高有利于更低级别的产业向低技术产业转型发展，但却不利于自身的转型升级。劳动力技能变量的系数估计值为负，但相比于初级产业绝对作用力和显著性均有下降，即劳动力技能提高对推动低技术产业转型的力度减弱。在一定程度上也可以反映伴随产业技术结构的提高，其自身对劳动力技能的需求提升。劳动力配置效率系数继续提升，表明配置效率提高促进了其他低级别产业向该产业转型，却不利于该产业自身转型。工资的提高对产业转型产生的“倒逼”作用并不明显，这说明了我国低技术产业在很大程度上依然具有劳动密集型特征。外商直接投资系数显著为正，表明我国低技术产业出口导向的特征，集聚了其他低级别产业领域资源向该产业集聚，从而有利于该产业自身发展，但却不利于其转型升级。此外，非国有化率的系数估计值为正但显著性不足，表明市场化水平有利于促进低技术产业的发展，但却对其转型无显著推动力。

由回归⑨可知，对于中等技术产业而言，劳动力投入系数由正转负，且通过1%的显著性水平检验，说明中等技术产业发展对劳动力投入的依赖性大大降低，人口红利的衰减不仅不会抑制中等技术产业发展，反而有利于其他较低级别产业向该产业转型。劳动力技能与研发投入系数的估计值均显著为正，表明人才红利和技术创新同样有利于其他产业向中技术产业的转型；非国有化率正向作用进一步提高，虽然显著性不足，但表明市场化进程开始成为推进中等技术产业发展重要动力。此外，外商直接投资显著为正，反映出外资是推动我国中等技术产业发展的重要动力，但对该产业的转型发展没有形成推动力。

由回归⑩可知，高技术产业作为技术水平最高的产业，由于其转型净流量一般表现为其他产业向该产业的转型，因此回归系数显著为正也就意味着更有利于“吸引”其他产业向高技术产业转型发展，从而表现为高技术产业自身的扩张。劳动力投入量系数显著为负，工资系数正向提高，反映了我国劳动力数量下降和成本上升等趋势不仅不会抑制高技术产业的发展，还会反过来“倒逼”其他产业向高技术产业的转型升级，但劳动力数量的“倒逼”作用不如工资作用显著。劳动力技能水平和技能配置效率系数显著为正，并持续增大，反映了对高技术产业而言，高技能配置效率带来的收益已经远远大于高技能劳动力稀缺造成的成本边际提升，也更有利于促进其他产业向高技术产业转型。相应的，研发投入系数持续增大，且通过1%显著性检验，而外商直接投资系数为负，且不显著，表明对于高技术产业而言，注重研发创新、拥有核心技术是产业发展的关键。非国有化率系数持续提升，则继续佐证了市场化水平有利于促进产业转型升级的结论。

与表5－4的分析逻辑一致，通过对比表5－5中的五组回归结果，同样有助于我们进一步认识劳动力数量和劳动力技能等关键因素在不同组别中回归结果的差异性，或者说对中国不同技术产业转型究竟存在着怎样不同影响。劳动力数量在中等技术产业和高技术产业的转型中作用为负，而在资源型产业、初级产业和低技术产业的转型中为正，反映了劳动力数量有利于技术较低产业的发展，但伴随着中国人口红利式微，这种作用将难以持久，将“倒逼”资源型、初级和低技术产业实现转型升级。与此相应，工资由负转正，呈上升趋势，但发挥负向作用时显著性不足，表明中国劳动力成本的不断上升对各产业的转型升级存在“倒逼”作用，但由于长期对低成本传统模式的依赖，这种“倒逼”作用对技术较低产业而言并不显著。高技能劳动力和研发投入对产业转型整体上存在正向递增作用，日益成为影响企业成本的重要因素。至于具有“双刃剑”特点的外商直接投资而言，中国融入全球价值链分工体系的发展模式，导致工业产业的发展很大程度上依赖外资的技术外溢，由此产生的价值链低端锁定问题，必须依靠加大研发投入、掌握核心技术、构建自有品牌等方式解决，才能促进产业由中低技术向高技术产业发展。此外，非常重要的是，技能配置效率对产业转型的作用趋势表现出于产业转移相反的作用趋势，即随技术水平的提升而不断增大，其显著为正的作用系数，表明通过提升产业技术水平而提高劳动力技能的配置效率，将显著促进中国资源型、初级和低技术产业向中高技术产业的转型发展，是中国产业升级的关键动力。据此可以认为，在低成本比较优势式微和人口红利的衰减趋势下，在重视研发水平和劳动力技能提升的基础上，必须理好劳动力技能与产业技术水平之间的配置问题，为人才红利和技术红利的充分发挥奠定基础。

三、稳健性检验

为便于比较分析和进一步的稳健性检验，引入内生变量滞后项为工具变量，分别对单方程模型（5.12）和模型（5.13）进行估计，回归结果分别报告于表 5 -6 和表 5 -7。

表 5－6　　产业转移回归结果（单方程模型）

	产业转移指数（以技术等级划分）				
	①TSF_{L1}	②TSF_{L2}	③TSF_{L3}	④TSF_{L4}	④TSF_{L5}
TSF_{t-1}	－0.3450*** （－22.92）	－0.0324*** （－7.43）	0.2372*** （31.96）	－0.3334*** （－18.42）	0.3873*** （31.94）
TST_{t-1}	0.0428 （0.37）	－0.2515*** （－4.46）	－0.0093 （－0.61）	0.0897*** （6.21）	0.0009 （0.12）
Lag	0.2390** （2.99）	0.1695*** （7.38）	0.0768*** （19.82）	－0.3478*** （－2.56）	－0.0559*** （－13.99）
YEg	－0.3914*** （－18.96）	－0.1464*** （－13.60）	0.0233*** （7.47）	0.0311*** （3.36）	0.0541*** （9.53）
MEI	1.6502*** （10.07）	0.0853** （1.84）	0.0715*** （3.28）	0.0010 （0.03）	－0.0803*** （－8.31）
WIg	－0.2848*** （－6.66）	－0.0265 （－1.37）	0.0151*** （3.28）	0.2336*** （12.16）	0.0629*** （8.74）
RDg	－0.1698*** （－8.73）	－0.0722*** （－10.29）	－0.0015 （－0.94）	0.0110*** （4.20）	0.0029*** （2.14）
FDI	－0.0089*** （－2.32）	0.0028 （0.86）	－0.0014 （－1.11）	－0.0065*** （－3.56）	－0.0041*** （－3.45）
NSO	－0.0793*** （－2.89）	－0.1057*** （－10.83）	0.0559*** （32.92）	0.0668*** （13.16）	0.0659*** （27.33）
Con	－4.5241*** （－2.20）	8.7432*** （12.58）	－4.4961*** （－13.62）	－7.3523*** （－17.11）	－4.6305*** （－29.40）
OBS	406	406	406	406	406
AR（1）	0.0000	0.0000	0.0000	0.0000	0.0000
AR（2）	0.1203	0.1530	0.2050	0.3733	0.6011
Sargan	0.8436	0.8440	0.8342	0.8393	0.8375
Hansen	0.906	0.872	0.994	0.934	0.981
F	0.0000***	0.0000***	0.0000***	0.0000***	0.0000***

注：同表 5－4。

资料来源：笔者利用 STATA 软件计算。

表 5-7　　产业转型回归结果（单方程模型）

	产业转型指数（以技术等级划分）				
	⑥TST_{L1}	⑦TST_{L2}	⑧TST_{L3}	⑨TST_{L4}	⑩TST_{L5}
TST_{t-1}	-0.0044 (-0.46)	0.0551*** (13.85)	-0.0563*** (-9.74)	-0.3056*** (-6.96)	-0.1468*** (-7.31)
TSF_{t-1}	-0.0163*** (-5.65)	0.0249*** (3.44)	-0.1849*** (-7.66)	-0.2568*** (-9.45)	0.2054*** (3.81)
Lag	0.0035*** (2.46)	0.0203 (1.03)	0.0026 (0.26)	-0.0350*** (-4.17)	-0.1118*** (-2.87)
YEg	-0.0055 (-1.36)	-0.0468*** (-3.10)	-0.0213*** (-2.87)	0.0815*** (13.37)	0.0622*** (3.37)
MEI	-0.0664*** (-4.73)	-0.0396*** (-3.10)	0.0350 (1.43)	0.2089*** (13.08)	0.1414*** (3.71)
WIg	-0.0127*** (-2.24)	-0.0365* (-4.24)	-0.0533*** (-3.24)	0.0489*** (6.17)	0.0749 (1.90)
RDg	0.0080*** (3.19)	-0.0301*** (-9.48)	0.0031 (0.50)	0.0435*** (7.02)	0.0513*** (9.77)
FDI	0.0055*** (4.66)	-0.0063*** (-5.79)	0.0075*** (3.97)	0.0118*** (6.94)	-0.0014*** (2.13)
NOS	-0.0309*** (-7.25)	-0.0283*** (-5.98)	0.0512*** (5.03)	-0.0447*** (-4.44)	0.0732*** (4.57)
Con	2.3523*** (7.32)	3.2159*** (12.18)	-3.3279*** (-5.84)	0.4774 (0.83)	-7.5593*** (-5.88)
OBS	406	406	406	406	406
AR（1）	0.0018	0.0034	0.0004	0.0906	0.0032
AR（2）	0.1366	0.4035	0.1553	0.2499	0.5807
Sargan	0.9980	0.9845	0.9877	0.9751	0.9967
Hansen	0.980	0.937	0.971	0.994	0.973
F	0.0000***	0.0000***	0.0000***	0.0000***	0.0000***

注：同表 5-4。

资料来源：笔者利用 STATA 软件计算。

将表5－6的回归结果与表5－4对比，以及将表5－7的回归结果与表5－5对比，相应各栏的回归系数并未出现系统差异，从而说明联立方程回归结果的稳健性。对于各变量回归结果的解释，与前面基本一致，此处不再赘述。

第五节　结论及启示

一、主要结论

本章对劳动力区位熵的引力系数修正，在精确测度产业转移和产业转型相对净流量的基础上，并按技术水平将工业产业划分为资源型产业、初级产业、低技术产业、中等技术产业以及高技术产业五组，利用2000～2014年中国29个省区市面板数据，通过建立联立方程模型，采用系统GMM的估计方法计量研究了劳动力数量、劳动力技能以及技能配置效率对不同技术水平产业转移和转型的影响。

结果表明，从劳动力数量的角度看，随着产业技术水平的提高，以劳动人口数量变动衡量的劳动力投入对产业转移和产业转型有类似作用。地区劳动力数量的提高更容易吸引低技术产业的空间流入，而不利于吸引高技术产业；对产业转型而言，劳动力数量的提高也对低技术产业的发展较为有利。伴随传统人口红利式微，低技术产业有加快空间转移的可能性，并“倒逼”低技术产业向高技术产业转型升级。但由于近年来我国劳动力成本的普遍上涨，工资的对产业转移和转型的“倒逼”作用均不如劳动力数量的作用明显。从劳动力技能水平的角度看，随着产业技术水平的提高，以平均受教育年限衡量的劳动力技能因素对中国产业转移的促进作用呈增长趋势，也更有利于诱导低技术产业向高技术产业转型。针对低技术产业转移和转型系数符号相反的事实表明，我国以制造业为主的低技术产业有向劳动力技能较高地区转移的趋势，这种转移将进一步推动低技术产业向中高技术产业转型升级。相应的，研发投入也体现出对我国工业产业转移和转型的引导作用。从技能配置效率的角度看，配置效率对产业转移和转型具有显著的反向趋势性作用。对产业转移而言，技术水平越高的产业，对高技能劳动力的需求弹性越小，技能配置效率提高造成高技能劳动力的进一步稀缺，容易形成对产业的“挤出”；对产业转型而言，通过提高产业自身技术水平，高技能配置效率会进一步促进边际生产率的提高，从而形成对产业转型升级的促进作用，并有利于促进高技术产业自身的发展。这对于夯实出口价值链升级的产业基础具有重要作用。

二、政策启示

综合以上结果，似乎也说明了中国工业发展过程中，当面临劳动力要素不符合产业的发展需求时，工业产业更偏好于转移到与自身产业结构相适宜的地方进行生产，对劳动力技能需求较高的产业，往往选择向高技能劳动力密集的地区转移；对劳动力投入需求较大的产业，也更愿意选择转移到劳动力充裕的地区生产。技能密集型产业的转移或许反映出中国高技能劳动力空间配置不尽合理，与地区产业技术结构的匹配有待提高。与此同时，从产业转型角度看，伴随产业技术结构的提升，产业发展越来越依赖于劳动力技能提升和劳动力技能配置效率。上述两个因素在中高技术产业中的显著正向作用，同时也说明了其对其他产业向中高技术产业转型的重要推动作用。然而，正如在产业转移分析中所发现，高技能劳动力稀缺性的约束问题依然比较严重，因此，距离真正意义上的匹配效率提升还相差很远。这一结论可能传递了一个关于中国工业发展进程中较为重要的信号，即促进中国产业高端化转型所需关键要素积累可能还远远不够。这同时意味着中国工业产业在向高技术产业转型的过程中，可能存在“断档”风险从而极大地制约着中国向高技术产业转型的步伐。因此，为了能更好地通过产业国内梯度转移，据此促进沿海地区产业转型和内陆沿边地区依托产业承接而“补短”，进而顺利实现“在区域协调发展中拓展发展空间”的工业发展战略目标，需要着力解决以下几个方面的重要问题。

第一，促进劳动力适度地“回流”。增加劳动力有效供给，是促进劳动密集型产业从沿海地区向内陆沿边地区转移的基本要素。但现实情况是，改革开放以来，渐进式的区域开放政策促使了大量劳动力从内陆沿边地区向沿海地区流动，这种状况至少从目前来看，并没有减缓的趋势，更不用说劳动力“回流”。显然，劳动力大规模地从内陆沿边地区向沿海地区流动，对发展新阶段产业的反向梯度转移构成了重要障碍。因此，合理地引导产业梯度转移，所需解决的首要问题就是如何有效地、适度地促进劳动力“回流”。为此，中央和地方政府都应在完善劳动力市场体系方面多做工作，促进劳动力市场化流动。尤其是要在教育、医疗、社会保障、基础设施、公共服务等方面，适当加大对欠发达地区的倾斜和投入，创造能吸引劳动力“回流”的发展环境。

第二，加速推进劳动力技能结构演化。随着传统人口红利式微，尤其是对于发达的沿海地区而言，伴随普通劳动力、土地等各类生产要素价格不断上涨，推动产业梯度转移是为产业转型发展释放必要的空间。从劳动力技能角度看，产业转型发展需要建立在具有相匹配的劳动力技能支撑之上，否则，极有可能会出现“笼子腾空后新鸟却没有进来”的结果。本书的计量结果已经表明，劳动力技能和技能配置效率对诱导产业转型具有很大作用，但却又面临着技能型劳动力较为缺乏的困境，从而还难以形成支撑和引领产业转型发展的现实需要。为此，必须加速培育以高劳动力技能为核心的新型比较优势。一方面要进一步提升教育投入，普及高等教育、成人教育和再教育，特别是职业教育和在职培训的发展，增加技能型劳动力的有效供给。另一方面，要重视高技能劳动力的空间配置问题，通过适当的财政补贴，鼓励适宜性的技能型劳动力向中西部流动，对于沿海地区相应产业向内陆沿边地区转移也具有“引导”作用。总之，在人口红利逐渐式微的情景下，应转向发挥人才红利在产业转移和产业升级中的关键作用，实现劳动力比较优势由数量型投入向质量型投入的转变。

第三，重视劳动力技能与产业技术水平的匹配效应。人才红利和研发创新是促进工业产业的高端化发展的重要因素，这基本上是经济学的共识。但两者的价值必须在适当劳动力配置效率的条件下才能最大限度地展现，即要实现要素质量之间的匹配。本书的计量研究发现，劳动力技能配置效率在推动低技术产业向中高端产业转型发展中发挥极为重要的作用。但有研究却表明，两者之间的匹配却不尽如人意（彭国华，2015）。这在我国教育不断普及、教育程度不断提升的背景下，多少是有些出乎意料的。其中可能的原因之一，就在于劳动力技能未能很好地与产业技术结构相匹配，造成了劳动力技能生产力的浪费。因此，必须在进一步加大研发投入、促进产业技术水平不断提升的基础上，同时注重劳动力技能与产业技术的匹配，完善技能认证体制，提高认证结果的公开性、客观性、全面性以及公平性，重视人才市场、人才储备机制的建设，健全劳动力技能的配置机制，尽快实现工业产业的转型升级，以奠定出口价值链升级的坚实产业基础。

劳动力供给
演变与中国出口
价值链升级
Chapter 6

第六章　研究结论与启示

随着经济全球化战略的不断深入，我国出口贸易经历了较长时间的高速增长，创造了一个又一个增长奇迹。制造业的蓬勃发展是推动我国出口增长的重要引擎。但总体而言，我国制造业在全球产业链分工中仍然处于中低端地位，随着国际国内经济形势的深刻变化，制造业面临着促进转型升级、实现价值链攀升的迫切需求。与此同时，作为制造业重要生产要素的劳动力供给，在人口老龄化等现实背景下，传统人口红利对制造业生产的推动力不断减弱，要素的稀缺性特征日益凸显，亟待挖掘新型比较优势作为推进制造业价值链攀升强有力的支撑。据此，本书基于全球价值链背景，从劳动力供给演进的特定视角，分别从劳动力数量、劳动力技能和劳动力配置三个方面，经文献梳理、理论分析、数值模拟、指标测度和实证研究，深入分析了劳动力供给演进对价值链攀升的作用情况。

具体而言，本书首先基于对价值链定位的决定因素分析，构建了促进价值链攀升的理论模型，从数理推导的视角，分析了劳动力演进对价值链攀升的作用方式，并对命题假说进行了数值模拟。其次，结合现有研究成果和理论推导，利用经验数据，分别测度和分析了我国制造业价值链定位以及劳动力演化情况，并利用半参数回归，初步探究和证实了我国劳动力演化对制造业价值链攀升的作用。再次，通过变换测度指标和实证方法，计量分析了劳动力演化对价值链攀升的现实效应，特别突出了对被大多数研究所忽略的劳动力技能配置的分析。最后，为进一步凸显本书所做研究的现实意义，基于对全书研究结论的总结阐述，提出促进我国制造业攀升的政策建议，并就研究内容的不足之处进行了分析和展望。

第一节　主要结论

劳动力供给是制造业生产和发展的要素来源，结合全书分析来看，劳动力演化对价值链攀升至少存在以下三个方面的作用。

一、人口红利的作用

从生产效益的角度来讲，人口红利是指通过劳动力数量而实现的经济利益。劳动力数量对价值链攀升的作用主要体现在，通过扩大生产规模，实现生产环节的规模经济，从而强化该生产环节和邻近生产环节的比较优势，随着各价值链环节最优生产的不断实现，逐步推进价值链攀升。也就是说，人口红利对价值链攀升的作用有两个重要特点：一是随着价值链的不断攀升，劳动力数量引致的比较优势有不断减弱的趋势，对价值链攀升的作用表现不断衰减的性质；二是人口红利对价值链攀升促进作用发挥的重要前提，在于实现最优生产后依然存在剩余劳动力。这两个特点，正是导致我国改革开放初期切入全球价值链低端环节时，人口红利对价值链攀升表现了强劲的推动作用；而随着我国人口老龄化和价值链的不断攀升，劳动力数量对价值链攀升的作用却显著式微的主要原因。

二、人才红利的作用

人才红利又称“第二次人口红利”，是指在经济发展进入新阶段、传统剩余劳动力供给不足的情景下，依靠劳动力技能水平实现的经济利益。劳动力技能对价值链攀升的作用主要表现为两个方面：一方面，劳动力技能通过对劳动力数量的替代效应，实现对劳动力数量不足的补充。与人口红利对价值链攀升作用的特点相反，随着价值链的不断攀升，单位劳动力技能可替代的劳动力数量也随之增加，人才红利对价值链攀升的促进作用不断凸显，作用力度也不断加强。另一方面，随着价值链的不断攀升，生产的技术含量不断提高，劳动力技能发挥着生产技术吸收消化的“催化剂”作用，由于劳动力技能不能由数量逆向转化，随着价值链的不断攀升，劳动力技能的制约作用愈加凸显，表现“木桶效应”，成为限制价值链攀升的重要约束条件。

三、配置红利的作用

配置红利是基于本书研究结论总结得出的新概念，但其思想早已在众多研究中得以体现。生产是要素协同作用的结果，在实际生产中，各生产要素之间不是独立作用的，存在最优匹配，而不断优化要素配置，是实现资源节约、提升边际生产率的又一重要途径。借鉴人口红利与人才红利的概念，配置红利主要是指由于生产要素配置优化实现的经济利益，就本书而言，主要指优化劳动力技能与资本要素配置实现的经济收益。劳动力配置红利对价值链攀升的重要作用体现在，通过衡量劳动力要素投入的实际作用效率，直接决定劳动力数量和劳动力质量的有效投入水平，从而间接作用于价值链攀升。在资源日渐稀缺的今天，仅仅关注劳动力数量和技能的“投入”是不够的，必须重视其实际发挥的“效率”。因此，实现高低技能劳动力与其他生产资源的合理和有效配置，挖掘配置红利的潜在作用，提高劳动力资源利用率，是促进我国制造业出口价值链攀升的关键。

综合以上研究结果，似乎也正说明了中国制造业发展的过程中，在劳动力要素供给演变背景下出口价值链攀升的不利现状。一方面，人口红利式微，对价值链攀升的推动作用后劲不足。作为世界人口第一大国，改革开放以来，丰富的劳动力数量成为我国参与全球价值链分工的重要比较优势，是我国经济发展的重要动力。但人口老龄化和劳动力成本上涨大大削弱了这一优势作用的发挥，“民工荒”问题凸显，而与此同时，我国制造业依托组装加工等低技术环节，实现了全球化生产的价值链切入，经过十余年的发展，实现了出口增长和价值链攀升，对劳动力数量的依赖不断下降，人口红利式微成为大势所趋，制造业价值链攀升正逐渐失去最主要的传统助力。另一方面，人才红利的作用尚未充分凸显，对价值链攀升的作用尚停留在促进效率改进而非技术进步的层面。作为人口红利衰减下公认的生产替代要素，不可否认，人才红利对价值链攀升有更为持久的作用，且随着价值链的不断攀升，这种作用将日趋凸显。但遗憾的是，由于我国人力资本总量大但素质低的特点，人才红利并未发挥出通过促进技术进步以推进价值链攀升的实质作用，巨大的潜在作用尚待进一步培育和挖掘。

在传统人口红利比较优势式微、人才红利新型比较优势尚未形成的劳动力“断层”下，我国制造业发展急需找到支持价值链攀升的新动力。优化劳动力配置是可能的动力之一。长期以来，由于我国劳动力资源充沛，学术界和生产界都相对忽略了一个重要的问题，即我国制造业劳动力技能配置不尽合理，造成劳动要素有效投入不足，产能浪费严重，实际利用率远低于世界平均水平。就业市场“就业难”和“招工荒”并存，可能就是明证。而这一点在高技能劳动力的配置方面显得尤为严峻。究其原因，对低技能劳动力而言，我国制造业低技能劳动力拥有相对较高的流动性，技术熟练度和专业化水平较低；对高技能劳动力而言，劳动力技能划分较为模糊，不同劳动力的其他资源配置缺乏合理性，专业与工作不匹配现象相对普遍，严重制约了高技能劳动力生产力的发挥。由此可见，重视劳动力技能配置，特别是高技能劳动力技能配置的优化，不断提高劳动力有效投入水平，是促进制造业出口价值链攀升的重要途径。

新中国成立以来，党和政府积极探索的“中国道路”，是一条从经济全球化时代特征出发，充分顺应全球化要素流动机制的发展道路。改革开放30多年以来，我国的经济政策着力于国外要素的引进，为我国充分融入世界经济，充分吸收国际经济资源奠定了坚实的基础。而随着我国不断深入全球价值链，国内要素与国外要素之间的发展出现失衡。按照全球化经济发展规律，从资本流入的单向模式，拓展到要素的双向流动，由传统“铺摊子”生产模式向优化要素结构转型，由要素引进向自主创新过渡，将成为“中国道路”发展的重要趋势。

第二节 对策建议

综上所述，结合我国劳动力演化和制造业发展现状，为了能进一步通过顺应、引导和应对我国劳动力供给演化，实现劳动力比较优势的培育、过渡和转型，进而推动制造业转型升级和出口价值链攀升，需要着力落实以下几个方面的问题：

一、充分利用剩余人口红利

虽然当前人口红利式微已成大势所趋，但作为我国制造业发展的传统要素红利，人口红利对推动出口价值链攀升依然存在不容忽视的作用。因此，政府应适度通过政策手段调整人口结构，引导劳动力流动和挖掘剩余劳动力。除了进一步合理推进延长退休、开放二胎等人口政策外，还应顺应制造业生产需求引导和强化劳动力市场的目的性流动性，并注重西部、农村等地和社会闲散人口剩余劳动力的挖掘，为制造业价值链攀升过程中劳动力比较优势转型的过渡期提供相对稳定的劳动力数量保障。

充分利用剩余人口红利，加快推进人才红利实现。步入“后人口红利”时代，人才红利作为人口红利的重要替代要素，对实现出口价值链攀升至关重要。提升劳动力技能水平，扩大高技能劳动力占比，促进社会整体劳动力素质的提高，加快推进“人口红利”向“人才红利”转型，是推动制造业价值链攀升、改善出口现状的关键。一方面，政府应进一步提高教育投入，普及高等教育、成人教育和再教育，以及职业教育和在职培训的发展，增强高技能劳动力供给；另一方面，除了要注重对本地劳动力技能的培养外，政府还应建立人才吸引机制，引导技能型劳动力流动，吸引海外高技能劳动力就业，尽快将“人才红利”切实转化为生产力，尽早实现劳动力新型比较优势的构建和发挥。

二、加快推进人才红利实现强化落实配置红利培育

劳动力配置红利在我国制造业发展过程中并未得到足够重视，随着我国劳动力资源稀缺性问题的日益凸显，我国生产中存在的严重劳动力资源浪费问题成为限制价值链攀升的重要“短板”。因此，必须提高对生产环节中劳动力资源的节约利用的重视。如果说调节劳动力结构、培育技能型人才是从源头上提高劳动力供给的数量和质量的话，那么促进劳动力技能的合理化配置，就是要在“开源”的同时，“节流”并重。可见，实现劳动力技能配置红利的关键，在于提高劳动力的有效投入水平，不仅要实现劳动力与其他生产要素在数量上的合理配置，更要强化不同技能劳动力与生产要素的相应配置，特别是高技能劳动力的要素配置。而完善技能认证体制，重视人才市场和人才储备机制的健全和完善，注重劳动力技能水平和专业方向的细化和匹配，是推进劳动力数量优势向质量优势转型发展过程中的重要助力。

三、引导制造业由外资依赖向自主研发转型

改革开放以来，我国制造业凭借劳动力优势切入全球价值链，借助于外商直接投资带来的技术外溢，通过学习效应实现了技术改进和价值链攀升，但过度依赖外资投入并非长久之计，必须强化自主研发的主体作用。一方面，提高科研经费，强化研创绩效体制，鼓励技术

创新；另一方面，必须重视对生产核心技术的模仿、学习、吸收和创新，注重对产品核心技术的掌控。通过逐步引导和落实产品生产由国外主导向国内主导转变，实现制造业的价值链攀升乃至价值链构建。

四、优化产业资本结构

在我国制造业发展过程中，往往容易陷入大规模投资建厂，非合理性引进生产设备，致使产能过剩严重，固定资本闲置等问题，究其原因，是因为对产业资本结构的规划不合理，以盲目扩张固定资本视为扩大产业规模和实现产业发展的绩效指标，忽视了产业价值链攀升所需的合理资本结构助力。回归结果表明，就我国制造业目前的发展阶段而言，提高资本流动性，适度调节产业资本结构，有利于促进价值链攀升。因此，政府对制造业发展的评估标准，应从重视固定资本规模适度向重视产业资本结构合理化的方向转变，适度提高制造业的资本流动性和生产灵活性，为出口价值链攀升提供较好的资本结构环境。

第三节　研究不足与展望

本书力图从劳动力数量、劳动力技能和劳动力配置等方面探究劳动力供给演化对价值链攀升的作用机制，但研究框架仍较为粗糙，存在较大进一步研究和展望的空间。本书研究的不足之处与展望大体如下：

一、劳动力异质性问题

鉴于数据的可得性问题，本书对劳动力技能水平的划分是以劳动力教育程度为基础，以大专水平前后教育程度为高低技能劳动力的测度标准的。虽然这一处理是目前大多数研究所公认和采纳的，但不可否认，这一划分较为粗糙，且忽视了劳动力异质性问题，即中国高技能劳动力与其他国家高技能劳动力的技能程度可能存在较大差异。劳动力异质性问题本书未深入探讨，但在实际生产中，劳动力异质性也应是影响价值链攀升的重要因素，值得进一步深入研究。

二、数据缺失的处理问题

由于本书研究涉及全球化生产，所能获取的最新权威数据只能取到2011年，不可否认，这个年限相对滞后。且由于我国统计年鉴的统计标准整改，计量回归中仅引入了11年的面板数据，存在由于样本量不足对结果造成的可能偏误。此外，对个别缺失数据，前后平均以及灰色预测等方法的处理，虽然具有科学性，但不啻为造成回归偏误的又一重要来源。

三、配置指标的设定问题

本书结合理论分析构建了劳动力技能配置的测度指标，从配置效率来源和作用结果两个方面对回归结果进行了稳健性检验，但必须指出的是，指标的设定和测量相对粗略，相关理论体系并不完善，有待进一步优化和提高。

四、可扩展到其他生产要素之间的匹配

针对要素配置问题，本书重点从劳动力技能配置的角度探究了劳动力技能配置优化对价值链攀升的作用，与此逻辑一致的分析是，其

他生产要素之间也应该存在着最优配置的关系。因此，将配置红利拓展到其他生产要素方面，关注和挖掘生产要素间协同作用蕴涵的生产力，可能成为我国新型比较优势挖掘和培育的要素来源之一。这些都有待进一步探究和论证。

附　录

附表 1　　产业转移回归结果（联立方程）

	产业转移指数（以技术等级划分）				
	①TSF_{L1}	②TSF_{L2}	③TSF_{L3}	④TSF_{L4}	④TSF_{L5}
TSF_{t-1}	-0.3609*** (-30.44)	0.0868*** (3.60)	0.2127*** (8.21)	-0.2645*** (-29.55)	0.3411*** (32.54)
TST	0.0004*** (6.39)	0.0003*** (16.30)	0.0001 (0.44)	-0.0001*** (-3.77)	-0.0002*** (-5.78)
Lag	0.3186*** (9.68)	0.1810*** (2.72)	0.0663*** (6.68)	0.0540*** (9.66)	-0.1274*** (-19.56)
YEg	-0.4764*** (-16.36)	-0.2485*** (-3.51)	0.0314*** (9.49)	0.1123*** (3.65)	0.0512*** (8.89)
MEI	0.9899*** (20.75)	0.1277*** (7.71)	0.0631*** (6.86)	-0.0042 (-0.32)	-0.2161*** (-6.23)
WIg	-0.1810*** (-5.80)	-0.0093 (-0.72)	-0.0167*** (-2.77)	-0.1076*** (-11.15)	0.0918*** (8.03)
RDg	-0.0924*** (-10.38)	-0.0077 (-1.55)	0.0133*** (9.76)	0.0135*** (2.34)	0.0167*** (11.23)
FDI	-0.0091*** (-5.70)	0.0048*** (3.00)	-0.0035*** (-3.28)	0.0035*** (8.60)	-0.0093*** (-3.75)
NSO	-0.0061 (-0.40)	-0.1300** (-15.75)	0.0592*** (49.66)	0.0146*** (2.72)	0.0740*** (29.67)
Con	2.5753*** (2.42)	10.7513*** (19.53)	-4.7915*** (-32.71)	2.1764*** (6.56)	-4.7312*** (-15.91)
OBS	406	406	406	406	406
AR（1）	0.0000	0.0288	0.0000	0.0023	0.0002
AR（2）	0.1701	0.1255	0.1480	0.2226	0.2416
Sargan	0.8346	0.8481	0.8315	0.8403	0.8346
Hansen	0.805	0.629	0.981	0.917	0.813
F	0.0000***	0.0000***	0.0000***	0.0000***	0.0000***

注：同表5-4。

资料来源：笔者利用STATA软件计算。

附表 2　　产业转型回归结果（联立方程）

	产业转型指数（以技术等级划分）				
	⑥TST_{L1}	⑦TST_{L2}	⑧TST_{L3}	⑨TST_{L4}	⑩TST_{L5}
TST_{t-1}	-0.0073*** (-7.15)	0.1105*** (2.42)	-0.0216*** (-9.31)	-0.0143*** (-7.49)	0.0008 (0.55)
TSF	-0.0001 (-0.11)	0.1552*** (3.69)	-0.1708 (-1.07)	-0.0599*** (-8.88)	-0.1753*** (-5.41)
Lag	0.0066*** (2.65)	0.1913*** (7.60)	-0.0024*** (-2.61)	-0.0079*** (-4.39)	-0.0318*** (-4.49)
YEg	-0.0116*** (-4.32)	-0.0352*** (-3.38)	0.0017*** (8.39)	0.0064*** (4.17)	0.0317*** (5.91)
MEI	-0.0180*** (-6.27)	-0.0204*** (-3.51)	-0.0124*** (-4.46)	0.0365*** (2.52)	0.0549*** (3.69)
WIg	-0.0110*** (-4.32)	-0.0986*** (-3.44)	-0.0268*** (-2.85)	0.0192*** (9.93)	0.0325 (2.68)
RDg	0.0018 (0.39)	-0.0236*** (-4.83)	0.0041*** (4.43)	0.0033** (4.62)	0.0140*** (9.21)
FDI	0.0001 (0.18)	-0.0091*** (-7.13)	-0.0122* (-1.74)	0.0008*** (7.70)	-0.0076*** (-8.93)
NOS	0.0020*** (2.85)	0.0211*** (2.43)	0.0368*** (2.79)	-0.0009 (-0.94)	0.0193*** (4.73)
Con	-0.1139*** (-2.68)	-1.0881** (-2.04)	0.2187*** (3.71)	0.4774 (0.83)	-0.9011*** (-4.70)
OBS	406	406	406	406	406
AR（1）	0.0190	0.0000	0.0408	0.0310	0.0763
AR（2）	0.1593	0.1870	0.1455	0.3332	0.2714
Sargan	0.9270	0.9506	0.9400	0.9610	0.9967
Hansen	0.998	0.953	0.998	0.995	0.984
F	0.0000***	0.0000***	0.0000***	0.0000***	0.0000***

注：同表 5-4。

资料来源：笔者利用 STATA 软件计算。

参考文献

[1] A. Ciccone, Marek Jarocinski. Determinants of Economic Growth: Will Data Tell [J]. American Economic Journal: Macroeconomics, 2010, 10 (2).

[2] Acemoglu D., Guerrieri V., Capital Deepening and Non – Balanced Economic Growth [J], Journal of Political Economy, 2008, 116 (3): 467 –498.

[3] Adrian J., Slywotsky, Profit Zone: How Strategic Business Design Will Lead You to Tomorrow [M]. John Wiley & Sons, 1998.

[4] Aghion, P and Blundell, R and Griffith, R and Howitt, P and Prantl, S, 2009, "The Effects of Entry on Incumbent Innovation and Productivity", National Bureau of Economic Research. Review of Economics and Statistics, 91 (1): 20 –32.

[5] Allee, V., Value Network Analysis and value conversion of tangible and intangible assets [J], Journal of Intellectual Capital, 2008, 9 (1): 5 –24.

[6] Allen, Robert C. 2009. The British Industrial Revolution in Global Perspective. New York: Cambridge Univ. Press.

[7] Amiti M, Pissarides C A. Trade and industrial location with Heterogeneous Labor [J]. Journal of International Economics, 2005, 67 (2).

[8] Amiti M. and C. Freund, The Anatomy of China's Export Growth [R], World Bank Policy Research Working Paper No. 4628, 2008.

[9] Antràs P, Chor D., Organizing the Global Value Chain [J]. Social Science Electronic Publishing, 2012, 81 (6): 2127-2204.

[10] Antràs P., Chor D., Fally T., Hillberry R. Measuring the Upstreamness of Production and Trade Flows [J]. American Economic Review, 2012, 102 (3): 412-416.

[11] Antras P., Incomplete Contracts and the Product Cycle [J]. American Economic Review, 2005, 95 (4): 1054-1073.

[12] Antràs, P., Chor, D., Organizing the Global Value Chain [J]. Econometrica, 2013, 81 (6): 2127-2204.

[13] Arnaud Costinot and Jonathan Vogel, Matching and Inequality in the World Economy [J]. Journal of Political Economy, 2010, 118 (4): 747-786.

[14] Atkeson A., Burstein, A. T., Innovation, Firm Dynamics, and International Trade [J], Journal of Political Economy, 2010, 118 (3): 433-484.

[15] Baldwin R, R. Forslid, P. Martin, G. Ottaviano and F. Robert N. Economic Geography and Public Policy [M]. Princeton: Princeton University Press, 2003.

[16] Baldwin R, R. Forslid, P. Martin, G. Ottaviano and F. Robert N. Economic Geography and Public Policy [M]. Princeton: Princeton University Press, 2003.

[17] Baldwin, R., A. J. Venables, Spiders and snakes: Offshoring and Agglomeration in the Global Economy [J]. Journal of International Economics, 2013, 90 (2): 245-254.

[18] Battese G E, Coelli T J. A Model for Technical Inefficiency Effects in a Stochastic Frontier Production Function for Panel Data [J]. Empirical Economics, 1995, 20 (2): 325-332.

[19] Berkowitz D., Moenius J., Pistor K., Trade Law and Product

Complexity, Review of Economics and Statistics [J], 2006, 88 (2): 363 - 373.

[20] Bernard A. B., Eaton J., Jensen J. B., Kortum S., Plants and Productivity in international Trade [J], American Economic Review, 2003, 93 (4): 1268 - 1292.

[21] Blanchard, Emily and Gerald Willmann, Trade, Education and the Shrinking Middle Class, Working Paper, 2008.

[22] Bloom D E, Canning D. Global Demographic Change: Dimensions and Economic Significance [J]. PGDA Working Papers, 2005, 34 (2): 17 - 51.

[23] Bloom, Nicholas, Mirko Draca, and John Van Reenen. 2009. "Trade Induced Technical Change? The Impact of Chinese Imports on Innovation, Diffusion and Productivity." Manuscript, Stanford Univ., Dept. Econ.

[24] Bond E., Market Linkages with Fragmented Production [J]. The North American Journal of Economics and Finance, 2005, 16 (1): 119 - 135.

[25] Bryant R C, Faruqee H, Velculescu D, Fertility Declines and Youth Dependency: Implications for the Global Economy [J], Washington, 2004.

[26] Cabral, Veiga, Determinants of Export Diversification and Sophistication in Sub - Saharan Africa [R], SBE Working Paper, 2010.

[27] Chan J. W - L., 2006, Chinese Women Works Organize in the Export Zones [J], New Labor Forum, 15 (1): 19 - 27.

[28] Choudhry M. T., Elhorst J. P., Demographic Transition and Economic Growth in China, India and Pakistan [J]. Economic Systems 2010, 34 (3).

[29] Choudhry M. T., Elhorst J. P., Demographic Transition and

Economic Growth in China, India and Pakistan [J], Economic Systems, 2010, 34 (3): 218 -236.

[30] Coe D. T., Helpman E., International R&D spillovers [J]. European Economic Review, 1995, 39 (5): 859 -887.

[31] Cohen W. M., Levinthal D. A., Innovation and Learning: the Two Faces of R&D [J]. The Economic Journal, 1989, (99): 569 -596.

[32] Combes P., G. Duranton, L. Gobillon, S. Rouc. Estimating Agglomeration Effects [R]. CEPR Discussion Paper, 2007.

[33] Contini, B., Malpele, C. and Villosio, C. 1996. "Wage dynamics and labour mobility in Italy", Quaderni di Ricerca 96, n. 06, Dipartimento di Economia, Universita` di Torino.

[34] Contreras O F, Carrillo J, Alonso J. Local Entrepreneurship within Global Value Chains: A Case Study in the Mexican Automotive Industry [J], World Development, 2012, 40 (5): 1013 -1023.

[35] Costinot A. and J. Vogel, Matching and Inequality in the World Economy [J]. Journal of Political Economy, 2010, 118 (4).

[36] Cuervo Cazurra Alvaro, Annique UN C., Why Some Firms Never Invest in Formal R&D, Strategic Management Journal, 2010, (31): 759 -779.

[37] De la Croix David, Doepke Matthias, Inequality and Growth: Why Differential Fertility Matters [J], American Economic Review, 2003, 93 (4): 1091 -1113.

[38] Dinopoulos E. Segerstrom P., North - South Trade and Economic Growth [R], CEPR Discussion Papers No. 5887, 2007.

[39] Elvin, Mark. 1972. "The High - Level Equilibrium Trap: The Causes of the Decline of the Invention in Traditional Chinese Textile Industries." In Economic Organization in Chinese Society, edited by William E. Willmott. Stanford, CA: Stanford Univ. Press.

[40] Ernst D., Innovation Offshoring and Outsourcing: What are the Implication for Industrial Policy [J], International Journal of Technological Learning, Innovation and Development, 2008, 1 (3): 309 -329.

[41] Eswaran M, Kotwal A. The Role of the Service Sector in the Process of Industrialization [J]. Journal of Development Economics, 2002, 68 (2): 401 -420.

[42] Falk M., Koebel B. M., Outsourcing, Imports and Labor Demand [J], The Scandinavian Journal of Economics, 2002, (104): 567 - 586.

[43] Fally T. On the Fragmentation of Production in the US, University of Colorado, 2012, 1 -49.

[44] Fase M. M. G., Tieman A. F., 2000. "Wage Moderation, Innovation and Labour Productivity: Myths and Facts Revisited." De Economist, 149 (1): 115 -127.

[45] Feenstra R. Wei S. J., China's Growing Role in World Trade. Cambridge [M], NBER and Chicago: University of Chicago Press, 2010.

[46] Fernandes A., Firm Productivity in Bangladesh Manufacturing Industries [J], World Development, 2008, 36 (10): 1725 -1744.

[47] Fosfuri A., Tribo J. A., Exploring the Antecedents of Potential Absorptive Capacity and Its Impact on Innovation Performance [J], Omega, 2008, 36 (2): 173 -187.

[48] Fujita M., Krugman P., Venables A. The Special Economy: Cities, Regions and International Trade [M], Cambridge: MIT Press, 1999.

[49] Gaulier G., F. Lemoine, D. Unal - Kesenci, China's Integration in East Asia: Production Sharing, FDI and High - Technology Trade [J], Economic Change, 2007, 40 (1): 27 -63.

[50] Gereffi G, Humphrey J, Sturgeon T. The Governance of Global

Value Chains [J]. Review of International Political Economy, 2005, 12 (1): 78 - 104.

[51] Gereffi G. Beyond the Producer - driven/Buyer - driven Dichotomy - the Evolution of Global Value Chains in the Era [J]. IDS Bulletin, 2011, 32 (03): 30 - 40.

[52] Gereffi G., Korzeniewicz M., Commodity Chains and Global Capitalism [M]. London: Praeger, 1994.

[53] Gereffi, G. and Sturgeon, T., Global Value Chain - Oriented Industrial Policy: The Role of Emerging Economies [M], Global Value Chains in a Changing World, 2013: 329 - 360.

[54] Glaeser G. L., Resseger M. G., The Complementarity Between Cities and Skills [J], Journal of Regional Science, 2010, (50): 221 - 244.

[55] Grossman G. M., Helpman E., Quality Ladders in the Theory of Growth [J]. Review of Economic Studies, 1991, (58): 43 - 61.

[56] Grossman, Gene, and Elhanan Helpman. 1991. Innovation and Growth in the Global Economy. Cambridge, MA: MIT Press.

[57] Guan, J C. et al, Innovation Strategy and Performance during Economic Transition: Evidence in Beijing, China [J], Research Policy, 2009, 38: 802 - 812.

[58] Guillaume Gaulier, Francoise Lemoine, Deniz. China's Integration in east Asia: Production sharing, FDI & High - Tech Trade [J], Economic Change and Restructuring, 2007, 6 (40): 27 - 63.

[59] Habakkuk, H. J. 1962. American and British Technology in the Nineteenth Century. London: Cambridge Univ. Press.

[60] Hausmann R, Hidalgo C. Country Diversification, Product Ubiquity, and Economic Divergence [J]. Ssrn Electronic Journal, 2010, 69 (35): 78 - 81.

[61] Hausmann R., Hwang J., Rodrik D., What You Export Matters [J], Journal of Economic Growth, 2007, 12: 1 -25.

[62] Haworth N. Compressed Development: Global value chains, multinational enterprises and human resource development in 21st century Asia [J]. Journal of World Business, 2013, 48 (2): 251 -259.

[63] Hicks, John. 1932. The Theory of Wages. London: Macmillan.

[64] Huang Ye - sheng. Selling China: Foreign Direct Investment during the Reform Era. New York: Cambridge University Press. 2003.

[65] Humphrey J., H. Schmitz, How does Insertion in Global Value Chains Affect Upgrade in Industrial Clusters [J], Regional Studies, 2002, 36 (9): 1017 -1027.

[66] Humphrey J., Upgrading in Global Value Chains [R], International Labor Office Working Paper, No. 28, 2004.

[67] Jarreau J., Poncet S., Export Sophistication and Economic Growth: Evidence from China [J], Journal of Development Economic, 2012, 97 (2): 281 -292.

[68] Johnson R C, Noguera G. Fragmentation and Trade in Value Added Over Four Decades [C]. National Bureau of Economic Research, Inc, 2012.

[69] Johnson R C, Noguera G., Accounting for Intermediates: Production and Trade in Value Added [J], Journal of International Economics, 2012, 86 (2): 224 -236.

[70] Joseph Howse, Carolan McLarney, The Big Pictures: Source of National Competitiveness in the Global Movie Industry [J], The Journal for Decision Makers, 2006, (3): 19 -20.

[71] Kaplinshy R., Globalisation and Unequalisation: What can be Learned from Value Chain Analysis [J]. Journal of Development Studies,

2000, 37 (2): 117 - 146.

[72] Kleinknecht, Alfred. 1998. "Is Labour Market Flexibility Harmful to Innovation? ", Cambridge Journal of Economics, 22 (3): 387 - 396.

[73] Klenow P, Hsieh C T. Misallocation and Manufacturing TFP in China and India [J]. Quarterly Journal of Economics, 2009, 124 (4): 1403 - 1448.

[74] Kneller R. A., M. Pisu, Industrial Linkages and Export Spillovers from FDI [J], World Economy, 2007, (30): 105 - 134.

[75] Kneller R., M. Pisu. Industrial Linkages and Export Spillovers from FDI [J]. The World Economy, 2007, (1): 105 - 134.

[76] Kogut, B., Designing Global Strategies: Comparative and Competitive Value - Added Chains [J]. Sloan Management Review, 1985, 26 (4): 15 - 28.

[77] Koopman Robert, Powers William, Wang Zhi, Wei Shang - Jin, Give Credit Where Credit Is Due: Tracing Value Added in Global Production Chains, NBER Working paper No. 16426, 2010.

[78] Koopman Robert, Zhi Wang, Shang - Jin Wei, Estimating Domestic Content in Exports When Processing Trade is Pervasive [J], Journal of Development Economics, 2012, 99 (1): 178 - 189.

[79] Krugman P. A "Technology Gap" Model of International Trade [M]. Structural Adjustment in Developed Open Economies. Palgrave Macmillan UK, 1985.

[80] Krugman, Paul, 2009. "The Increasing Returns Revolution in Trade and Geography". American Economic Review. 3 (6): 561 - 571.

[81] Kumbhakar S., K. Lovell, Stochastic Frontier Analysis [M]. New York: Cambridge University Press, 2000.

[82] Lall S. The Technological Structure and Performance of Develo-

ping Country Manufactured Exports 1995 – 1998 [J], Oxford Development Studies, 2000, 28 (3).

[83] Lemoine F. & Unal D., Rise of China and India in International Trade: From Textiles to New Technology [J], China & World Economy, 2008, 16 (5): 16 –34.

[84] Lev Sara, Avi Fiegenbaum, Aviv Shoham, Managing Absorptive Capacity Stocks to Improve Performance: Empirical Evidence from the Turbulent Environment of Israeli Hospitals [J], European Management Journal, 2009, 27 (1): 13 –25.

[85] Lipsey R. E., E. Ramstetter, M. Blomstrom, Outward FDI and Home Country Exports: Japan, the United States, and Sweden [R], NBER Working Paper, No. 7623, 2000.

[86] Lucas Robert E.. On the mechanics of economic development [J]. Social Science Electronic Publishing, 1988, 22 (1): 3 –42.

[87] Ma A. C., Export Spillovers to Chinese firms: Evidence from Provincial Data [J], Journal of Chinese Economic and Business Studies, 2006, (4): 127 –149.

[88] Manuel Marcel, Flores and Marcel, Vaillant, Global Value Chains and Export Sophistication in Latin America [J], Integration and Trade, 2011, 1 (15): 35 –48.

[89] Maria S. and R. Schiattarella. International Relocation of Production and the Growth of Services: The Case of the Made in Italy Industries [J], Transnational Corporations, 2004, 13 (2).

[90] Matano A., Naticchioni P., Wage Distribution and the Spatial Sorting of Works [J], Journal of Economic Geography, 2012, (12): 379 –408.

[91] McMillan, Rodrik, Globalization, Structural Change, and Productivity Growth [R], NBER Working Paper No. 17143, 2011.

[92] Mohnen P., J. Mairesse, R&D and Productivity: A Re – examination in the Light of the Innovation Surveys [R], Paper for DRUID Summer Conference, 2003, (6): 12 – 14.

[93] Morosini P., Industrial Clusters, Knowledge Integration and Performance [J], World Development, 2004, 32 (2): 305 – 326.

[94] Munasib A., D. Roy, Financial Reforms, Product Differentiation and Trade [J], Economics Letters, 2014, 123 (1): 37 – 41.

[95] Muriel R., W. Malgorzata, Heterogeneity Matters: Labor Productivity Differentiated by Age and Skills [R], Paris School of Economics Working Paper, 2009.

[96] Parteka A., M. Tamberi, Export Diversification and Development – Empirical Assessment [R], Universita' Politecnica Delle Marche, Working Paper No. 359, 2011.

[97] Parteka, A., Employment and Export Specialization along the Development Path: Some Robust Evidence [J]. Review of World Economics, 2010, 145 (4), pp. 615 – 640.

[98] Pietrobelli C, Rabellotti R, Global Value Chains Meet Innovation Systems: Are There Learning Opportunities for Developing Countries [J], World Development, 2010, 7 (7): 1261 – 1269.

[99] Poncet S., Waldemar S. F., Export Upgrading and Growth: the Prerequisite of Domestic Embeddedness [J], World Development, 2013, 15: 104 – 118.

[100] Poncet, Sandra, Measuring Chinese Domestic and International Integration [J], China Economic Review, 2003, (14): 1 – 21.

[101] Porter M. E., The Competitive Advantage [M], New York: Free Press, 1985.

[102] Porter, Michael. 1991. "America's Green Strategy." Scientific American 264 (April): 96.

[103] Ricardo, David. 1951. Works and Correspondences. Edited by P. Sraffa. Cambridge: Cambridge Univ. Press.

[104] Rodrik D., What's So Special about China's Exports? [J], China & World Economy, 2006, 14 (5): 1-9.

[105] Romer P., Endogenous Technological Change [J]. Journal of Political Economy, 1990, (98): 71-102.

[106] Romer, Paul M. 1986. "Increasing Returns and Long-Run Growth." Journal of Political Economy. 94 (10): 1002-1037.

[107] Rosenzweig Mark R., Zhang Junsen, Do Population Control Policies Induce More Human Capital Investment? Twins, Birth Weight, and China's "One-Child" Policy [J], Review of Economic Studies, 2009, (76): 1149-1174.

[108] Scherer. 1965, "Firm Size, Market Structure, Opportunity and the Output of Patented Inventions." American Economic Review, (5), 1097-1126.

[109] Schott P., The Relative Sophistication of Chinese Exports [J], Economic Policy, 2008, 53 (23): 5-49.

[110] Sidney Pallord, Peaceful Conquest: The Industrialization of Europe: 1760-1970 [J], Oxford University Press Inc., 1981.

[111] Smith, M. E., M. Craca, E. Antonacopoulou, Absorptive Capacity: Process Perspective [J], Management Learning, 2008, 39 (5): 483-501.

[112] Spence M. Job Market Signaling [J]. Quarterly Journal of Economics, 1973, 87 (3): 355-374.

[113] Stehrer R., Accounting Relations in Bilateral Value Added Trade [J], WIIW Working Paper No. 101, 2013.

[114] Sung J. K. and H. S. Lee. The Determination of Location Choice of South Korean FDI in China, Japan and the World Economic,

2007, 19.

[115] Szirmai, A., W. Naude, M. Goedhuys, 2011, "Entrepreneurship, Innovation, and Economic Development", Oxford: Oxford University Press.

[116] Tebaldi E., B. Elmslie, Does Institution Quality Impact Innovation? Evidence from Cross – Country Patent Grant Data [J], Applied Economics, 2013, 45 (7): 887 –900.

[117] Theodore H. Moran, Foreign Manufacturing Multinationals and the Transformation of the Chinese Economy: New Measurements, New Perspectives [R]. Peterson Institute for International Economics Working Paper, 2011, (4), Series WP11 – 11.

[118] Theodore H. Moran, "Foreign Manufacturing Multinationals and the Transformation of the Chinese Economy: New Measurements, New Perspectives," Peterson Institute for International Economics Working Paper Series WP11 –11, April 2011.

[119] Timmer M. P., A. Szirmai, Productivity Growth in Asian Manufacturing: The Structural Bonus Hypothesis Examined [J], Structural Change and Economic Dynamics, 2000, 11: 371 –392.

[120] Tyers R, Golley J. China's Growth to 2030: The Roles of Demographic Change and Investment Premia [J]. China Labor Economics, 2007, 16 (1).

[121] Venables A. J. Productivity in Cities: Self – Selection and Sorting [R], Department of Economics Discussion Paper Series, 2010.

[122] Venables A.J. Productivity in Cities: Self –Selection and Sorting [R], 《Journal of Economic Geography》, 2011, 11 (2): 241 –251.

[123] Wang Z., S. Wei, What Accounts for the Rising Sophistication of China's Exports [R]? NBER Working Paper No. 13771, 2008.

[124] Wei Z., R. Hao, Demographic Structure and Economic

Growth: Evidence from China [J], Journal of Comparative Economics, 2010, (38): 472 -491.

[125] Weldemicael E., Determinants of Export Sophistication [R], Working Paper of the University of Melbourne, 2012.

[126] WTO and IDE - JETRO, Trade Patterns and Global Value Chains in East Asia: From Trade in Goods to Trade in Tasks, Geneva and Tokyo [J], World Trade Organization and Institute of Developing Economies, 2011.

[127] 安礼伟，张二震. 全球价值链分工视角下的中国对外贸易——兼析对我国外贸发展的错误认识. 江苏行政学院学报，2014 (1): 39 -45.

[128] 柏培文. 中国劳动要素配置扭曲程度的测量. 中国工业经济，2012 (10): 19 -31.

[129] 蔡昉. 中等收入陷阱的理论、经验与针对性. 经济学动态，2011 (12): 4 -9.

[130] 蔡昉. "民工荒"现象：成因及政策涵义分析. 开放导报，2010 (2).

[131] 蔡昉. 人口转变、人口红利与刘易斯转折点. 经济研究，2010 (4): 4 -13.

[132] 蔡昉. 未来的人口红利——中国经济增长源泉的开拓. 中国人口科学，2009 (1): 2 -10.

[133] 蔡宏波，陈昊. 外包与劳动力结构——基于中国工业行业数据的经验分析. 数量经济技术经济研究，2012 (12): 53 -65.

[134] 陈强. 高级计量经济学及 Stata 应用（第二版）高等教育出版社，2014.

[135] 陈晓华，范良聪. 要素密集度偏向型出口技术结构升级的收入分配效应——基于我国省级动态面板数据的 GMM 方法. 国际贸易问题，2011 (7): 102 -115.

［136］陈羽，邝国良. FDI、技术差距与本土企业的研发投入——理论及中国的经验研究. 国际贸易问题，2009（7）：88－96.

［137］达摩达尔·N. 古扎拉蒂（Damodar N. Gujarati），唐·C. 波特（Dawn C. Porter）. 计量经济学基础（第五版）. 中国人民大学出版社，2013.

［138］戴觅，余淼杰，Madhura Maitra. 中国出口企业生产率之谜：加工贸易的作用. 经济学（季刊），2014（2）：675－698.

［139］樊秀峰，程文先. 中国制造业出口附加值估算与影响机制分析. 中国工业经济，2015（6）：81－93.

［140］冯晓，朱彦元，杨茜. 基于人力资本分布方差的中国国民经济生产函数研究. 经济学（季刊），2012（2）：559－594.

［141］高传胜. 从国际比较看中国人口结构面临的双重风险. 学术界，2015（1）：38－46.

［142］辜胜阻，李华. 以“用工荒”为契机推动经济转型升级. 中国人口科学，2011（4）.

［143］郭晶，杨艳. 经济增长、技术创新与我国高技术制造业出口复杂度研究. 国际贸易问题，2010（12）：91－96.

［144］郭凯明，余靖雯，龚六堂. 人口政策、劳动力结构与经济增长. 世界经济，2013（11）：72－92.

［145］贺聪，尤瑞章，莫万贵. 我国劳动力成本核算体系及其缺陷分析. 宏观经济研究，2008（4）.

［146］黄永明，张文洁. 中国出口技术复杂度的演进机理——四部门模型及对出口产品的实证检验. 数量经济技术经济研究，2012（3）：49－62.

［147］金碚. 中国工业的转型升级. 中国工业经济，2011（1）.

［148］金碚. 牢牢把握发展实体经济这一坚实基础. 求是，2012（7）：24－26.

［149］金海年. 制度红利. 中国经济出版社，2014.

[150] 金京，戴翔，张二震. 全球要素分工背景下的中国产业转型升级. 中国工业经济，2013 (11)：57 - 69.

[151] 鞠建东，余心玎. 全球价值链上的中国角色——基于中国行业上游度和海关数据的研究. 南开经济研究，2014 (3)：39 - 52.

[152] 科斯. 企业的性质. 商务印书馆，2010.

[153] 李文秀，姚洋洋. 要素比例、技术差异与出口增加值——基于中美两国双边贸易出口的实证研究. 财贸经济，2015 (6)：98 - 111.

[154] 李娅，伏润民. 为什么东部产业不向西部转移：基于空间经济理论的解释. 世界经济，2010 (8)：59 - 71.

[155] 梁东黎. 不可兼得：低生产要素成本与自主创新. 探索与争鸣，2008 (3).

[156] 刘国晖，张如庆. 论困境倒逼下的我国对外贸易发展方式转变. 经济学家，2014 (2)：59 - 65.

[157] 刘庆林，高越，韩军伟. 国际生产分割的生产率效应. 经济研究，2010 (2)：32 - 43.

[158] 刘友金，吕政. 梯度陷阱、升级阻滞与承接产业转移模式创新. 经济学动态，2012 (11)：21 - 27.

[159] 刘志彪. 战略理念与实现机制：中国第二波经济全球化. 学术月刊，2013 (1).

[160] 罗来军，罗雨泽，刘畅，Saileshsingh Gunessee. 基于引力模型重新推导的双边国际贸易检验. 世界经济，2014 (12)：67 - 94.

[161] 罗莱军，史蕊，陈衍，罗雨泽. 工资水平、劳动力成本与我国产业升级. 当代经济研究，2012 (5).

[162] 马瀛通. 人口红利与日俱增是 21 世纪中国跨越式发展的动力. 中国人口科学，2007 (1)：2 - 9.

[163] 孟令国，刘薇薇. 中国农村剩余劳动力的数量和年龄结构研究——基于 2002—2011 年的数据. 经济学家，2013 (4)：37 - 42.

［164］聂辉华，江艇，杨汝岱．中国工业企业数据库的使用现状和潜在问题．世界经济，2012（5）．

［165］牛卫平．国际外包陷阱产生机理及其跨越研究．中国工业经济，2012（5）：109－121.

［166］彭国华．技术能力匹配、劳动力流动与中国地区差距．经济研究，2015（1）：99－110.

［167］彭国华．技术能力匹配、劳动力流动与中国地区差距．经济研究，2015（1）：99－110.

［168］齐传钧．人口老龄化对经济增长的影响分析．中国人口科学，2010（1）：54－65.

［169］钱学锋，王胜，陈勇兵．中国的多产品出口企业及其产品范围：事实与解释．管理世界，2013（1）：9－27.

［170］秦兴俊，王柏杰．产品内分工、加工贸易与我国对外贸易结构升级．国际经贸探索，2014（7）：37－46.

［171］邱斌，叶龙凤，孙少勤．参与全球生产网络对我国制造业价值链提升影响的实证研究——基于出口复杂度的分析．中国工业经济，2012（1）：57－67.

［172］任栋，李新运．劳动力年龄结构与产业转型升级——基于省际面板数据的检验．人口与经济，2014（5）：95－103.

［173］任栋，李新运．劳动力年龄结构与产业转型升级——基于省际面板数据的检验．人口与经济，2014（5）：95－103.

［174］盛丹，李坤望，王永进．劳动力流动会影响我国地区出口比较优势吗？——基于省区工业细分产业数据的实证研究．世界经济研究，2010（9）：38－44.

［175］施炳展，王有鑫，李坤望．中国出口产品品质测度及其决定因素．世界经济，2013（9）：69－93.

［176］苏庆义，高凌云．全球价值链分工位置及其演进规律．统计研究，2015，32（12）：38－45.

［177］孙早，席建成. 中国式产业政策的实施效果：产业升级还是短期经济增长. 中国工业经济，2015（7）：52－67.

［178］覃成林，熊雪如. 我国制造业产业转移动态演变及特征分析——基于相对净流量指标的测度. 产业经济研究，2013（1）：12－21.

［179］唐庆银. 论劳动力成本分析. 上海统计，2000（4）.

［180］陶锋. 吸收能力、价值链类型与创新绩效——基于国际代工联盟知识溢出的视角. 中国工业经济，2011（1）：140－150.

［181］田文，张亚青，佘珉. 全球价值链重构与中国出口贸易的结构调整. 国际贸易问题，2015（3）：3－13.

［182］田雪原. 警惕人口城市化中的“拉美陷阱”. 宏观经济研究，2006（2）：12－17.

［183］王桂新，刘建波. 长三角与珠三角地区省际人口迁移比较研究. 中国人口科学，2007（2）：87－94.

［184］王欢，黄健元，王薇. 人口结构转变、产业及就业结构调整背景下劳动力供求关系分析. 人口与经济，2014（2）：96－105.

［185］王岚，李宏艳. 中国制造业融入全球价值链路径研究——嵌入位置和增值能力的视角. 中国工业经济，2015（2）：76－88.

［186］王孝松，翟光宇，林发勤. 中国出口产品技术含量的影响因素探究. 数量经济技术经济研究，2014（11）：21－36.

［187］王志华，董存田. 我国制造业结构与劳动力素质结构吻合度分析——兼论“民工荒”、“技工荒”与大学生就业难问题. 人口与经济，2012（5）：1－7.

［188］魏浩，程琤. 中国出口商品结构、劳动力市场结构与高端人才战略. 财贸经济，2010（10）：93－99.

［189］吴琦，肖皓，赖明勇. 农民工市民化的红利效应与中国经济增长的可持续性——基于动态 CGE 的模拟分析. 财经研究，2015

(4): 18 -30.

[190] 吴要武. 产业转移的潜在收益估算——一个劳动力成本视角. 经济学(季刊), 2013 (10): 373 -398.

[191] 项松林, 赵曙东, 魏浩. 农业劳动力转移与发展中国家出口结构: 理论与中国经验研究. 世界经济, 2014 (3): 80 -103.

[192] 谢呈阳, 周海波, 胡汉辉. 产业转移中要素资源的空间错配与经济效率损失: 基于江苏传统企业调查数据的研究. 中国工业经济, 2014 (12): 130 -142.

[193] 辛超, 张平, 袁富华. 资本与劳动力配置结构效应——中国案例与国际比较. 中国工业经济, 2015 (2): 5 -17.

[194] 邢予青, Neal Detert. 国际分工与中美贸易逆差: 以 Iphone 为例. 金融研究, 2011 (3): 198 -206.

[195] 杨高举, 黄先海. 内部动力与后发国分工地位升级——来自中国高技术产业的证据. 中国社会科学, 2013 (2): 25 -45.

[196] 杨小凯. 新兴古典经济学和超边际分析. 中国人民大学出版社, 2000.

[197] 杨亚平, 周泳宏. 成本上升、产业转移与结构升级——基于全国大中城市的实证研究. 中国工业经济, 2013 (7): 147.

[198] 于洪霞, 陈玉宇. 外贸出口影响工资水平的机制探析. 管理世界, 2010 (10): 47 -58.

[199] 张会清, 唐海燕. 中国的出口潜力: 总量测算、地区分布与前景展望——基于扩展引力模型的实证研究. 国际贸易问题, 2012 (1), 12 -25.

[200] 张杰, 翟福昕, 周晓艳. 政府补贴、市场竞争与出口产品质量. 数量经济技术经济研究, 2015 (4): 71 -87.

[201] 张少军, 刘志彪. 国内价值链是否对接了全球价值链——基于联立方程模型的经验分析. 国际贸易问题, 2013 (2): 14 -27.

[202] 张幼文. 要素收益与贸易强国道路. 人民出版社, 2016.

［203］赵增耀，章小波，沈能. 区域协同创新效率的多维溢出效应. 中国工业经济，2015（1）：32－44.

［204］周昕. 中国产品内分工的区域化与全球化. 亚太经济，2013：105－111.

后　记

本书是教育部哲学社会科学研究重大课题攻关项目“泛 TPP 经贸规则下我国融入国际价值链分工战略研究”（16JZD019）的系列研究成果之一。教育部哲学社会科学研究重大课题攻关项目立项资助，对于本课题能够开展后续研究以及在高层次学术刊物上发表有一定学术水平和现实意义的成果，以及本书的最终出版，起了重要推动作用。借此机会，向教育部社科司表示衷心感谢！

作为教育部哲学社会科学研究重大课题攻关项目“泛 TPP 经贸规则下我国融入国际价值链分工战略研究”（16JZD019）的系列研究成果，虽然从课题立项到本书书稿的基本完成历时不足 1 年，但我们在中国融入全球价值链分工战略领域，前期已经倾注了大量时间和精力进行了相关研究。从前期部分研究成果见刊到本书稿的完成，总共历时却足有 3 年。期间，作为本项目研究的部分前期成果和阶段性研究成果，已在《世界经济》《中国工业经济》等 CSSCI 来源期刊上公开发表，论文发表数量约为 10 余篇。而前期初步成果的取得，也得益于江苏省哲学社会科学规划办公室给予的大力支持和帮助。近年来，课题组研究人员承担了多项省哲社资助项目，其中有很多资助项目都与本课题相关，本书中的一些成果得益于江苏省哲学社会科学规划办公室立项资助项目的研究。因此，要借此机会向江苏省哲学社会科学办公室表示衷心的感谢，感谢前期给予的相关研究项目立项资助，感谢在本项目研究过程中给予的悉心指导！

本书的完成得到了南京财经大学和南京审计大学大力支持。南财大和南审大为课题组在课题研究过程中提供了良好的研究条件和宽松的环境。南京财经大学的陈章龙书记、宋学锋校长、乔均副校长、程永波副校长、俞安平副校长、鞠兴荣副校长、王开田副校长、李杏教授、胡永远教授等，以及南京审计大学王家新书记、晏维龙校长、裴育副校长、李群教授、任志成教授等，对本课题的研究也十分关心，曾提出了许多建设性建议和意见。在此，一并表示衷心感谢！

尽管做了不少努力，但由于水平有限，课题研究还存在着很多不完善的地方，欢迎学术界和相关部门的同志批评指正。

作　者

2017 年 3 月 12 日于位育楼